Inhalt

Bundesnachrichtendienst (BND)

Kapitel 1

Frontwechsel

Wie öffnet man, ohne Schlüssel oder Nachschlüssel, einen Stahlschrank möglichst spur- und geräuschlos? Wenn dazu der Schrank auch noch in einem Zimmer steht, in dem man – überdies allein – eigentlich nichts zu suchen hat, weil in dem Zimmer streng geheimgehaltenes Material unter Verschluß gehalten wird? Und das Ganze in einem Haus, in dem Mißtrauen gegen jedermann oberste Mitarbeiterpflicht, Wachsamkeit selbst gegenüber Freunden eine Dienstregel ist?

Das Haus: ein Bau unter 16 Häusern in einem riesigen Gebäudekomplex auf vier Hektar Fläche, Adresse Normannenstraße 21–22, Ost-Berlin, Sitz des DDR-»Ministeriums für Staatssicherheit« (MfS). Zentrale von knapp 30 000 hauptamtlichen und rund 10 000 ›Inoffiziellen Mitarbeitern‹.

Das Zimmer: ein 20-Quadratmeter-Büro im 13 Etagen hohen Haupthaus, normal besetzt mit zwei MfS-Offizieren, von denen jeder einen Schlüssel zur Tür besitzt und diese hinter sich abschließt, wenn er weggeht und der Kollege nicht da ist. Jetzt war es unbesetzt.

Der Schrank: eine Stahlblechkiste von 2,10 Meter Höhe, 1,05 Meter Breite, 40 Zentimeter tief. Darin Listen mit Namen und Daten von MfS-Spionen im Westen.

Das Haus, das Zimmer, der Schrank – zu viele Probleme für einen Mann, der an diese Listen ran wollte. Obendrein stand auf das, was er plante, die Todesstrafe.

Er zögerte nicht lange. Legte die linke Hand an den oberen

Rand des Schranks, kippte und verdrehte ihn, wobei sich das Gehäuse verzog. Zwischen den Türen klaffte eine Lücke, eine Tür schwang auf.
Stimmen auf dem Gang draußen, sie kamen näher. Mit ruhigen Bewegungen griff der Mann in den Schrank, zielsicher langte er nach einer dicken Liste in Klarsichthülle und legte sie hinter sich auf den Schreibtisch. Die Stimmen entfernten sich. Aus einer Klemmlampe fiel ein kreisrunder Lichtfleck auf den rostfarbenen Linoleumboden; der Mann bewegte sich so, daß er von den Zimmern anderer Gebäude nicht gesehen werden konnte.
Problem Nummer vier: Wie verschließt man einen aufgebrochenen Stahlschrank wieder – ohne Schlüssel? Ganz einfach: so, wie man ihn aufmacht. Kippen, verdrehen, Lücke zwischen den Türen, offene Tür mit dem Knie zudrücken, Schrank loslassen. Tür zu. Kein Kratzer, kein Geräusch.
»Das ging nur, weil der Schrank fehlerhaft montiert und obendrein aus schlechtem Material ist«, mutmaßten Kollegen des Mannes, als sie am nächsten Morgen den Diebstahl entdeckten, erste Ermittlungen anstellten und den Hergang rekonstruierten.
Der Mann nahm die Liste an sich, legte sie in ein Aktenköfferchen, lauschte an der Tür. Von fern hörte er das Zeilenklingeln einer Schreibmaschine in Überstundenbetrieb, er hörte sich atmen, aber sein Herz schlug ruhig. Lautlos öffnete er die Tür zum Korridor, sicherte nach beiden Seiten. Geschwind war er draußen, schloß ab – er besaß einen nicht registrierten dritten Schlüssel –, entfernte sich zum Treppenhaus.
Eine Stunde drauf, kurz vor Mitternacht, die Nacht zum 19. Januar 1979. Der Mann betrat einen fensterlosen Wachraum der DDR-Grenzpolizei am S-Bahnhof Friedrichstraße, Nebeneingang, Hintertür. Leise ächzend stellte er seinen großen schweren Koffer ab, daneben eine pralle Aktentasche. Schweigend musterten ihn drei Uniformierte,

während er unter dem Mantel nach seinen Papieren fummelte. »Hier«, er reichte sie einem Oberfeldwebel.
Der blätterte und sagte dann: »Tja, Herr Oberleutnant, is' ja allet janz schön soweit. Bloß, seit erstem Januar is' 'ne neue Eintragung im Ausreisedokument vorjeschrieben. Die fehlt.«
»Mann«, meinte der Angesprochene, »stimmt! Aber ich habe den dienstlichen Auftrag, Gepäck für einen Abholer drüben auszulagern. Der holt das heute nacht noch. Wenn ich nicht komme, fliegt eine ganze Operation auf. Ihr Vorgesetzter reißt Ihnen den Kopf ab, wenn das nicht klappt. Sie kennen mich?«
Die Uniformierten nickten. »Herr Oberleutnant, Sie wissen selber, daß hier nur S-Bahnler und Leute von der Normannenstraße passieren dürfen. Von der S-Bahn sind Se nich«, er lachte über seinen Scherz, »also dann allet Jute, und komm' Se heil wieder!«
Der Koffer wog Tonnen, die Aktentasche schien ihm zentnerschwer, als er durch den schleusenartigen Gang schritt, der ihn zum Bahnsteig führte. Er hatte plötzlich doch Herzklopfen. Der Gang wurde endlos lang, beklemmend eng, eine böse Einbildung spielte ihm Geräusche hinter sich vor, das Donnern einer S-Bahn über ihm schmerzte in seinen Ohren. Auf dem Bahnsteig standen zwei S-Bahn-Beamte, die ihn scheu anschauten. Warum guckten die so? War er bleich, zitterte er? Ein einsamer Grenzer tauchte hinter einem Eisenträger auf, kam auf ihn zu. Jetzt näherten sich auch die S-Bahn-Männer – eine Falle? Wurde er eingekreist? Von weither drang das Rauschen eines nahenden S-Bahn-Zuges, Bremsen zischten und knirschten, der Oberleutnant stand unmittelbar vor einer Tür. Der Grenzer salutierte lässig, Hand an der MPi. Die von der S-Bahn waren schon eingestiegen. Warum fuhr jetzt dieser verdammte Zug nicht ab? Warum blickte der Grenzer so plötzlich zur Seite, auf eine Stelle, wohin der Oberleutnant nicht sehen konnte? Er merkte, daß er Koffer und Tasche noch

trug, das Gewicht riß an seinen Armen – er hatte es gar nicht wahrgenommen. Nun kam der Grenzer an die Tür.
Er spürte das winzige Zucken in den Füßen, als sich der Zug bewegen wollte, unmerklich erst, dann sehr rasch beschleunigend. Er nahm nicht einmal wahr, wie er die Grenze überfuhr. Er sah nichts – bis er hörte: »Bahnhof Zoo ...«
Mit der Disziplin eines Routiniers, der jahrelang ein lebensgefährliches Doppelspiel getrieben hatte, zwang er sich auszusteigen. ›Bei Smiley wurde geschossen auf den Spion, der aus der Kälte kam‹, dachte er und sah den kalten Hauch vor seinem Mund.
Wechseln in die U-Bahn, der Oberleutnant sah sich nicht um nach Schatten, nach Verfolgern. An der Station Reinickendorf war er der einzige, der ausstieg. Von einer Telefonzelle wählte er eine Nummer am Askanischen Platz. Minuten später stieg er in ein Taxi, das heranglitt; mit dem Fahrer wechselte er zuvor einige Worte. Daß im Fond bereits ein Passagier saß, schien weder den Fahrer noch ihn zu stören.
Oberleutnant Werner Stiller (31), Diplom-Physiker, privilegierter Sachbearbeiter in der Elite des Ost-Berliner MfS, Erster Sekretär der SED in seiner Abteilung und damit von hohem Einfluß an seinem Arbeitsplatz, war im Westen. Der Frontwechsel des Doppelagenten war für den Bundesnachrichtendienst (BND) der größte Erfolg seit vielen Jahren – zugleich sprudelte, jetzt risikolos, eine der ergiebigsten Quellen für westliche Abwehr-Spezialisten und Ost-Analytiker.
Werner Stiller war der totale Triumph des BND.
Noch in dieser Nacht des 19. Januar erfuhren es die Chefs der ›Community‹, der großen westlichen Nachrichtendienste, voran die BND-Zentrale.
Und noch in dieser Nacht wurde Oberleutnant Stiller, der sich endlich den Luxus von Nervosität und gezügelter Ungeduld leistete, informiert: »Die Dame ist in Sicherheit. Sie werden sie in Süddeutschland treffen, nächste Woche.

Jetzt«, der ältere Herr von der West-Berliner BND-Filiale lächelte fein, »jetzt sollten Sie die Dame erst mal anrufen.« Er drehte die Scheibe am Telefon, murmelte etwas, reichte Stiller den Hörer, ging sachte hinaus.
Stiller lauschte. Dann die bekannte Stimme an seinem Ohr, und er brachte erst mal nicht mehr heraus als die tölpelhafte Frage: »Bist du's?« So aufgeregt war er nun, daß er es sich versagte, seinen sächsischen Sound zu unterdrücken.
Das Gegengeschäft war perfekt. Seine Partner hatten ihre Zusage eingelöst, die Bedingung erfüllt, die er vor Jahren gestellt hatte, als er sich für die Zusammenarbeit mit dem nachrichtendienstlichen Gegner und für die Freiheit der westlichen Welt entschied: »Ich tue es, wenn meine Freundin mit in den Westen geschleust wird.« Bald würde er den Beweis auch sehen, den er gerade akustisch vernommen hatte.
Stiller hatte in den vergangenen Stunden – wie seit Jahren – ein paar überaus vertrackte Probleme gelöst. Neue, ganz andere kamen auf ihn zu. Auf andere Art nicht minder schwer – nur den Kopf konnten sie ihn nicht mehr kosten.

In Pullach war dieser 19. Januar 1979 ein Tag der Glorie – in Ost-Berlin der Tag schierer Panik.
Pullach bei München, Heilmannstraße 33 – hinter hohen Mauern Hauptsitz und Zentrale des Bundesnachrichtendienstes. Aufgabe dieser dem Bundeskanzleramt unterstellten Behörde ist die Auslandsaufklärung mit nachrichtendienstlichen Mitteln.
»Der Dienst verfügt über die Statusformen der Beamten, Soldaten, Angestellten und Arbeiter. Im BND finden sich zahlreiche Berufssparten zusammen«, erläutert ein Sprecher aus Pullach die Struktur der Organisation mit ihren knapp 6000 Mitarbeitern. »Da gibt es Historiker, Staatswissenschaftler, Politologen, Generalstabsoffiziere, Volkswirtschaftler, Juristen, Betriebswirte, Mediziner, Naturwissenschaftler aus allen Bereichen und andere mehr. Bloß: Aben-

teurernaturen von der Marke James Bond können wir nicht brauchen!« Die gibt es auch kaum unter den ›Freien Mitarbeitern‹ in allen Winkeln der Welt, die gegen Honorar, frei ausgehandelt und in der Regel nicht üppig, Informationen beschaffen, Kurierdienste leisten, Tips geben, konspirative Handlangerdienste tun. Unter ihnen muß, natürlich, mit Doppelagenten und Nachrichtenhändlern gerechnet werden, mit Verrätern aus Rachsucht, Geltungstrieb, Ideologie oder barer Geldgier.
Ohnehin bezieht ein Geheimdienst wie der BND heute seine Erkenntnisse in der Regel zu

- 20 Prozent aus geheimen Quellen, wie Agenten und elektronischer Spionage;
- 25 Prozent aus offenen Quellen, wie sie Berichte in Funk, Fernsehen und Presse, Fachliteratur und veröffentlichte Dokumente darstellen;
- 25 Prozent aus Routine-Berichten staatlicher Stellen, wie Außen- und Verteidigungsministerium; und schließlich zu
- 30 Prozent aus den Berichten der Militärattachés und Militärvertreter bei internationalen Organisationen, wie etwa der Nato (oder der EG).

Da drängt sich die Frage auf: Kann denn die Technik den Agenten wirklich soweit ersetzen, daß er zweitrangig wird? Der Sprecher von Pullach: »Über die wahren Absichten der gegnerischen Führung informieren allein die echten Spione. Sie sind unsere geheimen Quellen in den entsprechenden Entscheidungsgremien.« Und weiter: »Agenten, die in fremden Panzerschränken herumstochern, brauchen wir immer weniger.«
Stiller brauchte der BND aber doch. Und für den war mit dem Telefongespräch mit seiner Freundin diese Nacht noch keineswegs zu Ende. Er hatte seinen Frontwechsel nicht signalisiert, doch eine erste hochrangige Gruppe von BND-

und Abwehrspezialisten kam gleich in den Stunden nach Mitternacht in West-Berlin zusammen, um von dem Star aus der Normannenstraße erste Namen und Adressen zu erfahren – von einer langen Reihe MfS-Mitarbeitern unter den zirka 500 roten Industrie-Spionen in der Bundesrepublik (etwa 3000 Ost-Agenten spähen und spitzeln insgesamt in der westdeutschen Republik). Festnahmen mußten unbedingt erfolgen, bevor Ost-Berlin Stillers Überlaufen und das Fehlen der Liste aus dem Stahlschrank bemerkte. Einer blitzschnellen Rückruf- und Absatz-Operation des MfS, das seine Leute im Westen warnen würde, mußte begegnet werden.

Unter den ersten, die sofort am 19. Januar festgenommen wurden, war Reiner Fülle, der ›Glatteis-Spion‹, der seinen Bewachern entkam. Der 45jährige Atomphysiker Rolf Dobbertin, seit Ende 1977 in einer Filiale des Europäischen Kernforschungszentrums CERN in Genf, konnte am gleichen Tag in Paris verhaftet werden. Der 32jährige Maschinenbau-Ingenieur Günter Sänger soll bei Siemens seit 1971 – laut Stiller – im Bereich Elektronik spioniert haben. Stiller nannte die Top-Agenten Karl-Heinz Glocke (44) und Johannes Koppe (47), beide in der Stromversorgungsbranche. Durch die Tips und die Liste des Oberleutnants wurden ein Agent bei MBB ausgemacht (KGB-Mann Rotsch durfte sich noch sicher fühlen), ferner ein Physikprofessor, Diplom-Physiker, Atomfachleute.

Am 20. Januar wurde der 44jährige Diplom-Ingenieur Pieter Leib* festgenommen – »aufgrund der Angaben des früheren Oberleutnants des MfS der DDR, Werner Stiller« (Generalbundesanwalt). Festnahmegrund: geheimdienstliche Agententätigkeit, Paragraph 99, Absatz 1 des Strafgesetzbuches (StGB).

In ihrer Anklageschrift umschrieb die Generalbundesanwaltschaft später diese Tätigkeit Leibs:

---

* Name wurde geändert

»Dem aus Stollberg/Sachsen stammenden Angeschuldigten wird zur Last gelegt, sich Anfang des Jahres 1959 als Student der Ingenieurökonomie, Fachrichtung Maschinenbau, zur Mitarbeit für die Hauptverwaltung Aufklärung (HVA) des MfS verpflichtet zu haben, im März 1960 nach dem Abschluß seiner akademischen Ausbildung auftragsgemäß in die Bundesrepublik Deutschland übergesiedelt zu sein und anschließend über einen Zeitraum von nahezu 19 Jahren eine geheimdienstliche Tätigkeit für die HVA des MfS ausgeübt zu haben. Dem Angeschuldigten wird vorgeworfen, in der Zeit von Juni 1960 bis November 1978 Erkenntnisse aus dem Bereich der elektronischen Datenverarbeitung und andere Informationen an Führungsoffiziere des MfS (einer war Stiller – *der Verf.*) geliefert zu haben, mit denen er sich mehrmals jährlich unter Beachtung konspirativer Regeln traf. Treffs wurden in der Bundesrepublik, in Ost-Berlin sowie im westlichen und östlichen Ausland durchgeführt. Der Angeschuldigte ist geständig. Durch seine Tätigkeit für das MfS hat er der Wirtschaft der DDR ganz beträchtliche Entwicklungskosten erspart. Dem wiederholten Ansinnen des MfS, weitere Agenten anzuwerben, entsprach der Angeschuldigte nicht.«

Erste Bilanz nach der Stiller-Flucht: Elf von ihm benannte Spione wurden verhaftet, zwölf – die sich absetzen konnten – wurden enttarnt.
Es gab viel zu tun in diesen Januartagen 1979 für die Exekutiven von Bund und Ländern, für Kriminalpolizei und Staatsschutz. Polizeibefugnisse nämlich stehen den Nachrichtendiensten der Bundesrepublik Deutschland nicht zu. Im Gegensatz zu den Verhältnissen in totalitären Staaten darf also der BND ebensowenig jemanden verhaften oder vorladen wie die für die innere Sicherheit verantwortlichen Dienste der Bundesrepublik:

- das Bundesamt für Verfassungsschutz (BfV);
- die Landesämter für Verfassungsschutz (LfV),

und für die Bundeswehr

- der Militärische Abschirmdienst (MAD).

Alle diese Organisationen brauchen für notwendige Exekutiv-Maßnahmen die Hilfe der jeweils zuständigen ausführenden Organe: Generalbundesanwalt, Bundeskriminalamt (BKA), Staatsanwaltschaften, Polizei.

Entsetzen und Panik in Ost-Berlin waren nach der furchtbaren Entdeckung des geflohenen ›Maulwurfs‹ Stiller unbeschreiblich. Der Oberleutnant hatte an Stelle von Originalen vorwiegend Ablichtungen an den BND geliefert; so blieb erst einmal unklar, was nun in Pullach – und damit auch für andere westliche Nachrichtendienste – offenliegen konnte. Total verwirrt, kommandierte das MfS seine Spione in Kompaniestärke auf den Rückmarsch aus dem Westen.

Viele hatten, wie vorgeschrieben, ihre Funkunterlagen – Schlüssel, Kennworte – vernichtet. Sie waren nur mehr telefonisch erreichbar. So geschah es, daß Ost-Berliner Führungsoffiziere in einem Fall direkt mit bundesdeutscher Polizei telefonierten; die war schon in der Agentenwohnung, hatte bereits verhaftet und ging beim Läuten schlicht an den Apparat.

Ostagenten lebten in Furcht – waren Warnanrufe fingiert? Hatte Stiller vereinbarte Stichworte schon verraten? Erich Ziegenhain, der selbst flüchten und später – wobei er die fällige Bestrafung gern in Kauf nahm – seine Rückkehr in den Westen erzwingen konnte: »Die Annahme, daß Stichworte schon bekannt waren bei der Polizei und der Abwehr, gewann unter den Kundschaftern« – (DDR-Umschreibung für ihre Agenten) – »noch dadurch an Gewicht, daß die Führungsoffiziere in der Zentrale sich nicht an die für diesen Fall getroffenen Abmachungen hielten. Das heißt, daß sie nicht selbst anriefen, was sie wiederum wegen der Konfusion, die in der Zentrale herrschte, nicht konnten, da sie

rund um die Uhr dabei waren, durch Materialsichtung herauszufinden, welchen Schaden Stiller eigentlich angerichtet hatte.«
Da passierte es, daß einfache Schreibkräfte und sogar Telefonistinnen den Warnruf durchgaben. Ziegenhain: »Es gab Kundschafter, die schon bis zu zwölf Stunden in Ost-Berlin in Sicherheit waren, als ihre Führungsoffiziere immerhin noch versuchten, sie telefonisch im Westen zu erreichen.«
Ziegenhains Stichwort zur Absetzbewegung lautete ›Bierdose‹ – sinnig genug, denn der Ostagent hatte sein Material häufig in einer beschwerten Bierdose durch eine ›Wurfschneise‹ in den Osten befördert: Er schmiß die Dose in eine Lichtung im Wald von Hönebach in Hessen, wo die deutsch-deutsche Grenze vom Rand einer Landstraße markiert wird.

In Ost-Berlin jedenfalls saß in dieser Zeit der Chef der MfS-»Hauptverwaltung Aufklärung« (HVA) Markus ›Mischa‹ Wolf auf einem überaus wackligen Stuhl. Ohnehin war dieser Spionage-General unter linientreuen Amt-Genossen scheel angesehen. Seine West-Einkäufe – in Stockholm, in Wien – seien Kantinengespräch im MfS, berichtete Stiller. Wolfs Bruder Konrad, renommierter Defa-Filmregisseur, Präsident der Akademie der Künste der DDR, war gar mit dem Liedermacher Wolf Biermann befreundet. Der phantasievollste Aufklärer und Agenten-Lenker hinter dem Eisernen Vorhang, der passionierte Schachspieler, Volvo- und Geländewagen-Fahrer Wolf stand auf der Kippe. Daß er auch diese, die schwierigste Krise in der Existenz eines Geheimdienstprofis meisterte und glänzend überlebte, erklären Kenner der Szene teils mit »politischer Notwendigkeit«, teils aus »Unersetzlichkeit«, auch mit »genialem Taktieren« oder, simpel, mit »Leichen im Keller«. Die nächstliegende Deutung mag in einer Mischung aus allem liegen.
In einer US-Kuriermaschine war Stiller in die Bundesrepublik gelangt. An einem sehr aufwendig abgeschirmten, gesi-

cherten und geheimgehaltenen Ort in Südwestdeutschland, wechselweise nach Pullach oder in andere Teile der Republik verlegt, wurde nun der prominente ›Mitarbeiter‹ Werner Stiller – mit einem monatlichen Übergangsgeld von 2700 Mark Gehalt sowie etlichen bemerkenswerten Honoraren, die auf Sparkonten gingen – von Experten des BND befragt, ›abgeschöpft‹.

Ihnen saß ein kenntnisreicher, cooler Nachrichtendienstler neuen Zuschnitts gegenüber. Die steile Karriere des jungen Mannes faszinierte ebenso, wie sein mitgebrachtes Material und seine Aussagen die Kenner vom BND begeisterten.

Strukturen, Hierarchie, Techniken, Logistik des MfS – mit den Stiller-Erläuterungen bot sich der Ost-Berliner Spionageapparat, der neben seiner Späh- und Wühlarbeit im Westen, im Innern der DDR 17 Millionen DDR-Bürger überwacht, kontrolliert und bespitzelt, »fast nackt« (so die Stiller-Vernehmer) dar. Auch über reiches Detailwissen zu den vielen Ost-Kundschaftern in Westdeutschland, die in Industriekonzerne und Militärdienststellen eingedrungen sind sowie in Parteizentralen und Verbandsbüros sitzen, verfügten die westlichen Aufklärungs- und Abwehrorgane durch den heimlichen BND-Mitarbeiter.

Denn dieser Stiller ist nicht irgendeiner aus dem MfS. Der arrivierte Spion-Wissenschaftler galt unter den Höheren in der Hierarchie als dynamischer »Mann der neuen Generation«. Er war »uneingeschränkt abgecheckt«, »absolut zuverlässig«. Er durfte nahezu alles wissen. Als 31jähriger zählte er im MfS zur Technokraten-Elite. Überhaupt stimmte alles: proletarische Abkunft; gutbürgerliches Ambiente zu Haus; Weib; Kind; glänzende Beurteilungen in der Kaderakte mit speziellen Hinweisen auf unverbrüchliche Linientreue.

Da saß nun dieser alerte Typ und packte – mit System befragt – aus. In einem Vortrag zur »Ausforschung der Wirtschaft« vor Sicherheitsexperten sagte ein hoher westdeutscher Abwehrfachmann: »Stiller hat anhand von Originalunterlagen eindrucksvoll dokumentiert, wie sorgfältig DDR-Wissenschaftler, die für das Ministerium für Staatssicherheit arbeiten, ihre Abschöpfungsgespräche mit Fachkollegen aus der Bundesrepublik vorbereiten und wie detailliert sie später über die dabei gewonnenen Informationen sowie Einschätzungen ihrer westlichen Gesprächspartner berichten.«

Ein Beispiel, das auch für den Wirtschaftsbereich aussagekräftig ist: »Ein DDR-Wissenschaftler wurde im Anschluß an eine Fachtagung von seinen bundesdeutschen Kollegen in ein Nürnberger Weinlokal eingeladen. Aufmerksam registrierte er persönliche Sympathien und konkurrenzbedingte Spannungen zwischen den Gesprächspartnern, deren Alkoholkonsum und finanzielle Verhältnisse sowie ihre politischen Ansichten.« In einem detaillierten Bericht, den Stiller eingesehen hatte, waren von dem Lauscher alle aufgeschnappten Details säuberlich verzeichnet. Der Vortragende: »Die aus solchen Protokollen erkennbare Offenheit und Sorglosigkeit der westlichen Gesprächspartner sollten eine Warnung sein: Umstände, die auf einen nachrichtendienstlichen Hintergrund der Unterhaltung deuten, sollten aufmerksam registriert und bei der Gesprächsführung entsprechend berücksichtigt werden.«

Stiller legte auch offen, wie Arbeitsabläufe in einzelnen Firmen ausreichend Möglichkeiten zum Einschleusen von Agenten bieten: Da gibt es den überlasteten Mitarbeiter, der auch die geheimsten Pläne zur Überarbeitung mit nach Hause nimmt, die türkische Putzfrau, die für 20 Mark den Inhalt der Papierkörbe aus der Computerabteilung abliefert, den Leihingenieur, der zwei Jahre in einem Betrieb arbeitet und sich plötzlich selbständig macht, die als Reinigungsfrau getarnte Diplom-Volkswirtin, die dafür sorgt, daß wirklich nichts liegenbleibt, die konkurrenzlos günstige Druckerei, die leider nur von jedem Auftrag eine Kopie zuviel macht, oder den Wissenschaftler, der dafür bürgt, daß gerade in seinem Betrieb ein bestimmter Forschungsauftrag mit

öffentlichen Mitteln abgewickelt wird. In diesem Fall – die Affäre flog in Westdeutschland auf – mußte der eingeschleuste DDR-Agent nur noch die Forschungsergebnisse an seine wirklichen Auftraggeber übermitteln.
Der Ex-Oberleutnant vom MfS zu seinen Freunden von der ›Gegenpartei‹: »Wir dachten natürlich in unseren Konferenzen – Ihr Begriff Brainstorming trifft wohl besser zu – anhand gemachter Erfahrungen über jede nur ausdenkbare Möglichkeit von Beschaffung nach.«
Den Herren der Abteilung III des BND jedenfalls gingen angesichts der Stillerschen Koffer-Inhalte die Augen über. Die Abteilung III ist für die Auswertung aller eingehenden Informationen zuständig. In ihr sitzen Fachleute für Militär und Politik, Technik und Rüstung, Wirtschaft, Dokumentation und noch ein paar andere wichtige Geheimdienstressorts. Die Abteilungen I (Beschaffung) und II (Technik) waren natürlich nicht minder angetan; was offenbar wurde, interessierte alle.

In der Pullacher BND-Zentrale holte der Super-Agent erst einmal »unzählige Mikrofilme« aus dem Koffer. Dann kamen Stöße von Kopien kompletter MfS-Akten, stapelweise Notizen. Papiere, Listen, Register, Kleinstbildfotografien und -filme entnahm Stiller der Aktentasche. Einer von der ›Auswertung‹ über das Material: »Uns gingen die Augen über.« Analysiert, füllt es meterweise Aktenordner. Mittlerweile sind Fakten, Daten und Auswertungsergebnisse bzw. -schlüsse in Datenbänken gespeichert.
Den Stiller-Aussagen und dem Mitgebrachten entnahmen die Experten des BND Zusammenhänge und Einzelheiten zu

- östlichen Spionageaktivitäten im Bereich Wissenschaft und Technik;
- Ausbildung, Ausstattung und Nachrichtentechnik von MfS-Agenten;

- Personaldaten eines Großteils von Geheimdienstoffizieren im MfS, dazu Hinweise auf weitere MfS-Agenten (die noch zu enttarnen waren);
- Honorarlisten mit Angaben zu ›Inoffiziellen Mitarbeitern‹.

In endlosen Gesprächen breitete der Überläufer Informationen über Macht- und Positionskämpfe in SED und MfS aus, auch über Intrigen des MfS-Chefs Erich Mielke. Allein der Hausklatsch aus der Normannenstraße füllte Bände: wie das MfS hausintern SED-Wahlen manipulierte; wie Mielke in einer streng-geheimen Rede vor engstem Mitarbeiterzirkel auf eine »feindselige Haltung« eines Teils der DDR-Bevölkerung gegenüber Regierung und Staatspartei hinwies. Kaderakten von Familienmitgliedern und Freunden hoher Funktionäre – darunter welche von Mielke – wurden gefälscht; Vetterleswirtschaft in der tugendsamen sozialistischen Staatspolizei wurde offenbar. Wo und was bevorzugt der lebenslustige ›Mischa‹ Wolf im Westen einkauft – der BND erfuhr alles.
Obendrein kamen Erkenntnisse zur Ausbildung der MfS-Kundschafter und -Mitarbeiter zupaß – Aufzählungen der Ausstattung mit Agentenzubehör wie aus dem Spionage-Lehrbuch: Entschlüsselungsunterlagen für den Funkverkehr; Material zur Herstellung von latenten löslichen Schriftzeichen; eine Ost-Berliner Notruf-Telefonnummer (5 58 93 32; inzwischen geändert); Schreibmappen mit Containerfächern.
Canon-Super-Acht-Kameras, auf Einzelbildschaltung gestellt, dienen zur Dokumenten-Ablichtung. Kennzeichnungen von Toten Briefkästen wurden von Stiller ebenso offengelegt und damit verbrannt wie bislang kaum transparente Methoden zum Abschütteln von ›Schatten‹, von Verfolgern. So werden etwa Kuriere aus Ost-Berlin in westlichen Touristikzentren gegen gegnerische Observanten abgeschirmt, bzw. so werden Observanten entdeckt: Der eigene

Agent geht frei und unbeachtet, aus Gruppen von fotografierenden Touristen heraus filmen Überwacher die Menge. Im anschließenden Porträtvergleich wird überprüft, ob der MfS-Mann beschattet wurde.
Alles Wesentliche, was Stiller an Erkenntnissen und Unterlagen lieferte, wurde selbstverständlich befreundeten Partnerdiensten der Nato-Länder sowie anderer westlicher Staaten zugänglich gemacht. Der Bundesnachrichtendienst im Camp arbeitet – wie jede Aufklärungsorganisation – mit befreundeten Partnerdiensten eng zusammen. Schon weil es zu seinen Aufgaben gehört, Bonn-freundlichen Regierungen zu helfen und sie auch durch nachrichtendienstliche Assistenz für die Bonner Politik mitzugewinnen.
Nachrichtendienste müssen schließlich bis zu einem gewissen Punkt Hand in Hand arbeiten. Vielfach werden gerade politische Entschlüsse von weittragender Bedeutung – wie etwa Waffenentwicklungen oder technologische Forschungsergebnisse – geheimgehalten. In besonderem Maße erschweren es kommunistische Staaten durch Parteidisziplin, Pressekontrolle und Geheimhaltung, daß vom Ausland her Erkenntnisse aus ihrem Bereich mit legalen Mitteln gewonnen werden. Sie selbst hingegen finden in der mitteilsamen Presse einer Demokratie ergiebige Nachrichtenquellen. Der BND fungiert also für die Regierung – außer als Organ zur ständigen Gewinnung von Entscheidungshilfen – auch als Alarmanlage.

Nach Stiller läuteten die Alarmglocken Sturm. Dieser Mann hatte den nachrichtendienstlichen Gegnern der roten Spione so bedeutsame Einblicke in die Wühl- und West-Arbeit des MfS besonders auf dem Gebiet der Wirtschafts-, Industrie- und Wissenschaftspionage vermittelt, daß ganze Abwehrstrategien geändert oder beeinflußt wurden. Gleichwohl bleibt die Arbeit der Abwehr ein Job unter erschwerten Bedingungen, weil Ost-Berlins Technologieschnüffler nach wie vor ohne erkennbare Schwerpunkte operieren. Ansatz-

punkte der Fahnder, aber auch Absicherungsmethoden der Wirtschaft leiden darunter.
Ein Sicherheitsleitfaden – *Geheimnisjäger, Geheimnisträger* – des Bundeswirtschaftsministeriums, für die Industrie herausgegeben, vermerkte: »Ob Kraftfahrzeuge, physikalische Geräte, chemische Herstellungsverfahren oder Patente – die kommunistische Wirtschaft nutzt alle Erfahrungen des Westens rücksichtslos aus. Auf diese Weise spart sie Millionen«; auf die Länder hinter dem Eisernen Vorhang umverteilt, schließen Experten auch eingesparte Milliarden an Entwicklungskosten nicht aus.
In dem internen Papier *Illegaler Transfer westlicher Technologie in Länder des kommunistischen Machtbereichs* ist vermerkt: »Betriebliche oder volkswirtschaftliche Schäden entstehen, wenn Ostblock-Staaten die Spionageerkenntnisse wirtschaftlich nutzen und im Konkurrenzkampf mit westdeutschen Unternehmen auf innerdeutschen und Auslandsmärkten einsetzen. Gerade im Bereich der Grundlagenforschung werden in der Bundesrepublik Milliarden-Investitionen vorgenommen, die sich die Ostblockländer durch Spionage anzueignen suchen. Informationen über Markt- und Wettbewerbsdaten können den staatlichen Betrieben dieser Länder, die mit westlichen Unternehmen in Konkurrenz stehen, für marktstrategische Überlegungen von Nutzen sein.
Wirtschaftsspionage erspart den RGW-Ländern (RGW = Rat für gegenseitige Wirtschaftshilfe) nicht nur hohe Forschungs- und Entwicklungskosten, sondern sie läßt die östliche Wirtschaft darüber hinaus auch Entwicklungszeiträume überspringen und so den wissenschaftlichen und technischen Vorsprung der westlichen Industrie immer geringer werden.
Der frühere BND-Präsident General Gerhard Wessel, Nachfolger des legendären ›Dienst‹-Gründers General Reinhard Gehlen, hat die Maxime formuliert: »Jeder Staat hat die elementare Pflicht zur Selbstbehauptung, zur Wahrung sei-

ner äußeren Sicherheit und zur Vertretung der Interessen seiner Bürger nach außen. Und Auslandsaufklärung durch den Nachrichtendienst – nur im Kriege nach Völkerrecht als Spionage bezeichnet – ist eines seiner Mittel zur Erfüllung dieser Pflicht.«

So gesehen, hat der vom BND umgedrehte MfS-Stiller lediglich Pflichterfüllung geübt – wirklich aus Überzeugung, in Abkehr von der durch ihn für sich selbst entlarvten Ideologie des real existierenden Sozialismus und seiner Verlogenheit. (Strittige Interpretationen, fragwürdige Antworten auf die nie gültig geklärte Frage: »Wieso ist DDR – grundgesetzwidrig – für den Auslandsnachrichtendienst der Bundesrepublik Ausland?«, sind davon unberührt.)

Freilich, dem konsequenten Verfolgen von Wirtschafts- und Industrie-Spionage steht trotz Stillers Hilfswilligkeit beim Aufklären und Vorbeugen die ebenso konsequente Beachtung der Legalitätsprinzipien eines demokratischen Rechtsstaates entgegen. Wird nicht gerade ein sicherheitsrelevantes Produkt ausgespäht oder verraten – überspitzt: etwa ein fabelhaftes neues Kanonenrohr mit allen Konstruktionsdetails ausspioniert –, so bleibt Spionage in Industrie und Wirtschaft im Strafmaß beim Kavaliersdelikt hängen. Ein Fakt, das die Tätigkeit der roten Agenten bis zur relativen Gefahrlosigkeit entschärfen kann.

Tatsächlich wird in der Bundesrepublik nach geltendem Recht nur bestraft, wer Betriebsgeheimnisse an Dritte weitergibt. Das bloße Ausspähen allein ist nicht strafbar. Alle Versuche, noch zu einer Reform des aus Kaisers Zeiten stammenden Gesetzes gegen den unlauteren Wettbewerb (UWG) zu kommen, scheiterten immer wieder »aus Zeitgründen«.

Zudem machten juristische Einwände den Reformeifer zunichte: Die vom Bundesjustizminister eingesetzte »Sachverständigenkommission Wirtschaftskriminalität« erklärte, wenn alle Fälle des unbefugten Beschaffens eines Geheimnisses im neuen Paragraphen 17 UWG geregelt würden,

führe dies im Wirtschaftsleben zu schwer erträglichen Unsicherheiten. Die Kommission: »Wo liegt denn die Grenze zwischen strafbarer und straffreier Informationserlangung?« An der Definition scheitert noch immer die Legislative. Indes half der Oberleutnant aus der DDR, den der Bundesnachrichtendienst für sich gewann, allen westlichen Geheimdiensten auch dabei, die verschlungenen Wege transparent zu machen, auf denen der sogenannte Technologie-Transfer – Hardware ebenso wie Software, Maschinen und ganze Fabriken – ostwärts läuft. Auch da geht es um sechs-, sieben-, neunstellige Dollarbeträge. Und es geht kreuz und quer über alle Grenzen. Vom Heim- bis zum Personal-Computer über Großrechner bis hin zu kompletten Anlagen wird in die Länder der kommunistischen RGW-Staaten geschmuggelt, was wertvoll, teuer und drüben noch nicht entwickelt ist.
Technologie-Transfer in Aktion:
Es war wie im Fernsehen. In der Dämmerung schlich der Spion zum Toten Briefkasten, entnahm ihm verschlüsselte Botschaften. Er traf – konspirativ mit Kennwort und auf komplizierten Umwegen, um mögliche Verfolger abzuschütteln – seinen Führungsagenten in fremden Städten. Bargeld wechselte in Kuverts den Besitzer – im Tausch gegen Pakete und Papiere. In der Rolle des Spions: der 46jährige Wirtschaftsingenieur Horst Jonas.
Doch in diesem Fall war es kein Fernsehkrimi. Jonas spielte live, und das Drehbuch schrieb der sowjetische Geheimdienst KGB. »Erst als er aufflog, verließen ihn die Nerven«, berichteten seine Vernehmer vom Staatsschutz. »Da sang er wie eine Nachtigall.«
Jonas: »Mein sowjetischer Kontaktmann Bojarinow hat ein komplettes Feuerleitsystem für den Panzer Leopard von mir bekommen. Ein ECM-Flugabwehrsystem fürs Kampfflugzeug Phantom habe ich ihm gleichfalls besorgt. Dazu eine Marconi-Radarausrüstung. Und einen Laser-Entfernungsmesser Ariel.«

Der Fall ist bis heute Verschlußsache. So geheimgehalten wie die Begleitumstände vieler Industriespionage-Affären, von denen unsere Wirtschaft in jüngster Zeit zunehmend empfindlicher getroffen wurde und unter denen die Enttarnung des Moskauer MBB-Spions Manfred Rotsch die spektakulärste war.
Längst nehmen und zahlen allerdings Ost-Abnehmer nicht mehr blind alles, was offeriert wird. Für sie ist der Technologiemarkt im Westen wie ein Versandhaus – sogar mit Katalogen: vertrauliche Bestellbücher für militärisches Gerät bieten immer vom Feinsten und Neuesten.
Und immer wieder finden sich Lieferanten aus allen denkbaren Motiven:
Unter dem Druck des wirtschaftlichen Zusammenbruchs seiner Firma sah der 54jährige Heidelberger Lothar Heinrich* sein Heil nur noch in Spionage. Der Vertriebsdirektor in der deutschen Niederlassung einer US-Firma wurde zu einem besonders fleißigen Beschaffer für das KGB: Datenblätter, Bedienungsanleitungen, Wartungsvorschriften aus dem Rüstungsangebot der Firma Honeywell: Navigationshilfen für Raumschiffe und Torpedos; Anleitungen für Luftwertrechner; Handbücher für Hubschrauber – alles wanderte ostwärts.
Die Ost-Geheimdienste haben ihre Untergrundarbeit exzellent organisiert, untereinander aufgeteilt und aufeinander abgestimmt. Herr über alle und alles sind Moskaus KGB und GRU.

Das sind die Schwerpunkte, zu deren Erhellung Stiller beträchtlich beigetragen hat:

- Mikroelektronik; Datenverarbeitung; Energietechnik; chemische Technologie; Werkstofftechnologie; Mikrobiologie; Nachrichtentechnik und Fahrzeugbau.

---

* Name wurde geändert

Das sind die beweiskräftigen Erfolge:

- In der gefürchteten sowjetischen Mittelstreckenrakete SS-20 sind die Kugellager der Mehrfachsprengköpfe nach Mustern der US-Firma Bryant Grinder gebaut, der Hitzeschild basiert auf Karbonfasern nach westdeutschem Verfahren. Sowjetische Killersatelliten arbeiten mit wassergekühlten Laser-Spiegeln, beschafft in der Bundesrepublik. Design, Radar, Elektronik und Drehteller der russischen T-72-Panzerkanone stammen von GMF aus Österreich.

Die gesamte DDR-Militärstrategie und -taktik wird mit westdeutschen Rechnern programmiert. Der Leiter des Instituts für ostwissenschaftliche Studien in Köln, Heinrich Vogel, schätzt: »70 Prozent der Westtechnologie, die in russischen Waffen Verwendung findet, sind illegal erworben.«

Nicht nur die Waffen. Wirtschafts- und Industriespionage, die sich in vielen Fällen mit Rüstungsspionage überschneiden, erstreckten sich auf alle Gebiete: von Marktstrategie bis zu Medizinforschung, von Verfahrenstechnik bis zu futurologischen Planspielen. Nichtbrennbare Wolldecken sind genauso interessant wie intime Ausrutscher in den Lebensläufen prominenter Wirtschaftsbosse.

»Mit einem Aufwand von fünf Millionen Mark – in Spionage investiert – bezieht allein das MfS einen Gegenwert von rund 300 Millionen, die es an Entwicklungskosten in der Industrie sparen hilft«, bestätigte Überläufer Stiller.

Dieses trübe Geschäft wird oft genug von westlichen Partnern erleichtert. Es gibt zwar Ausfuhrverbote (Cocom-Liste) für zahlreiche Produkte und Techniken: In einem speziellen Ausschuß stellen die Nato-Staaten gemeinsam mit Japan regelmäßig Verbotslisten zusammen. Danach dürfen in den Osten keine Nickel-Legierungen, kein künstlicher Graphit, keine Vakuumröhren verkauft werden; ebensowenig Hochtechnologie (High-Tech) und Waffen, Laser und

Halbleiter, Radar und Funkgeräte sowie Mikrochips und Großrechner.

Jedoch: »Es gibt gesicherte nachrichtendienstliche Erkenntnisse darüber, daß westliche Unternehmen gegenüber Kaufinteressenten aus Ostblockstaaten bisweilen sogar von sich aus die Umgehung der Embargo-Bestimmungen anbieten«, sagt der Leiter der Abteilung Staatsschutz (ST) beim BKA in Meckenheim bei Bonn, Dieter Walter, im Gespräch mit dem Autor. »So können sie wegen des ›erhöhten Risikos‹ auch einen höheren Preis fordern. Der wird dann in der Regel auch gezahlt.« Tarnfirmen werden eingeschaltet mit klangvollen Namen wie Semicon oder Semitronic, Elmont-AG., Techimex oder einfach Reimer-Klimatechnik. Mit Frachtpapieren, in denen »Waschmaschinen« oder »Air Condition« steht, verlassen ganze Waggonladungen mit Rechenanlagen und Werkzeugmaschinen die Bundesrepublik. Über das Endziel werden das Bundesamt für gewerbliche Wirtschaft (das den Export genehmigt) und der Zoll mit falschen Adressaten in Schweden oder in der Schweiz getäuscht. In Wahrheit sind meist die Sowjet-Gesellschaften Technopromimport und Elorg in Moskau die Empfänger.

Internationales As in diesem illegalen Embargo-Dschungel ist der von der Lübecker Staatsanwaltschaft gesuchte Jesteburger Kaufmann Richard Müller (›Moneten-Müller‹). Dem BND, dem der KGB-Star im Ausland immer mal wieder über den Weg läuft, ist Müller – der Spuren geschickt zu verwischen versteht – ein lohnendes Zielobjekt; nur die alte Heimat meidet er halt – er fürchtet zu Recht den Zugriff der Exekutive. Der 42jährige mit den wechselnden Staatsangehörigkeiten und dem Wohnsitz in Budapest gilt den Auslandsaufklärern vom BND wie westlichen Abwehrexperten als ein Drahtzieher des KGB in der Wirtschaftsspionage. Der verbotene Export von Großrechnern und Daten, der Diebstahl von Spitzentechnik hat sich für ihn gelohnt: eine Millionen-Villa mit Trakehnergestüt

in Jesteburg, ein Kapitalistendomizil im sozialistischen Ungarn, zeugten und zeugen davon.
Als Mitte Oktober 1984 die Alarmmeldung aus Stockholm kam, schwedische Polizei habe streng geheime Datenbänder, kopiert in bundesdeutschen Behörden, in einer Garage entdeckt, war der Hintergrund schnell aufgeklärt: Beschaffer war ›Moneten-Müller‹, sein Partner der Schwede Sven-Olof Haakanson (65).
Trotz aufsehenerregender Abwehr-Erfolge aber tun sich die drei deutschen Geheimdienste Verfassungsschutz (BfV), Bundesnachrichtendienst (BND) und Militärischer Abschirmdienst (MAD) sowie der Staatsschutz im BKA schwer bei ihrem Kampf gegen wuchernde Wirtschaftsspionage. Ein Experte aus den Chefetagen der deutschen Nachrichtendienste nannte Gründe: »Mit Wissen der verantwortlichen Politiker führen die zuständigen Abwehrorgane von Bund und Ländern untereinander einen Kleinkrieg um die Machtverteilung. An einer echten Zusammenarbeit ist niemand ernsthaft interessiert.«
Der Staatssekretär im Bundesinnenministerium Carl Dieter Spranger: »Wenn ein Land des Warschauer Pakts – beispielsweise die Sowjetunion – auf dem Weltmarkt mit gestohlenen Erkenntnissen als Konkurrent der Bundesrepublik auftritt, dann berührt das nicht nur unsere Sicherheitsinteressen – dann kostet das Arbeitsplätze.«
Stiller hilft Transfer-Techniken aufzudecken – ein Agent, der Arbeitsplätze sichert.
Im übrigen hilft sich der Westen mit Ausfuhrverboten auf der Basis der Cocom-Liste (die den USA von befreundeten Ländern nicht rigid genug ausgelegt wird). Auch diese Liste entsteht durch Zuarbeit des BND, aufgrund dessen Analysen – von Wirtschaftlern und Juristen ausgearbeitet – die Bundesregierung ihren Anteil zur Erstellung dieser internationalen Aufstellung leistet.
1984 beschlossen und inzwischen in Kraft sind jene Embargo-Positionen, die dem Ostblock die neuesten Errun-

genschaften der Computertechnologie vorenthalten sollen. In der Branche ist man sich einig, daß eine Überarbeitung der bislang geltenden Liste überfällig war, zumal sie Computer und Komponenten enthielt, die längst veraltet sind, neue Entwicklungen dagegen nur ungenügend berücksichtigt. Die Position 1565 etwa der auf den Cocom-Abmachungen beruhenden neuen deutschen Liste umfaßt deshalb auch Mini-, Personal- und Heim-Computer inklusive der dazugehörigen Software; aufgelistet wurden indes nur Rechner, deren militärische Verwendbarkeit unbestritten ist.
Tabu sollen für den Ostblock in Zukunft auch Anlagen, Ausrüstungen und Rohstoffe zur Herstellung von gedruckten Halbleitern sein, die als Schaltkreise in der Mikroelektronik verwendet werden.
Die tatsächlichen Unbilden des Exportgeschäfts mit den Ländern der kommunistischen Welt werden jedoch oft erst dann deutlich, wenn es um die konkreten Details geht, wenn Position für Position geprüft werden muß, was in der deutschen Ausfuhrliste aufgrund der Cocom-Abmachungen per Verordnung als verboten festgeschrieben ist. Ein Fachmann im Bundesverband der Deutschen Industrie: »Selbst wenn bei den Abschlußsitzungen nur mal ein Komma falsch gesetzt wurde, kann das schon weitreichende Folgen haben.«
Eine weitere Schwierigkeit: Auf das Bundesamt für gewerbliche Wirtschaft (BAW) in Eschborn bei Frankfurt, das die Exportaufträge prüfen muß, kommt erhebliche Mehrarbeit zu. Nach vorsichtigen Schätzungen von BAW-Mitarbeitern, die in Paris dabei waren, als um den neuen Tabu-Katalog gefeilscht wurde, dürfte sich der Arbeitsaufwand mindestens verdoppeln.
Gegenüber den dadurch entstehenden Kosten nimmt sich die erste finanzielle Folge der verstärkten Cocom-Aktivitäten noch recht harmlos aus: Wirtschaftsminister Martin Bangemann mußte den Reiseetat für die BAW-Beamten verdoppeln. Die 18 000 Mark, für die Teilnahme an Cocom-

Sitzungen in Paris vorgesehen, waren bereits Mitte 1984 verbraucht. Bangemann mußte außerplanmäßig 20 000 Mark dazulegen.
Dafür erspart Stiller Millionen. Seine Identität wird wohl nie enthüllt werden. Ein neuer Name für ihn, ein neues Gesicht, vielleicht ein neues Heimatland – hochkarätige Agenten verdienen hochkarätige Legenden.
Dem Bundesnachrichtendienst aber war damals im Januar 1979 der Stiller-Coup gerade recht gekommen. Ende 1978 hatte der Dienst mit dem 43jährigen Klaus Kinkel – nach der Bonner Wende Staatssekretär im Bundesjustiziministerium – einen neuen Präsidenten an Stelle Gerhard Wessels bekommen. Kinkel hatte sogar die gewissermaßen »höheren Weihen eines Nachrichtendienstes« erhalten: Seit zehn Jahren erstmals wieder im Camp, erschien zu seiner Amtseinführung auch der geheimnisumwobene BND-Gründer Gehlen (intern immer noch ›Nummer 106‹).
»Wenn in der Bundesrepublik spektakuläre Spionagefälle aufgedeckt oder bekannt werden, tritt immer noch ein großes Ausmaß an Unkenntnis und Ratlosigkeit über die Arbeit der eigenen Nachrichtendienste zutage, gepaart mit oft recht unsachgemäßer Kritik«, stellte ein hoher BND-Beamter leidenschaftslos fest. Stiller war ein solcher Fall; seine wesentlichen Umstände werden im Dunkel der Geheimdienste Ost und West bleiben.
Der hohe BND-Beamte aber, wie die Mehrheit seiner Kollegen, sieht seinen Dienst im Dienst ganz nüchtern. Und hält sich, wie auch die Männer in Bonn, die aus den ›Forschungsergebnissen‹ der Männer in Pullach Nutzen ziehen, an ein Bismarck-Wort: »Die Aufgabe der Politik liegt in der möglichst richtigen Voraussicht dessen, was andere Leute unter gegebenen Umständen tun werden.« Das, und nichts anderes, erforscht der Bundesnachrichtendienst.

Kapitel 2

Feindberührung

Vor dem Wiener Stephansdom blickte sich der Herr im Trenchcoat unauffällig um. Dann schlenderte er durchs Portal. Ein Tourist. Wenigstens sah es so aus. Kurz vor der Hauptkanzel verhielt er den Schritt. Er schaute nach links. Die erste, die zweite ... die vierte, zählte er im stillen die Kirchenbankreihen. Ein flüchtiger Blick auf die Uhr: kurz vor halb elf vormittags. Der Mann im Trenchcoat setzte sich auf den fünften Sitz der vierten Bankreihe.

Lange mußte er nicht warten. Eine junge Frau näherte sich und fragte wispernd, wie das die Leute in Kirchen unwillkürlich tun: »Verzeihen Sie, wo ist hier die Kapuzinergruft?«

Der Tourist musterte sie, dann entgegnete er: »Nicht doch, die österreichischen Kaiser sind nicht hier bestattet, Sie befinden sich im ›Steffl‹, wie die Wiener sagen.«

Die vereinbarten Codes waren gesprochen. Das Rendezvous hatte geklappt: Der V-Mann-Führer (VMF) des Bundesnachrichtendienstes war mit einer neuen, ihm bisher unbekannten ›Quelle‹ zusammengetroffen. Und es war dabei nicht anders zugegangen als in jedem ordinären Spionageroman.

Die Frau arbeitete als Sekretärin in der Polnischen Botschaft in Wien. Eines Abends hatte sie zusammen mit ihrem Botschafter und anderen Kollegen beim Heurigen in Grinzing gesessen. In einer gelösten, feuchtfröhlichen Stimmung. Mit dem Botschafter schunkelte sie Arm in Arm, und ein Botschaftsrat küßte sie sogar.

Kellnerin Lena, ein dralles Wiener Madl, schmunzelte, und als sie die sechste Runde des spritzigen Heurigen servierte, fragte sie beiläufig, wie man denn ein Visum nach Warschau erhielte. »Kommen Sie einfach mal bei uns vorbei«, sagte die schon recht animierte Sekretärin.
Lena kam also mal vorbei. Die Kellnerin war ›Tipperin‹ des BND, das heißt, sie erschloß – nebenberuflich – neue Quellen für die Aufklärung in Staaten des kommunistischen Machtbereichs.

Tipper, definiert der BND, suchen systematisch in nachrichtendienstlich interessanten Kreisen nach geeigneten Mitarbeitern, ohne daß diese zunächst davon erfahren. Sie geben den Tip weiter an die ›Forscher‹: Die erhärten den Hinweis, indem sie alle nur erreichbaren Unterlagen über den möglichen Mitarbeiter beschaffen.
Ein delikates Geschäft. Es bedeutet, Erkundigungen einzuziehen – bis in intime Bereiche –, ohne daß ein Befragter, ein ›Abgeschöpfter‹ (und schon gar nicht derjenige, über den die Auskünfte eingeholt werden) merkt, daß da ausgehorcht wird. So ein Forscher kann Helfer heranziehen – besser arbeitet er freilich allein; er muß Schwachstellen des Getippten herausfinden, Stärken, Abneigungen, Gewohnheiten, Abhängigkeiten. Forscher arbeiten nach flexiblen Regeln und Systemen, die sie in Zweifelsfällen individuell auslegen; ihr Ermessensspielraum ist großzügig.
Das Ergebnis ihrer Nachforschungen leiten sie an ihre Führungsstelle weiter. Diese entscheidet, ob eine Werbung versucht werden soll. Wenn ja, spricht der Werber die Zielperson an und versucht, sie zur Mitarbeit zu gewinnen.
Es gibt auch – anders als die Kellnerin oder künftig Josefa – Agenten, die sind, im Sprachgebrauch des BND, zugleich Tipper, Forscher und ›P-Quelle‹. Tipper und Forscher sind meist nur nebenamtlich für den BND tätig; als Forscher werden bisweilen auch Veteranen der Nachrichtengewinnung wegen ihres großen Erfahrungsschatzes eingesetzt.

P-Quellen wiederum sind Penetrierungs-Quellen, also V-Leute und Agenten in gehobenen gesellschaftlichen, wirtschaftlichen oder politischen Stellungen, die aus ihren Bereichen berichten. Wieder andere arbeiten ausschließlich auf ihnen eigenen Fachgebieten, beispielsweise unter dem Tarnberuf eines Industrieberaters. Zu ihrem geheimdienstlichen Zielkatalog gehören industrielle Kapazitäten, Energiequellen, Rohstoffvorkommen, Verkehrsanlagen wie Straßen, Bahn, Pipelines, Schiffe, außerdem Handelsbeziehungen und Marktveränderungen. Alles deckt sich zugleich mit dem Tarnberuf und ist doch Gegenstand nachrichtendienstlicher Ausspähung. Als ›erweiterte R-Quelle‹ wird ein V-Mann bezeichnet, der einen bereits bekannten Erkenntnisstand durch Gegenrecherche abcheckt.

Die Tipperin Lena jedenfalls hatte in der Botschaft anstandslos ihr Visum bekommen und hatte dabei erzählt: »Meine Mutter war Polin. Das ist bei uns in Wean nix B'sonderes, mir san hier alle ziemlich g'schlampert vermischt.«

Die polnische Sekretärin und der Botschaftsangestellte, der das Visum in Lenas Paß stempelte, hatten gelacht.

Beim nächsten Treff mit ihrem VMF meldete Lena diese jüngste Bekanntschaft; das war noch vor ihrer ersten Reise nach Warschau. Ihre neue polnische Bekannte, die Josefa, sei »ein äußerst interessantes Mädchen, das an viele Sachen in der Botschaft herankommt«. Und: »Im übrigen ist ihre Ehe kaputt, ein Botschaftsrat stellt der Josefa nach, womöglich nicht ganz erfolglos. Sie kann sich kaum vor ihm retten. Sagt sie jedenfalls.«

»Fein.« Der VMF zeigt sich hocherfreut. »Wir sehen uns die Kleine mal an. Sie selber machen vorerst gar nichts. Sie pflegen nur ihre Bekanntschaft weiter.«

So bahnte sich ein Erfolg des BND an.

Während das Bundesamt für Verfassungsschutz sowie der Militärische Abschirmdienst nur im Inland tätig sein dürfen – grenzüberschreitende Operationen sind ihnen untersagt –, betreibt der Bundesnachrichtendienst Aufklärung mit den Praktiken eines Geheimdienstes ausschließlich im Ausland.

An dieser Stelle ist indes angezeigt festzuhalten, daß es mit dieser Trennung unter dem BND-Gründer General Reinhard Gehlen nicht immer genaugenommen wurde: Stets heftig bestritten, hatten einige übereifrige Pullacher Aufklärer in der Zeit des Kalten Krieges auch Material über Bundespolitiker zusammengetragen und gehortet, deren politische Linie, links von der Mitte, verdächtig schien. Der BND war damit einer Versuchung erlegen, der Geheimdienste allemal ausgesetzt sind und denen sie selbst in demokratischen Staaten nicht in jeglichem Fall widerstehen. Inzwischen ist nicht nur das Demokratieverständnis in Pullach gefestigt. Vielmehr schließt auch die Parlamentarische Kontrollkommission (PKK), ein Abgeordnetengremium zur Überwachung und Kontrolle der Nachrichtendienste, solche Eigenmächtigkeiten aus. 1984, gute zwei Jahrzehnte später, geriet der MAD unter ähnlichem Verdacht – begründet auf dubiose Listen von mutmaßlichen Pazifisten und Friedensfreunden, unter ihnen höchst prominente und angesehene Politiker, Künstler und Wissenschaftler – in eine in der Öffentlichkeit mit größter Schärfe geführte Diskussion.

Im Inland hat der BND seine Kommandozentrale, in Pullach auf einem 60 000-Quadratmeter-Gelände, genannt das Camp. Hohe, mit Stacheldraht bewehrte Mauern umschließen 55 Häuser, zu denen ein Rechenzentrum und eine riesige Aktenvernichtungsanlage gehören. Eigene Buslinien verbinden die BND-Zentrale mit der Stadt. In dem berühmten ›Doktor-Haus‹, dem Haus Nr. 37 mit Ausblick auf einen Kolonnaden-Garten und Plastiken von Josef Thorak und Fritz Klimsch, residierte über Jahrzehnte Dienst-Gründer und -Präsident Reinhard Gehlen. Das Haus beherbergt traditionell die Präsidenten in Pullach.

Auf dem Camp stehen Ground-plane-Antennen, Halbwellendipole und anderes hochwertiges elektronisches Empfangsgerät. »Noch heute kann sich der BND rühmen, jeden Pilotenfunk und jedes Funkfernschreiben – und sei es in Sibirien ausgestrahlt – aufzunehmen«, betonen Pullacher Mitarbeiter voller Stolz. In der Tat hat im Westen lediglich die amerikanische CIA mit ihren Beobachtungssatelliten einen Vorsprung vor dem BND.

Knapp 20 Prozent der BND-Erkenntnisse beruhen auf dieser elektronischen Nachrichtenbeschaffung. Von Pullach aus wird auch der ›einseitige A-3-Funkverkehr‹ gesteuert. Dabei handelt es sich um Radiodurchsagen für bestimmte Agenten, von denen jeder eine Kennziffer hat.

Im übrigen übernehmen Satelliten und Superelektronik, Radar und Laser die meisten Aufklärungsarbeiten. Himmelsspione fotografieren getarnte Raketensilos, registrieren Truppenbewegungen.

Gleichwohl darf kein Geheimdienst auf den herkömmlichen Agenten verzichten, »denn Technik kann zwar fast alle Erkenntnisse darüber bringen, wozu ein Gegner fähig ist«, betonen die sonst wortkargen BND-Sprecher im Gespräch mit dem Verfasser. »Aber um etwaige Absichten frühzeitig zu erkennen, braucht man eben Agenten. Deren Ausspähen geht notfalls bis in ideologische Trendveränderungen: Wie sind die Tendenzen im fremden Lager, das ausgekundschaftet wird, welche Trends, welche Meinungen herrschen in Regierung und Opposition eines Landes – und Opposition gibt es auch in den höchsten Führungsgremien einer Diktatur von kommunistischem Zuschnitt. Das alles wird in eine Lage-Analyse einbezogen, deren Ergebnis sich an der Mindest-Wahrscheinlichkeit orientieren muß, um nicht zu hoch gesteckten Erwartungen zu erliegen.«

Natürlich gewinnt der BND wertvolle Informationen auch aus sogenanntem offenen Material. Das sind in- und ausländische Presse- und Agenturmeldungen, Zeitungen und Zeitschriften in allen Sprachen der Welt, Verlautbarungen der

Regierungen, Veröffentlichungen der Industrie. Dazu gehören ferner Berichte der deutschen diplomatischen Vertretungen.
Für Nachrichtengewinnung und -bearbeitung, Analysen und langfristige oder auch aktuelle Voraussagen stand dem BND 1985 ein Jahresetat von 222,4 Millionen Mark zur Verfügung. Der BND ist dem Chef des Bundeskanzleramtes, Staatssekretär Prof. Dr. Waldemar Schreckenberger, dienstaufsichtlich unterstellt. Er ist zugleich Koordinator der drei Nachrichtendienste, neben dem BND also auch des BfV und des MAD.
Mit seinen knapp 6000 Mitarbeitern aus allen Berufssparten unterscheidet sich der BND nicht vom Verfassungsschutz. Die ›menschlichen Quellen‹ aber (für die vom Etat übrigens nicht mehr als fünf Prozent jährlich aufgewendet werden) leben mitunter eben doch in der gleichen Gefahr wie ein James Bond.
Generalleutnant a. D. Gerhard Wessel, Nachfolger Gehlens: »Nicht wenige, die im Bundesnachrichtendienst und damit für den Frieden und die Freiheit Deutschlands tätig waren, haben ihre eigene Freiheit auf Jahre oder Jahrzehnte und manchmal auch das Leben verloren.«
In Gefahr begab sich nun auch die polnische Botschaftssekretärin Josefa an der schönen blauen Donau. Der Verbindungsmann-Führer hatte lange gezögert, bevor er die ›Quelle Josefa‹ warb. Er mußte Gewißheit haben, daß sie nicht etwa Mitarbeiterin des geheimen polnischen Nachrichtendienstes war. (Einem V-Mann-Führer im Operationsgebiet untersteht eine wechselnde Anzahl von V-Leuten, allerdings nie mehr als neun.)
Agentenführung ist die Hohe Schule des klassischen Nachrichtendienstes. Sie zwingt zur Anwendung konspirativer Methoden, von denen manche zu dem oft zwielichtigen Ruf beitragen, den Abwehr- und Aufklärungsdienste in weiten Teilen der Öffentlichkeit haben.
Als nun mit der schönen Josefa alles klar war, wurde die

Sache mit den Nacktfotos gefingert – bei einer sozialistischen Sex-Party. Hauptpersonen: Josefa und der Botschaftsrat. Der Herr Botschaftsrat hatte einen Urlaub mit Kur in einem feudalen Sanatorium bei Odessa am Schwarzen Meer verordnet bekommen. Selbstverständlich, daß ihn – auf Anforderung – die rührige Sekretärin Josefa begleitete. Er brachte sie in einem feinen Hotel unter. Nach einem fröhlichen Nachmittag in einem gemütlichen Café an der Deribasowskaja, ging der Diplomat mit ins Hotel seiner entgegenkommenden Schreibkraft. Bereits im Foyer begann er zu fummeln, der Portier sah gerade weg, und im Fahrstuhl hielt er schon ein kleines, dreieckiges Kleidungsstück der beschwipsten Josefa in der Hand. Immerhin, man gelangte noch mit Anstand ins Zimmer.
Dort stand ein Fernsehapparat. Er war kaputt – aber nicht dies war das Ungewöhnliche daran: In dem Gehäuse steckte eine Kamera. Die knipste, ferngesteuert von einem Etagenkellner, die Aktionen des polnischen Pärchens.
»Scharfe Fotos«, bemerkte der Leiter der Abteilung I (Beschaffung) in Pullach später beim Betrachten der Bilder. Seine Mitarbeiter sahen ihn von der Seite an – aber er blieb ernst.
Josefa konnte auch nicht lachen, als sie an heiliger Stätte, im Stephansdom, mit so ganz unheiligen Fotos konfrontiert wurde. Doch sie überwand ihre Scham, und schließlich bekam sie die kompromittierenden Aufnahmen ausgehändigt. Nur eine fehlte – die zeigte den nackten Herrn Botschaftsrat mit allen anatomischen Anzeichen für ein bevorstehendes Schäferstündchen. Po und Gesicht Josefas ragten nur seitlich ins Bild – sie war nur schwer zu identifizieren. Der Diplomat dürfte ebenfalls nicht geschmunzelt haben, als er einen ersten Abzug davon erhielt. Vermutlich war er schon wenig später ›in Anbahnung begriffen‹, wie es im Geheimdienstdeutsch trocken heißt – auf dem besten Wege also, geworben zu werden.
Und Josefa mauserte sich zur Top-Agentin. Man hatte mit

ihr geheimdienstliches Verhalten geübt, ein BND-Instruktor hatte sie bei Treffs in konspirativen Wohnungen (KW) geschult. Wie jeder Agent des BND hatte sie den Einzelunterricht erhalten, in dem die Organisations-Grundsätze ›Tarnung, Trennung, Sicherheit‹ gelehrt worden waren. Sie hatte das rechte geheimnachrichtendienstliche Verfahren geprobt. Und sie wußte: Was sie lieferte, wertete die Pullacher Zentrale sorgfältig aus.

Für den Bereich Auswertung steht dem BND ein ganzes Korps von generalstabsmäßig und technisch ausgebildeten Offizieren sowie Akademikern aller denkbaren Wissenschaftszweige zur Verfügung.

Erst in Pullach wurden Josefas Steinchen in das große Mosaik eingefügt. Der Auftrag des BND lautet: Nachrichtenbeschaffung geheimster Natur aus dem Ausland, Nachrichten, welche die Bundesregierung zur Gestaltung ihrer Politik anderen Ländern gegenüber benötigt und sie von ihren sonst an der Beobachtung des weltpolitischen Kräftespiels beteiligten Organen – wie etwa Botschaften – nicht erhalten kann. Mit diesen Informationen erleichtert der BND der Bundesregierung langfristig wie auch bei aktuellen Entscheidungen manchen Entschluß.

Das Bündel bunter, ungeordneter Steinchen nämlich kann nur in mühseliger Klein- und Feinarbeit zum klaren Mosaik eines Lagebildes geordnet werden. Nicht nur Josefas und Josefs gehören zu den Lieferanten; da spähen Satelliten, werden diplomatische und Zeitungsberichte geprüft, wird Funkverkehr abgehört und sogar der Nationalcharakter der beteiligten Völker ins Kalkül gezogen. Lapidare Regel im Camp: »Je mehr Details, desto höher die Trefferquote.«

Endlich entsteht so durch ›integrierte Auswertung‹ die nachrichtendienstliche Erkenntnis – im englischen Sprachgebrauch ›Intelligence‹.

Nur einmal drohte im Spionagespiel der BND-Agentin in der polnischen Botschaft eine Panne, doch da schaltete der

BND blitzschnell: Ein ›wilder Agent‹, ein Nachrichtenhändler, der seine Informationen an alle interessierten Seiten verhökerte, war der schönen Sekretärin auf die Spur gekommen – aber noch nicht auf die Schliche. Pullachs Mann in Wien gab den österreichischen Kollegen einen Wink, und der Agent – ein Orientale – verschwand unter einem Vorwand in Abschiebungshaft.

Polizeibefugnisse stehen keinem Nachrichtendienst der Bundesrepublik zu, nicht einmal im Inland. Im Gegensatz zu den Geheimdiensten in totalitären Staaten darf also auch der BND nie jemanden verhaften oder vorladen. Das gleiche gilt für den Verfassungsschutz und den MAD. Die Nachrichtendienste müssen ausländische Spione, die sie auf bundesdeutschem Territorium enttarnt haben, der Polizei melden.

Was die fleißige Josefa an Nachrichten einbrachte, gelangte auch in jene Berichte, die der Präsident des BND an jedem Dienstagvormittag bei der ›Lage‹ in Bonn Ministern und Staatssekretären der wichtigsten Ressorts vorträgt. In Verbindung mit täglichen Einzelmeldungen tragen diese Lageberichte dazu bei, der politischen Führung ein Bild der Vorgänge und Entwicklungen hinter dem Eisernen Vorhang zu vermitteln.

Josefa war besonders beliebt in Pullachs ›Indication-Center‹, jenem Ressort, das im Rahmen der BND-Frühwarn-Funktion Großlageberichte zusammenstellt und für das frühzeitige Erkennen von Veränderungen – speziell solchen, die auf eine Krise hindeuten (Indikation) – zuständig ist. So waren Bundesnachrichtendienst und Bundesregierung jeweils auch über Maßnahmen informiert, mit denen Warschaus Machthaber – in enger Kooperation mit dem sowjetischen KGB – Kontakte der polnischen Arbeiterbewegung im westlichen Ausland zu kontrollieren suchten. Spannungen, Bewegungen, Änderungen im Hierarchie-Gefüge des Jaruzelski-Regimes konnten rechtzeitig registriert werden.

Die Praxis der Ostpolitik richtete sich selbstverständlich

auch nach den Berichten von der Donau wie aus anderen Balkanländern.
Das ist immer noch so. Nur die Quelle ist inzwischen eine andere. Denn nach drei Jahren mochte der BND den Einsatz seiner Spitzen-Spionin nicht länger verantworten. Gewiß, sie war wirklich erstklassig. Getreulich und notfalls auch mit Phantasie hatte sie sich immer an alle Regeln gehalten, die ihr beigebracht worden waren. Wie hatte ihr Ausbilder vom BND immer gesagt? »Die Arbeit eines V-Mannes ›im Feind‹ ist wie ein Kunstwerk – ein Mosaik, das stimmen muß, operativ, taktisch und auf keinen Fall im Hauruck-Verfahren zu bewältigen.« Allein, das Hauruck widerstrebte ihr ohnehin in allen Lebenslagen, das hatte sie nicht nur im Einsatz bewiesen.
Doch der Dienst vergißt seine Kinder nicht. Die immer noch schöne Josefa lebt heute im goldenen Westen, in einer kanadischen Kleinstadt. Zwei süße Kinder hat sie mittlerweile. Und einen neuen Mann.
Das weiß man beim BND. Doch Kontakte zur schönen Polin unterhält der Dienst nicht mehr. Überhaupt wissen nur wenige Leute in Pullach, wie sie wirklich hieß und heute heißt. Obwohl ihr Klarname, wie in Nachrichtendiensten üblich, in einer Kartei festgehalten wurde.
Im Ost-Berliner »Ministerium für Staatssicherheit« des Generals Erich Mielke gibt es ein ähnliches Karteikartensystem. Dort steckt eine Karte, die den Spionage-Chefs im Ostblock seit Januar 1979 viel Kopfzerbrechen macht: die Karte des MfS-Oberleutnants in der Abteilung für Wissenschaft und Technik, Werner Stiller. Stiller hatte vor ein paar Jahren als Führungsoffizier DDR-Spione in der Bundesrepublik besucht. Dabei war er enttarnt und umgedreht worden. Als er nach Ost-Berlin zurückfuhr, war der MfS-Mann ein BND-Mann.
Ganz problemlos kam der BND auch nicht immer über die Runden: Nachdem Gehlen am 25. April 1968 in den Ruhestand getreten war, kam der Dienst, wie bereits zuvor

beschrieben, wiederholt ins Gerede. Außerdem gab es eine mysteriöse Reihe von Selbstmorden, fünf an der Zahl. Sie standen offenbar im Zusammenhang mit dem Freitod von BND-Vize Generalmajor Horst Wendland, der sich am 8. Oktober 1968 an seinem Schreibtisch erschoß.
1978 endete die Amtszeit des zweiten Präsidenten, Generalleutnant Gerhard Wessel. Am 1. Januar 1979 übernahm Jurist Dr. Klaus Kinkel (42) die Leitung – der erste Zivilist und der erste jüngere Mann im Doktor-Haus.
Nach Kinkel, der – mit der Herbst-›Wende‹ 1982 in Bonn – als Staatssekretär ins Bundesjustizministerium wechselte, kam Alt-Dienst-Mann Eberhard Blum; ihn löste im August 1985 Ex-BfV-Präsident Heribert Hellenbroich ab (für knapp vier Wochen – aus Gründen, die im Verfassungsschutz-Kapitel 6 »Morgengaben« genannt sind); auf Hellenbroich folgte aus dem diplomatischen Dienst Dr. Hans-Georg Wieck.
In der Blum-Ära ereignete sich jener Fall von ›Feindberührung‹, der Fall eines rumänischen Überläufers, dessen Aussagen und Berichte nicht nur der bundesdeutschen Spionage-Abwehr in Köln unmittelbare Einblicke in Methoden und Arbeitsweisen des Bukarester Geheimdienstes CIE bescherten – noch detaillierter, freilich mit dem Abfallprodukt der fälschlichen Verdächtigung von Bonner Politikern, hatte nur der im Sommer 1979 abgesprungene CIE-General Ion Paceba ausgepackt –, sondern auch dem BND. Denn Pullach wurde über die Absetzbewegung des Rumänen-Geheimdienstlers aus der Botschaft in Bonn voll informiert. Und die lief so:

Bei Ion Constantinescus Spiel mit dem Tod war jeder Zug sorgfältig geplant. Der 45jährige Major, technischer Offizier des rumänischen Geheimdienstes an der Botschaft in Bonn, wollte mit seiner Frau und drei Kindern in den Westen fliehen. Constantinescus Risiko: Überläufern droht die Todesstrafe – Mordkommandos jagen sie, wenn sie sich längst in Sicherheit wähnen.

Sein Handikap: Obwohl seit Oktober 1983 am Rhein, sprach der Rumäne immer noch kein Wort Deutsch, nicht einmal Englisch. Die größte Gefahr aber drohte ihm von den eigenen Kollegen – in keiner anderen diplomatischen Vertretung eines Ostblocklandes in Bonn ist das System gegenseitiger Bespitzelung so perfektioniert.
Weil die Geheimdienst-Mitarbeiter an der Botschaft sogar ihre Kinder nur einmal im Jahr während der Sommerferien in den Westen holen dürfen, sah Constantinescu da seine Chance: »Am 15. September hätte in Bukarest die Schule wieder begonnen. Zum Abspringen blieb mir nur noch der zwölfte«, berichtete er später seinem Gesprächspartner im Westen.
Dieser 12. September 1984 wurde zum schwarzen Tag der rumänischen Spionage im Westen. Seit die Flucht bekannt ist, rätseln die Rumänen und ihr CIE in offenkundiger Panik, was der Funk- und Chiffrier-Spezialist Constantinescu verraten hat und noch auspacken kann: Codes und Kuriere, Meldewege und Nachrichtentechnik, Arbeitsweisen, Ausbildung, Pläne und Namen.
Vor allem Namen: Wenige Wochen nach dem Untertauchen des Majors wurde fünf rumänischen Spionen mit Diplomatenpaß die Rückkehr nach Hause nahegelegt:

- Ion Constantin (38), dritter Sekretär. Er plante einen Sprengstoffanschlag auf den Sender Freies Europa in München;
- Ioan Lupu (44), erster Sekretär und Ceausescu-Dolmetscher. Er plante Entführung und Mord an einem Emigranten;
- Ion Grecu (40), Attaché und Abwehrchef in der Botschaft der Rumänen. Er verübte in Köln einen Tränengas-Überfall auf eine Frau;
- Dan Mihoc (39), zweiter Sekretär. Er besorgte für ein Attentat Bücher über Gifte und die Beseitigung ihrer Spuren;

- Constantin Ciobanu (40), Botschaftsrat. Er leitete die Spionageeinsätze, plante Attentate und einen Mord.

Ion Constantinescu hatte die finsteren Pläne seiner Spionage-Spezis gleich mitgemeldet – und die reichten von Brandstiftung bis Raubüberfall, von Giftanschlag bis Mord. Abscheu vor solchen Praktiken war ein Motiv des Majors zur Flucht. Das andere, stärkere, umschrieb er schlicht: »Freiheit für meine Kinder.« So faßte er den Absetzplan mit seiner Frau, einer hübschen Elektronik-Ingenieurin, ganz überlegt. Dabei konnten sie über ihren Vorsatz nicht einmal zu Hause miteinander reden. Denn die Wohnräume der rumänischen Diplomaten sind mit Abhöranlagen gespickt. Constantinescu in den Verhör-Gesprächen: »Schon das Rascheln des Papiers, auf dem ich meiner Frau und den Kindern den Fluchtplan skizzierte, hätte uns verraten und meinen Tod bedeuten können.« Sie sprachen auf Spaziergängen darüber.
Dem Vorgesetzten, CIE-Agent und Presseattaché Ion Grecu, mußte eine Heimreise der Familie über Ost-Berlin vorgetäuscht werden – Constantinescu schaffte es. Während seine Frau mit zwei Kindern von Köln nach Frankfurt im Zug fuhr – die CIE-Beschatter merkten nicht einmal, daß es kein Interzonenzug war –, ließ sich der Major mit seiner 17jährigen Tochter im VW-Passat mit dem Diplomaten-Kennzeichen O-116-2 von einem Unteroffizier an den Main chauffieren.
In Frankfurt hieß er den eher einfältigen Soldaten warten – von 14.30 Uhr bis zum Morgen des nächsten Tages.
Ion hatte sich einen Namen eingeprägt: Interconti, das große, 23geschossige Hotel-Hochhaus in der Wilhelm-Leuschner-Straße, dessen Fensterfront auf den Main hinausblickt. Er hatte nur wenige Westmark, er mußte sparsam umgehen damit. Was würde eine Taxifahrt kosten? Seinen Chauffeur anpumpen? Der war nun, in seinem Rang, ein ganz armer Hund, und der Major wäre sich schäbig vorge-

kommen. Eine Fahrt mit dem Bus wäre zwar billiger gewesen – aber das traute er sich nicht, ihm saß die Angst vor möglichen Verfolgern im Nacken.
Ein Taxi also. Ion war nicht der Typ des eiskalten Agenten, den nichts schreckt, der jeder Situation souverän gewachsen ist. Ion hatte als Technischer Offizier seines Dienstes zwar die Grundausbildung des Gewerbes genossen, aber das war lange her. Operativ hatte er nie gearbeitet, er war sozusagen im Nachrichtendienst ein Nachrichtenmann – einer, der die Wege kannte, die Nachrichten nahmen. Da allerdings war er ein Top-Profi, der sich außer in den Übermittlungstechnologien auch auf dem sinistren Feld von Abhörtechnik gut auskannte. Da waren ihm, als Steckenpferd gewissermaßen, auch Geräte bekannt, die im Westen gehandelt und eingesetzt werden.
Experten schätzen, daß in der Bundesrepublik Deutschland gegenwärtig an jedem Tag mindestens zirka 20 000 Minispione in Gebrauch sind (Österreichs Post beschlagnahmt täglich im Durchschnitt zwei dieser Wanzen). Der Rumäne wußte: Wer in der Bundesrepublik abhört oder Abgehörtes Dritten zugänglich macht, wird mit Freiheitsstrafe bis zu drei Jahren bestraft.
Nicht bestraft hingegen wird, wer das abgehörte und aufgenommene Gespräch abdruckt: eine offene Gesetzeslücke. Und nicht bestraft werden Agenten: gegnerische, weil sie kaum ertappt werden; eigene, weil sie sich – skandalöse, ungeklärte Ausnahmen unberücksichtigt – auf Genehmigung durch die sogenannte G-10-Kommission stützen, einen Parlamentarierzirkel, der Ausnahmegenehmigungen zu Lauschangriffen nach sorgsamer Prüfung erteilt. (Er heißt so, weil er die amtliche Verletzung des Grundgesetz-Artikels 10 mit der darin festgeschriebenen Unverletzlichkeit des Post- und Briefgeheimnisses gewissermaßen legal zur Exekutiv-Maßnahme erhebt.)
Welche Abhör- und Lauschgeräte zur Riesenfamilie der Nachrichtentechnik-Geräte gehören, war für Ion Constanti-

nescu Basiswissen seines Berufs. Zweidimensionale Sprachverschleierungs-Apparate, Minispion-Aufspürempfänger, Fotoapparate mit Nadelöhr-Optik (und ebensolche Mikrofone), Subminiatur-Minispione in Zigarettenpackungen verborgen, Parabolspiegel-Richtmikros, Minispione in Mundharmonika-Tarnung als Telefonaktivierer – nichts von allem war dem gewieften Rumänen fremd.
Bloß: Ein Taxi anhalten, ein großes Hotel als Fahrtziel angeben, an der Rezeption einchecken, nach Frau Constantinescus Zimmernummer fragen – und das alles mit einer 17jährigen Tochter im Schlepp, die wie er kaum ein Wort einer anderen als ihrer Muttersprache konnte –, das fiel dem Geheimdienstmajor Ion Constantinescu schwer.
Die Tochter indes bewältigte alles viel cooler. Ausländer in der Bundesrepublik, soviel hatte sie mitbekommen, waren nichts Ungewöhnliches. Niemand achtete auf sie, es gab sie, basta. Das sagte sie so auch ihrem Vater. Ja, ja, meinte der sorgenvoll, aber sie seien schließlich keine Touristen. »Es gibt doch auch noch andere Ausländer in Deutschland außer Touristen«, sagte da sein kluges Mädchen. Er winkte einem Taxi.
Der Daimler in fahlem Ocker hielt. Vater und Tochter stiegen ein. »Interconti«, murmelte Ion wie selbstverständlich, und mit einem Mal war er ganz gelöst. Zehn Minuten später wickelte er mit der gleichen Gelassenheit den Vorgang des Eincheckens in der Hotelhalle ab. In einem Zimmer in der 5. Etage schloß er seine Frau in die Arme. Weder er noch sie taten in dieser Nacht ein Auge zu.
»Die Kinder schliefen fest«, erzählte er später. Es wurde eine eigentlich undramatische Nacht – kein unverhofftes Klopfen eines verirrten Gastes schreckte sie auf, kein versehentliches Klingeln des Telefons.
Und doch lief diese Nacht für den Mann aus Rumänien und für seine Frau ab wie in einem Psycho-Thriller der besseren Klasse: das nicht endenwollende Warten auf die Dämmerung, die geflüsterten Dialoge mit den immer gleichen Fra-

gen und Antworten und Wiederholungen voller Angst und Beschwichtigung. Das minutenlange Schweigen, in dem ein Überläufer nicht allein die Folgen für sich, sondern auch die Reaktionen der Zurückgelassenen, der Verratenen bedenkt.

»Zu keiner Zeit«, berichtete Ion später, »zu keiner Zeit kam mir der Gedanke, meinen Schritt rückgängig zu machen oder zu bereuen in dieser Nacht. Ich richtete mich auf an der Haltung meine Frau – und meiner ältesten Tochter, die das mit den Ausländern gesagt hatte. Es hat mir gezeigt, daß man eben eine so extreme Situation auch mit Nüchternheit meistert, das heißt: eigentlich nur mit Nüchternheit.«

Dabei war und ist doch dieser Major Ion Constantinescu aus dem Gesichtswinkel seines rumänischen Vaterlandes ein Verräter. Was unterscheidet ihn von Hansjoachim Tiedge, dem Verfassungsschutz-Beamten, der sein Vaterland Bundesrepublik Deutschland verriet? Die Ideologie, ganz klar.

Die Ideologie? Margret Boveri, die große Beschreiberin vom *Verrat im XX. Jahrhundert*, meinte: »Der Verrat ist in unserem Leben zum Alltagsbegriff geworden, so umfassend, als habe er sein eigenes geheimes und so undurchsichtig-mächtiges Reich auf einer Ebene errichtet, die sich nicht mit Völkern, Nationen, Verfassungen, Glaubensgemeinschaften deckt, aber doch alle zerstörend oder verwandelnd durchdringt. Der Inhalt des Verrats wechselt, indem sich das Rad der Geschichte dreht. Heute werden als Helden oder Märtyrer die gefeiert, die gestern als Verräter gehenkt wurden, und umgekehrt. Aber der Verrat bleibt bei uns, als sei er der dauernd sich wandelnde Schatten, der den stärker und schwächer werdenden, höher und tiefer steigenden Lichtern unserer Epoche zugehört. Wir begegnen ihm täglich: in den Zeitungen, in den Gerichtssälen, in den Maßnahmen von höheren und niederen Behörden. Er ist in die Sprache des Politikers eingedrungen.« In der wird dann darüber entschieden, wo Verrat ehrlos – das ist: schädlich

– sei, und wo (und wem) er nütze, folglich ehrenhaft ist und eigentlich kein Verrat. Rabulistik/West und Dialektik/Ost jagen einander im Kreise.
Auch Verräter denken derlei Gedanken.
Nach einer bangen Nacht im Interconti-Hotel stellte sich der Überläufer mit seiner Familie in der Außenstelle eines westlichen Nachrichtendienstes. Seither fürchtet Constantinescu, daß gemäß balkanischer Geheimdienst-Tradition rumänische Such- und Killer-Kommandos auf dem Weg sind, das Urteil an ihm, dem Abtrünningen, zu vollstrecken. Constantinescu ist auf den Schutz seiner neuen Freunde im Westen angewiesen.

Kapitel 3

Pannenhilfe

Lügen kamen ihm über die Lippen so geläufig wie leere Phrasen, die man in Schickeriakreisen mit einer Person tauscht, die einem völlig gleichgültig, aber nicht unsympathisch ist. Er lebte mit ihnen, sie waren Teil seiner Persönlichkeit. Es waren nicht eigentlich Unwahrheiten. Die Kindheitserlebnisse zum Beispiel, die er erzählte – sie stimmten, aber es waren die eines Dritten. Die Karrieren, die Berufsstationen mit ihren Tiefs und Erfolgen – sie waren wahr, doch er hatte sie dem Leben eines anderen Dritten entlehnt. Er hat nie gern geraucht, aber in dieser Existenz rauchte er, Zigaretten, sogar eine bestimmte Geschmacksrichtung mit Wiedererkennungswert hielt er ein. Er trank mal einen harten Schluck; diese Gewohnheit aus seinem eigenen fernen Leben behielt er bei, sie störte nicht das Bild, das er bot. Stellte er sich vor, tat er das mit einem Namen, der seinem richtigen so fremd war wie ein Name aus einer anderen Sprache. Dieser Name war sein Leben. Er träumte diesen Namen. Ja, Träume: Er wachte noch über die Bilder, die seinen Schlaf durchzogen, vorsichtig kontrollierte er sie, sein trainiertes Unterbewußtsein schützte vor gefährlichem Abgleiten in jene Persönlichkeit, die sein wirkliches Ich darstellte.

So ist das bei Agenten, unabhängig davon, ob sie für Israels Mossad, für den britischen MI-6 oder den KGB der Sowjets arbeiten. Oder für den BND, wie Hans Langemann.

Aber auch so ist das bei Agenten, bei guten zumal: Es sind Dinge im Dasein eines Menschen, die zu einem wirklichen,

nicht vorgetäuschten Leben gehören, die ein Agent jedoch parallel zur Wirklichkeit verfolgen muß – konsequent, aber eben auch konsequent gefälscht. Freundschaften, beispielsweise. Manche schließen keine. Das ist bei dem einen Vorsichtsmaßnahme, beim anderen Mißtrauen gegen sich selbst, beim Dritten eine Eigenschaft aus dem echten Dasein. Wenn aber einer Freundschaften schließt und pflegt: Sind Freundschaften, die auf Legenden aufbauen, Lügen? Wo sind dann Emotionen echt, wo Mitleid, Mitfreude gespielt?
Beantwortet ein großer Geheimdienst-Chef solche Fragen? Natürlich nicht, ihn interessieren Effizienz, ihn kümmert Seelenpein bei Untergebenen kaum. Wäre aber nicht für solche Fälle eine Pannenhilfe angezeigt? Andererseits: Hilft ein Psychologe, ein Psychiater? Der Agent auf der Couch eines Seelendoktors – Karikatur, nicht auszudenken.
Was also tut der Top-Spion, der Spitzenagent, um mit dem allem fertig zu werden: mit diesen vielen Persönlichkeiten, die er sich wie anderen vorgaukelt, mit den gefälschten Gefühlen, mit den praktischen Lügen und mit den Lügen, die sich zwangsläufig daraus entwickeln, mit den bezwungenen Träumen, den kontrolliert neurotischen Reaktionen? Allgemein gültige Antworten auf diese Fragen gibt es nicht. Jeder hat seine eigene Methode der Selbsthilfe. Aber es bleibt ein Schaden, nicht in allen Fällen, immerhin oft genug. Mal zeigt er sich gar nicht, mal früher, bisweilen später. Solche Beschädigungen der Persönlichkeit werden von den großen grauen Eminenzen in den Zentralen der Geheimdienste nicht einkalkuliert. Werden sie offenbar und treten sie zutage, richten sie ihrerseits Schaden an – dann ›hat der Mann eben versagt‹.
Der Dank des Vaterlandes ist dem aus dem Ruder gelaufenen verdienten Agenten so wenig sicher wie dem armen Schwein, das etwa als Obergefreiter zwischen zwei Fronten zum Krüppel wurde. Agenten haben, nach getaner Arbeit, gefälligst aus der jahrelang gelebten falschen Persönlichkeit

Dr. Hans Langemann

übergangslos – und ohne Probleme zu verursachen – in die angestammte originäre zurückzukehren.
Das tat so auch der Dr. Hans Langemann (Deckname: Dr. Lückrath), als er nach jahrelanger Aufklärungsarbeit im Ausland und immer dicht am Gegner von Pullach heimgeholt wurde ins Camp. Er tat noch ein wenig Innendienst, der ihm gar nicht paßte, weil er halt das unstete und wohl auch reizvolle Leben draußen nicht vergessen mochte, einem Reporter nicht unähnlich, der sich plötzlich als publizistischer Schreibtisch-Sklave wiederentdeckt. Langemann also galt als verdienter ehemaliger »prima Mann«, einer, dem schließlich ein wohlverdienter Posten zustand. Den kriegte er – als Leiter der Abteilung »Staatsschutz« im Bayerischen Innenministerium.

Aber dann kam diese Sache, die nur als einer jener klassischen Spätschäden bezeichnet werden kann, vor denen kein wirklich guter ausgedienter Agent sicher sein darf. Hans Langemann bewältigte die Spannung nicht, die sich zwischen den früheren gefälschten Leben und dem neuen, wahrhaftigen aufgebaut hatte. Er tat etwas, was als ehrenrührig angesehen wird in seinem Gewerbe: Er begann zu plaudern, und das ausgerechnet in ständigem Schwanken zwischen vergangener Realität und überspitzter Erinnerung. Verhängnisvoll genug, plauderte er vor falschen Ohren und an falscher Stelle.

Er hatte ungezählte Reisen durch Südostasien unternommen. In Vietnam hat der Weltkrieg-Erfahrene erlebt und beobachtet, wie aus Aufklärung Nachrichten werden, wie aus Nachrichten Verwicklungen entstehen, aus Verwicklungen Kriege mit Blut und Tod und Leid. In der Südsee hat er – klar, das gibt's auch heute noch – auf kleinen Inseln mit befreundeten Kollegen nebenher ebenso exklusive wie vergessene Kneipen entdeckt und verwunschene Hotels mit köstlichen, mysteriösen Getränken und süßem Leben. Er kannte Singapurs verwinkelte Chinesengassen hinter dem Hafen und der Pier 16, spielte den Caféhaus-Stammgast in Wien beim großen Braunen, und er strich ortskundig wie ein Stadtstreuner durch Rom, wo es am schönsten und wo es am dunkelsten ist. USA, Washington, New York – Stationen eines Profis im Nachrichtendienst. Zu Hause hat er Weib und Kind, ein gemochter Mann und Vater, der auch immer was Schönes mitbrachte von den aufregenden Reisen, deren Zweck er verschwieg, verleumdete, zurechtbog auf Bürgerliches, wenn er denn davon erzählte. Das alles viele Jahre. Und später dieser Dammbruch nach dem Mitteilungsstau.

Es war unausweichlich, aber es war auch unvorhersehbar. Denn auch so ist das bei Agenten: Eines Tages haben sie alles überlebt. Haben die fremde Indentität überlebt, haben – vielleicht nicht ein paar tausend, wie in erfolgreichen Thrillern –, aber doch ein Dutzend Tode überlebt (und hierarchisch eine Handvoll Vorgesetzter). Vor allem aber sich

selbst. Und dann ist etwas Schwererklärbares mit ihnen durchgegangen, etwas entglitt ihrer Kontrolle, ihrer Eigenbeherrschung. Wie bei Hans Langemann, als er zu plaudern begann.
Mitten in den Trümmern seiner durchaus achtbaren Vergangenheit als BND-Agent stehend, zwischen Ruinen, die einmal seine Karriere und deren mittel-glänzender Abschluß waren, sagt er im Frühjahr 1982 auf dem unteren Totpunkt seiner Existenz als Ministerialdirigent Dr. Hans Langemann zu einem Besucher:
»Ich bin verzweifelt, mein Dasein geistig und seelisch nicht in den Griff zu bekommen. Wenn ich nur früher zur Psychiatrie gefunden hätte, aber das sieht der Betroffene ja nicht so leicht ein.«
»Sie sind in ärztlicher und psychischer Betreuung?«
»Ja.«
»Seit wann hat sich dieses Nachlassen der geistigen und seelischen Kraft bei Ihnen bemerkbar gemacht?«
»Seit Jahren schon, seit Jahren. Aber man nimmt es nicht so ernst, weil es immer wieder vorübergeht und man glaubt, es sei nur eine Phase der körperlichen Beschwerden.«
»Folgt das Auf und Ab Ihrer psychischen Gesundheit einem erkennbaren Rhythmus?«
»Nein. Ich kann nicht sagen, in drei Tagen werde ich voll da sein. Es läßt sich nicht steuern.«
»Auch nicht durch Medikamente?«
Er starrt vor sich hin. Er sitzt so da, wie nach Auskunft seiner Umgebung Langemann manchmal ganze Tage verbringt. Stumm, abwesend. Um dann irgendwann wieder mit Gehirnstrom versorgt zu sein und für kurze Zeit überaus aktiv zu werden. Das sind die Augenblicke, auf die sein Anwalt wartet. Denn irgendwann muß dieser Sonderklasse-Agent vor Gericht, wird sich wegen Landesverrats zu verantworten haben.
Im Krieg war er verwundet worden. Die Narbe vom Kopfschuß ist unübersehbar. Hat die Verletzung zu seinem Per-

sönlichkeitswandel beigetragen? Der Besucher fragt, wo er verwundet wurde und wann.
»Mit 19 Jahren an der Ostfront . . .«
»Leiden Sie noch immer unter Schmerzen?«
»Natürlich habe ich zeitweise unter starken Schmerzen gelitten. Bis heute. Ohrenschmerzen, Kopfschmerzen. Das bleibt nicht aus. Wenn man solche körperlichen Beschwerden hat, dann geht man damit von einem Arzt zum anderen und sucht überall Hilfe. Nur geht man nicht zur Psychiatrie. Ich hätte wahrscheinlich viel, viel früher einen Psychiater aufsuchen sollen. Aber es ist ja bei uns nicht so wie in Amerika, wo der Besuch beim Psychiater ein allgemein akzeptiertes Verhalten ist, so wie der Gang zum Arzt.«
»Wenn Ihre Psyche gelitten hat, kann das durchaus eine Begleiterscheinung Ihres Kopfschusses sein, aber auch eine Auswirkung Ihrer Tätigkeit. Denn Ihre Arbeit hat sicherlich eine starke seelische Belastung dargestellt.«
Er nickt, aber es ist ein kraftloses Nicken. »Ja, beides. Das ist ja auch das Paradoxe: Der gute nachrichtendienstliche Operateur muß, um zu seinem Erfolg zu kommen, sensitiv sein und leidet am meisten darunter. Er leidet am meisten darunter . . .«
Langemann wiederholt immer öfter einzelne Wörter und Sätze, murmelt sie noch einmal wie im Traum.
»Ich habe die Belastung meiner Tätigkeit durchgestanden, mit Freuden sogar durchgestanden. Und ich habe später genauso darunter gelitten, es nicht mehr tun zu können, es hat mir über weite Strecken meines Lebens danach gefehlt.«
Als temperamentvoller Erzähler abenteuerlicher Erinnerungen hat er dann schließlich doch noch einmal alles wiedererlebt. Nur eben im Kreis falscher Freunde. Und so wurde endlich am 3. März 1982 der ›Fall Langemann‹, der Fall des verlorenen BND-Sohnes, mit einer einfachen Zeitungsmeldung offenbar:

> »Nach einer Veröffentlichung des Magazins *konkret* über dubiose Praktiken des Bundesnachrichtendienstes (BND)

hat das bayerische Innenministerium den Leiter seiner Staatsschutzabteilung, Ministerialdirigent Hans Langemann, beurlaubt und ein Dienststrafverfahren gegen ihn eröffnet. Das bestätigte der Staatssekretär im Innenministerium, Franz Neubauer, auf Anfrage.
Der 57jährige Langemann, von 1957 bis 1970 selbst Mitarbeiter des in Pullach bei München residierenden BND, habe nach den Enthüllungen selbst um Beurlaubung gebeten und die Einleitung eines Disziplinarverfahrens gegen sich beantragt. Die Verdachtsmomente gegen ihn seien »so schwerwiegend«, daß man seinem Gesuch umgehend stattgegeben habe, sagte Neubauer. Nach Informationen aus dem Innenministerium hat die Bundesanwaltschaft Ermittlungen aufgenommen.«

Lange und gründlich wurde ermittelt. Dabei kam stückweise ein Drama an die Öffentlichkeit, das Elemente einer Posse ebenso enthielt wie Züge von Tragik; Schnulze und Bubenstück, Krimi und Schulaufsatz nicht zu vergessen.
Der Ministerialrat, betucht, bewohnt im feinen München-Vorort Grünwald eine feine Villa, nicht weit vom Literatur-Agenten Josef von Ferenczy. Man kennt einander. Er habe da ein Manuskript, erzählte Langemann irgendwann mal, das sei gespickt mit reichen Details aus der Welt des James Bond. Wie denn der Herr Nachbar so darüber denke.
Der Herr Nachbar, also der Herr von Ferenczy, tat einen Blick ins Exposé sowie in einen der Leitz-Ordner mit dem Manuskript und fand es »zwar interessant, aber so nicht verwertbar«. Es las sich halt eher laienhaft; nicht jeder, der einmal ein guter Geheimdienstmann war, schreibt auch so gut wie John Le Carré (der bekanntlich auch im Nachrichtendienst gearbeitet hat).
Josef von Ferenczy beschloß, umschreiben zu lassen. Er wußte auch gleich einen Autor, der das konnte, weil er sich in dem Thema auskannte: Heiner Emde. Dieser ließ sich Manuskript und Exposé am 20. Juli 1979 zuschicken.

»8. Kapitel«, las er – als Exempel – und weiter:

»Tatort Fern-Ost – und wie man die Ströme der Politik fließen läßt.

(Über die Pocken von Fiumicino, über Hongkong und darüber, was man da so treibt, über zwei Scouts und das bitterböse Vietnam, über Kissinger, Tschou En-lai und Katzenschlosser, Xaintrailles und Beaumanoir und den armen Yama-mai, über frühere Erkenntnisse in Peking und das, was Tschiang Kai-schek dazu sagte und warum Hua Guofeng in München lächelte.)«

»Katzenschlosser« ist notabene nachzutragen, hieß der von Langemann teils auch autobiographisch konzipierte Held der Handlungen. Als Titel war, Simplicissimo ähnlich, geplant, das Opus »Abraham Lincoln Katzenschlossers von A–Z erlogenes geheimes Handbuch« zu nennen.
Dann las der vorgesehene Um-Dichter im Manuskript. Später begehrten ein Untersuchungsausschuß des Bayerischen Landtages, der Herr Vorsitzende Richter am Bayerischen Obersten Landesgericht Dr. Gietl sowie der Kriminalhauptkommissar Schlichting von der Abteilung Staatsschutz im Bundeskriminalamt (unter Aktenzeichen ST 11 – 050012/82/Schli.) von mir – also dem Verfasser dieses Bastei-Taschenbuches – zu wissen, was ich davon gehalten habe.
Das war rasch ausgesagt: »Nach dem zweiten Durchlesen des Manuskripts war meine Meinung dazu endgültig negativ. Herr Josef von Ferenczy teilte meine Meinung nicht.«
Hauptgrund meiner Ablehnung freilich war der für Autoren typische Termindruck, in den mich ein eigenes Buch – über die Geschichte der Spionage – versetzte.
»Haben Sie seinerzeit mit Doktor Langemann auch sogenannte Autorengespräche geführt?« fragte mich, für die Bundesanwaltschaft, der Hauptkommissar Schlichting. »Und äußerte Doktor Langemann möglicherweise, daß er noch Dokumente beibringen könnte?«
Ich antwortete: »Ich habe seinerzeit mit Herrn Dr. Lange-

mann zwei Gespräche geführt, die man als sogenannte Autorengespräche bezeichnen kann. Darin habe ich Herrn Dr. Langemann nach Lektüre des Manuskripts Vorschläge zur Neugliederung gemacht. Ich teilte ihm auch noch brieflich mit, daß er das Manuskript in einer – wie ich es ausdrückte und erläuterte – ›Hans-Habe-Dramaturgie‹ abfassen sollte. Herr Dr. Langemann äußerte mir gegenüber zu keiner Zeit, daß er noch Dokumente beibringen könnte.«
Auf der unermüdlichen Suche nach einem Mitverfasser geriet Hans Langemann schließlich an den Reporter (und früheren Kriminalbeamten) Frank Heigl in Südfrankreich. Über Heigl kam Langemann zu *konkret.* In dem Magazin endlich landete er bei Jürgen Saupe. Hatte er schon Heigl viel erzählt, so berichtete er nun Saupe.
Was *konkret*-Mitarbeiter Jürgen Saupe dann niederschrieb, ist zum Teil in seinen Worten, zum Teil (angeblich) in O-Ton Langemann gehalten. So soll sich der BND unter dem Decknamen ›Operation EVA‹ keineswegs auf Aufklärungsarbeit in östlichen Staaten beschränkt haben, sondern auch im Vatikan und selbst bei den eigenen Verbündeten intensiv tätig geworden sein.
Die Nacherzählungen des Magazinredakteurs (»Ein BND-Agent packt aus«) konzentrierten sich jedoch wesentlich auf die »Operation EVA«. Die kam zu ihrem Namen, weil sie von einem Haus im Pullacher Camp aus geleitet wurde, in dem zur Nazi-Zeit hin und wieder Adolf Hitler mit seiner Geliebten und späteren Ehefrau, Eva Braun, zu nächtigen pflegte: das Haus 37. Dienstintern hieß es auch ›das alte Doktor-Haus‹. Der Doktor, das war Dr. Schneider alias Reinhard Gehlen, hatte im Haus 37 zunächst sein Büro gehabt und war später, als seine Familie aus dem Camp an den Starnberger See umsiedelte, ins Haus 36 umgezogen. Hier residierte auch sein Nachfolger Generalleutnant Gerhard Wessel, der im Dienst als ›Wieland‹ figurierte.
Im Haus 37 saß 273. Hinter dieser Nummer verbarg sich der ›Strategische Dienst‹, die operative Beschaffungsabteilung

des BND. Formell gab es diese Abteilung seit 1956; allein die Nummer – zuletzt eben 273 – wechselte, zumal nach dem »Fall Felfe« die internen Dienststrukturen verändert wurden. (BND-Abteilungsleiter Heinz Felfe hatte sich 1963 als Sowjet-›Maulwurf‹ in Pullach entpuppt.) 273 hatte drei Unterabteilungen, war aber intern so unübersichtlich strukturiert, daß der Bundesrechnungshof das Chaos monierte, weil die Kontrolleure nicht mehr durchblickten. (Jahresetat des Strategischen Dienstes 1967: 40 Millionen Mark. Geleitet wurde er seit Mitte der 50er Jahre von Generalmajor der Reserve Wolfgang Langkau, Deckname: Holten.)
Allein für 1968 standen EVA dann an operativen Sachmitteln 1,1 Millionen Mark zur Verfügung. Damit sei – erzählte Langemann und schrieb *konkret* – ein Agentennetz von Rom bis Hongkong, von Stockholm bis Wien, von Rio de Janeiro bis Tokio bezahlt worden. Aus diesem Topf sollen auch Handelsfirmen und Pressebüros unterhalten worden sein, hinter denen der BND stand und von denen aus die ›Operation EVA‹ lief.
Hans Langemann sprach also aufs Redaktionstonband:

»... und dann sind die nach Tirana, nach Albanien gezogen. Wie gesagt, der Stiefvater war ein albanischer Grande, praktisch ein besserer Raubritter. Und der Emil ist dort, wenn auch nicht formell konfessionell, aber doch faktisch, im muselmanischen Glauben aufgezogen worden. War dann Offizier bei König Zogu, wurde als Kadett nach Italien zurückgeschickt, kam dann auf die Kavallerieschule in Modena und wurde dann, glaube ich, italienischer Leutnant. Und kam danach nach Albanien zurück. Und war dann eigentlich Chef der Leibwache von König Zogu und der Königin Geraldine, dieser ungarischen Gräfin, die der Zogu geheiratet hat. Das war, glaube ich, ein Jahr, bevor Mussolini im Jahre 1938 nach Albanien einfiel. Und Adolf Hitler hatte die Großzügigkeit, schenkte dem König Zogu zur Vermählung einen Mercedes, einen großen offenen schwarzen Mercedes. Mit diesem Mercedes hat der Emil die Königin Geraldine, die gerade einen Tag vorher niedergekommen war, unter ungeheurem Blutverlust, persönlich steuernd nach Griechenland gefahren und von dort aus nach Ägypten gebracht, weil nämlich der König Faruk ja auch kein Ägypter war, sondern auch albanischer Stammeszugehörigkeit. Daher kamen von diesem Emil diese kolossalen Verflechtungen im Nahen Osten, auch sein absolut sicheres Auftreten in Moslem-Kreisen.«

Und so weiter, und wieder im Stil des Magazins:

»Emil, der Marquese, 1968 in Rom operierend mit einem Jahresetat von 429 800 Mark, konnte nicht nur unter den Muselmanen sicher auftreten, auch im Vatikan wußte er sich zu bewegen. An der Führungsstelle IV, ›Mariano‹ – was nur ein anderer Tarnname für den Marquese war –, hing eine ganze Reihe BND-Agenten im Vatikan. Dazu gehörten EVA 1200, Deckname Fatti aus dem Geheimarchiv des Vatikan; EVA 1201, Deckname Caruso, ein Mitglied des Jesuitenordens; Eva 1203, Deckname Bischof; EVA 902, Deckname Don Ignatio.

Der beste aber von allen und der einträglichste von allen war EVA 901 mit dem Decknamen Bruno. ›Bruno‹, bürgerlich Aristides, lieferte dem BND nicht nur Vatikan-Interna, sondern auch Erkenntnisse aus der italienischen Innenpolitik und weltweit aus dem Netz der katholischen Missionen. ›Bruno‹, mit der V-Nummer 58 201, wurde 1964 angeworben und eingewiesen. Auch wenn, pietätvollerweise, in seinem Personalbogen in Pullach unter ›Motive für Mitarbeit‹ notiert wird: ›ideelle‹, so lag der Mann in der schwarzen Soutane, der bis zum Bischof aufstieg, 1969 nicht nur mit einem Monatssalär von 2500 Mark (steuerfrei und Spesen extra) im oberen Teil der Gehaltsliste. ›Bruno‹ verstand es auch, Sonderzuwendungen locker zu machen.

So fordert auf einem besseren Schmierzettel E 102, der

Marquese, am 18. 10. 1967 für seine Verbindung 901 eine Prämie von 3 Millionen Lire, was damals 20 000 Mark waren. Mit Schreiben vom 24. Oktober wandte sich 273/A, Operationsstabschef Langemann, an Leiter 273 persönlich (General Langkau) ›Erg. mit der Bitte um Zustimmung‹.«

Bei den beteiligten Behörden, dem Bundesnachrichtendienst, dem bayerischen Innenministerium und dem Landesamt für Verfassungsschutz in München, löste die *konkret*-Veröffentlichung Bestürzung aus. Kopfschüttelnd und entrüstet meldeten sich plötzlich vor allem jene zu Wort, die in dem Staatsschutz-Referenten Langemann schon immer einen »unsicheren Kandidaten« gesehen haben wollten. Von den häufigen Partybesuchen des BND-Mannes war jetzt die Rede, von seinem mysteriösen Wechsel aus Pullach in das Bayerische Innenministerium, wo Langemann nicht nur für die Dienstaufsicht über den Verfassungsschutz, sondern auch für die Erstellung der monatlich erscheinenden *Politischen Sicherheitslage* zuständig war.
Der Bundesnachrichtendienst hatte Langemann zu den Olympischen Spielen 1972 in München als Sicherheitschef abkommandiert, nachdem er zuvor als Botschaftsrat in Rom die Funktion eines legalen BND-Residenten innegehabt hatte. Nach den Olympischen Spielen jedoch wollte der BND seinen Top-Agenten nicht wieder einstellen. Zwei Gründe wurden dafür genannt: zum einen sei Langemann in den Gehaltslisten zu hoch aufgestiegen, zum anderen sei dies eine günstige Gelegenheit gewesen, sich von einem weiteren, der sozialliberalen Regierung suspekten BND-Mann aus der »Ära Gehlen« und aus der von SPD-Politikern als CSU-nahe geschmähten ›Seilschaft‹ zu trennen.
»Welcher Teufel den Langemann geritten hat, können wir uns im Augenblick wirklich nicht vorstellen«, kommentierten konsterniert hohe bayerische Sicherheitsbeamte die Veröffentlichung.
Vergebens hatte Langemann, selbst promovierter Jurist,

durch seinen Rechtsanwalt Dr. Hans Roth versuchen lassen, die Publikation vor dem Erscheinen der März-Ausgabe des Magazins – mit welcher der neue Chefredakteur und Hamburger Ex-Senatssprecher Manfred Bissinger seinen spektakulären Einstand gab – zu verhindern.
Besonderen Wert legte der Anwalt des Staatsschutzbeamten auf die Feststellung, daß der Ex-Geheimdienstmann keine vertraulichen Dokumente aus dem Dienst mitgenommen habe: »Mein Mandant hat mit diesem Dokument nichts zu tun. Außerdem hat er mir gesagt, daß er aus einzelnen in *konkret* zitierten Sätzen erkennen könne, daß diese Passagen nicht aus den auf Tonband aufgenommenen Gesprächen stammen können.«
Das Unheil nahm seinen Lauf. Hans Langemann, tatsächlich ein Opfer seines Berufs, geriet rettungslos in die Mühlen der Justiz und der Politik. Die Bundesanwaltschaft recherchierte, SPD und FDP forderten im Bayerischen Landtag – mit Erfolg – einen Untersuchungsausschuß zur Klärung der Affäre. Mehr als zwei Jahre lang machten die Ermittlungen und schließlich der Prozeß Schlagzeilen – in den ersten Wochen auf den Titelseiten, später immer noch an prominenten Stellen im Innern der Zeitungen und Zeitschriften. Den einstigen Spitzenagenten aber machten sie zum Wrack. »Hausdurchsuchung bei Langemann«, hieß es. »Ein Zeuge widerspricht«, »Jetzt geht Strauß auf Goppel los« (in dessen Ministerpräsidenten-Ära der BND-Beamte in den bayerischen Staatsdienst wechselte), »Tandler zwingt Stoiber zum Widerruf«, »*konkret*-Chef belastet Langemann schwer«, schließlich: »Langemann verhaftet!« und »Langemann wieder auf freiem Fuß!«
Im Gefolge der Affäre nahm der damalige bayerische Staatsminister des Innern Gerold Tandler gar die Bundesanwaltschaft aufs Korn, die sich gegenüber ihren Münchner Amtsbrüdern wenig kollegial und kooperativ gezeigt hatte. Tandler nannte ihr Verhalten »skandalös« und ließ verlauten:

»Die Bundesanwaltschaft bestätigte am Donnerstag der letzten Woche (dem 22. April 1982), daß sie eine der Zentralfiguren im Fall Dr. Langemann, den Journalisten und ›Nachrichtenhändler‹ Frank P. Heigl am Tag zuvor unter ›konspirativen Umständen an einem konspirativen Ort‹ vernommen hat, wie dpa meldete. Die Münchner Staatsanwaltschaft mußte erst aus Presse und Fernsehen erfahren, daß Heigl von den Kollegen aus Karlsruhe vernommen worden war. Die Bundesanwaltschaft brach dabei die Vereinbarung, daß zu der Vernehmung Heigls Vertreter der Münchner Staatsanwaltschaft zugezogen werden, damit sie Heigl auch in dem Münchner Ermittlungsverfahren gegen Dr. Langemann wegen Verdachts der Verletzung des Dienstgeheimnisses als Zeugen vernehmen könnten.

Dieses Verhalten der Bundesanwaltschaft ist skandalös. Während er also für eine wichtige Einvernahme der Münchner Staatsanwaltschaft nicht zur Verfügung stand, erhielt Heigl unglaublicherweise im Rahmen des von der Bundesanwaltschaft für die Vernehmung zugesicherten sog. ›freien Geleits‹ Gelegenheit, sich ausführlich in Fernseh- und Zeitungsinterviews zu produzieren.

Ein solches Vorgehen der Bundesanwaltschaft läßt sich nicht durch ihre lapidare Erklärung rechtfertigen, Heigl habe seine Bereitschaft, nach München zu kommen, davon abhängig gemacht, daß die Münchner Behörden nicht verständigt würden. Es ist untragbar, in welcher Art und Weise sich hier die Bundesanwaltschaft von Heigl vor dessen Publizitätskarren spannen ließ. Statt selbst Bedingungen für das freie Geleit zu stellen, wie es die Strafprozeßordnung ermöglicht, ließ sie sich von Heigl, einem Beschuldigten in ihrem Verfahren, Bedingungen diktieren.

Die Bundesanwaltschaft hat durch ihr Verhalten das bei der Münchner Staatsanwaltschaft anhängige Ermittlungsverfahren erheblich behindert. Die Verantwortung dafür

muß sie tragen. Aber die Bundesanwaltschaft hat es noch nicht einmal für nötig befunden, der öffentlichen Wertung ihres Verhaltens als Mißtrauen gegen die Münchner Justizbehörden entgegenzutreten, obwohl sie diese Spekulationen durch ihr äußerst merkwürdiges Verhalten ausgelöst hat.
Die Bundesanwaltschaft brachte die Münchner Justizbehörden durch ihr Verhalten und ihr nachfolgendes Schweigen in Mißkredit. Sie ließ sich dadurch in die abwegige politische Agitation der bayerischen Opposition einbinden, ohne wenigstens ihre Münchner Kollegen gegen diese Beleidigung in Schutz zu nehmen.«

Der Mißkredit wurde ausgebügelt. Heigl kam aus dem südfranzösischen Cagnes-sur-Mer an die Isar, um erst vor dem Landtags-Untersuchungsausschuß und endlich auch vor Gericht als Zeuge auszusagen.
Die Begleitumstände des Auftritts von Frank P. Heigl als sogenannter Kronzeuge in München aber gestalteten sich dann doch wesentlich spannender, als es seine Aussage war.
Bis zuletzt blieb ungewiß, ob Heigl aus einem südfranzösischen Domizil überhaupt nach München kommen würde, um dem Ausschuß als Zeuge weiterzuhelfen. Ursprünglich sollte er in Frankreich vernommen werden, was aber die Franzosen nicht genehmigen wollten. Um ihn nach München zu bekommen, mußte der Ausschuß bei allen möglichen Behörden sicheres Geleit für ihn erwirken und eine Garantie des bayerischen Justizministers Karl Hillermeier dafür beschaffen, daß er nach seiner Aussage das Land unbehelligt wieder verlassen konnte.
Gegen Heigl liefen nämlich mehrere Ermittlungsverfahren. Um einer möglichen Pfändung zu entgehen, hatte er sich vom Landtag das Geld für die Flugtickets vorschießen lassen; Morddrohungen (»Wir schlachten Dich ab«) ließen es dem früheren Langemann-Kompagnon geraten erscheinen,

den Landtag für seinen Aufenthalt in München um Polizeischutz zu bitten.
Langemanns Anwälte kündigten an, einen persönlichen Arrest gegen Heigl nach dem Zivilrecht erwirken zu wollen, wogegen ihn das sichere Geleit nicht geschützt hätte.
Langemann selbst wollte im Ausschuß auftreten und seinen früheren Freund ins Kreuzverhör nehmen.
Am angekündigten 24. Juni 1982 kamen freilich weder Langemann noch der Gerichtsvollzieher, aber auch Heigl selbst erschien nicht zum vereinbarten Termin. Eine Autopanne seines Anwalts hatte ihn aufgehalten. Als der Zeuge schließlich eingetroffen war, erwies sich der bisherige Sitzungssaal im Maximilianeum für den Ansturm von Journalisten und Zuhörern als zu klein, so daß nach einem Umzug in einen größeren Raum die Vernehmung erst mit einstündiger Verspätung beginnen konnte.
Die künstlich erzeugte Spannung wich schnell: Heigl, von den Abgeordneten kaum präzise gefragt, konnte dem Ausschuß im wesentlichen nur bestätigen, was er aus der für ihn fruchtbaren Zusammenarbeit mit Bayerns Staatsschutzchef bereits veröffentlicht oder in Interviews geäußert hatte.
Jene Geschichten zu offenbaren, an denen er nach eigenem Bekunden noch arbeitet, war der Nachrichtenhändler mit Rücksicht auf seine Geschäfte nicht bereit. So verweigerte er sowohl zum spektakulären Entführungsfall des früheren CSU-Referenten Dieter Huber (über den Langemann angeblich auch geplaudert haben soll) als auch zur Lockheed-Affäre unter Berufung auf das journalistische Zeugnisverweigerungsrecht die Aussage. Der Ausschuß tolerierte dies überraschend bereitwillig.
»Die alte Masche, ein paar Brocken hinzuwerfen und dann nichts weiter zu sagen« – so sah der CSU-Abgeordnete Otto Wiesheu Heigls Rückzug ins Schweigen.
Im Dickicht des Skandals mit all seinen Undurchsichtigkeiten wurde indes eine Frage nie diskutiert: Wie geheim sind eigentlich unsere Dienst- und Staatsgeheimnisse? Nach Lage

der Dinge ist davon auszugehen, daß Langemann – unbefugt – Verschlußsachen mit hohen Geheimnisgraden in seinem persönlichen Besitz gehabt hat. Und zwar: Verschlußsachen »VS« aus dem BND und »Geheim«-Dokumente aus dem bayerischen Innenministerium. Wie war das möglich? Und geschieht das vielleicht schon ganz ›normal‹ auch anderswo?

Über die Verschlußsachen aus dem BND wurden seinerzeit dabei zwei Versionen kolportiert:

- In einem Ausweichdepot des BND für Geheimsachen, das im Auftrag des früheren BND-Chefs Gehlen angelegt worden war, ist ein Feuer ausgebrochen; beim Löschen ist eine Reihe von VS-Unterlagen illegal beiseite geschafft worden.
- Bei den unbefugt im Privatbesitz von Langemann befindlichen oder gefundenen Geheimakten soll es sich um Verschlußsachen handeln, die im Auftrag von Ex-Bundeskanzleramtschef Horst Ehmke (dem als Kanzleramtsminister die Aufsicht über den BND oblag) zur Vernichtung bestimmt waren, die aber – entgegen dieser Anordnung – nicht vernichtet worden sind.

Zur Frage, wie Langemann in den Besitz von VS aus dem bayerischen Innenministerium kommen konnte, sagte ein Kenner der Verhältnisse:

»Hier liegen die Dinge anders und einfacher – das heißt: falls die Vorwürfe zutreffen. Langemann hatte als Leiter der Staatsschutzabteilung Zugang zu *allen* Verschlußsachen. Wenn er sie nicht automatisch erhielt, konnte er sie jederzeit anfordern. Niemand hätte bei ihm gefragt oder auch nur zu fragen gewagt: Trifft auf ihn der Grundsatz der Verschlußsachenanweisung (VSA) zu: ›Kenntnis nur, wenn notwendig‹ (*Need to know*)? Er hatte ›Zugang‹ zu VS, das heißt, er durfte sie einsehen, bearbeiten oder verwalten, wie es in der Verschlußsachenvorschrift heißt. Natürlich war auch er verpflichtet, die Bestimmungen einzuhalten. Die Frage zu klären, wie er – bestimmungswidrig – in den Besitz von Geheimakten gelangen konnte, ist Sache der Ermittlungen. Aber – unter uns gesagt – nichts ist leichter als das, wenn es jemand darauf anlegt. Fotokopiergeräte haben seit langem die obligatorische ›Agenten-Kamera‹ verdrängt. Wohlgemerkt: Ich behaupte nicht, daß es so gewesen ist, sondern nur, daß es so gewesen sein könnte.«

Hendrik van Bergh, unter deutschen Geheimdienst-Experten einer der renommiertesten und selbst 13 Jahre lang Nachrichten-Mann, kommentiert:

»Jedesmal, wenn ›Geheimdienstpannen‹ vorkommen, heißt es: Die Vorschriften müssen strenger gefaßt und die Kontrollen verschärft werden. Die Verschlußsachenvorschrift ist aber so gefaßt, daß sie vollauf genügt, um den Schutz der Geheimnisse zu gewährleisten. Sofern sie eingehalten wird.

Hier liegt die eigentliche Schwachstelle des Geheimschutzes – und zwar überall, wo Verschlußsachen verwahrt werden. Kenner wissen aus Erfahrung: In keinem Bereich des öffentlichen Dienstes wird immer wieder, so oft und so unbekümmert gegen die bestehenden Bestimmungen verstoßen wie im Bereich des Geheimschutzes. Dabei geht es um Gefährdungen wie den ›Bestand der Bundesrepublik oder eines ihrer Länder‹ (bei STRENG GEHEIM), die ›Sicherheit der Bundesrepublik oder eines ihrer Länder‹ (bei GEHEIM) oder die ›Abträglichkeit des Ansehens der Bundesrepublik oder eines ihrer Länder‹ (bei VS-VERTRAULICH), wenn Unbefugte von diesen Verschlußsachen Kenntnis erhalten.«

Allerdings wird von Kennern der Dienste-Szene auch kolportierend gelästert, einen ›Geheim‹-Stempel habe jeder kleine Beamte in der Schublade, selbst Landräte oder städtische Gasableser würden ihn großzügig verwenden.

In der Bundesrepublik gibt es jedenfalls schätzungsweise drei Millionen ›Verschlußsachen‹ (Amts- und Staatsgeheimnisse), etwa je eine Million in der Bundeswehr, in den Bundesbehörden und in den Ländern (mit Kreisen und Gemeinden).

Diese drei Millionen VS werden in rund 5000 ›Verwahrgelassen‹ (Stahl- und Panzerschränke unterschiedlicher Sicherheitsgrade) aufbewahrt.

Zum Umgang mit diesen Geheimnissen sind rund 500 000 Personen ermächtigt. Sie werden als ›Geheimisträger‹ bezeichnet (und sind das erklärte Ziel der Anwerbung durch den nachrichtendienstlichen Gegner).

Allein im zivilen Bereich gibt es mindestens 300 000 Geheimnisträger. In der Bundeswehr sind seit 1956 rund 600 000 Angehörige sicherheitsmäßig überprüft worden und haben einen »Sicherheitsbescheid« bekommen, davon etwa 100 000 den Bescheid für Stufe II (GEHEIM und STRENG GEHEIM).

In den obersten und oberen Bundesbehörden sind etwa 25 Prozent für GEHEIM ermächtigt. Auf der unteren Ebene nur etwa zehn Prozent.

Allein im Großraum der Bundeshauptstadt werden einige Hunderttausend Amts- und Staatsgeheimnisse aufbewahrt, wobei die Zahl der Staatsgeheimnisse auf rund 5000 bis 10 000 beschränkt sein dürfte.

Die Zahl der Geheimnisträger in diesem Raum wird mit etwa 10 000 beziffert.

Der Ministerialdirigent Dr. Hans Langemann, Staatsschutzchef in Bayern, war natürlich ein besonders hochrangiger Geheimnisträger. Diesem spät gestrauchelten einstigen Top-Agenten wurde angelastet, dem Nachrichtenhändler Heigl an die 100 Dokumente über den BND und aus dem bayerischen Innenministerium übergeben zu haben. So jedenfalls führte es am 9. November 1984 vor dem 3. Strafsenat des Bayerischen Obersten Landesgerichts der Vorsitzende Richter Karl Gietl aus.

Dieser Tag war Urteilstag. Langemann, von unterkühlter Eleganz, Seidensocken, italienische Schuhe, den Blick gesenkt, zusammengefallene Gestalt, lauschte wie abwesend den Gietl-Worten, den Plädoyers des Bundesanwalts Helmut Lunz, den Widerworten seiner überaus engagierten Verteidiger Martin Amelung und Hans Roth. Langemann saß nicht starr, eher unbeweglich, und es war Leben in ihm, wiewohl er sich nicht rührte.

Er nahm auch regungslos auf, wie Richter Gietl vortrug, was entlastend sein konnte: »Als Langemann Bedenken an Heigl kamen, begann er gegenzusteuern. Im Dezember 1980 warnte er den BND vor einer Veröffentlichung im *stern*, die dann auch erst Mitte 1982 erschien.« Als Heigl allerdings ein Exposé »Operation Eva« an seine Agentur schickte, urteilte Langemann, daß das keinesfalls erscheinen dürfe. Prompt verkaufte Heigl den größten Teil der Langemann-Unterlagen im Alleingang; obendrein lieferte er an *konkret* besprochene Tonbänder. Was die Redaktion dann veröffentlichte, waren eben Dienstgeheimnisse.

Daß daraus »ein konkreter Nachteil für die Bundesrepublik entstanden wäre«, urteilte indes Gietl, »war nicht nachzuweisen«. Somit liege auch kein Offenbaren von Staatsgeheimnissen vor. »Es ist aber eine Gefährdung wichtiger öffentlicher Interessen eingetreten, weil schon die Weitergabe von Dienstgeheimnissen an Journalisten nach der Rechtsprechung des Bundesgerichtshofs eine Gefährdung darstellt.«

Freilich sei der Senat zur Auffassung gelangt, daß »ein Verschulden nur in Form der bewußten Fahrlässigkeit vorliegt«. Es sei zu Veröffentlichungen gekommen, die ohne Langemann nicht möglich gewesen wären. Der Angeklagte habe diese Veröffentlichungen weder gewollt noch in Kauf genommen, aber »er hätte erkennen können, daß er eine Gefahrenlage schafft, wenn er einem Journalisten Dienstgeheimnisse offenbart«.

Da der Senat dem Angeklagten wegen der Folgen einer im

Krieg erlittenen Kopfverletzung eine erheblich verminderte Schuldfähigkeit habe zubilligen müssen, führte der Richter aus, habe sich ein Strafrahmen bis zu höchstens neun Monaten ergeben. Bei der Zumessung habe für Langemann gesprochen, daß er bemüht war, die Folgen seines Tuns zu verhindern und zur Aufklärung beizutragen. Auch »hat er nicht allein gehandelt, sich aber als einziger dem Verfahren gestellt«. Gegen ihn spreche dagegen die Zahl der preisgegebenen Unterlagen und Fakten und daß sich »hochgradige Dienstgeheimnisse« darunter befunden hätten und als Folge die »verheerende Wirkung für den BND«.

Langemann, nach dem Richterspruch, auf Fragen: »Das ist ein Urteil, das mich befriedigt.«

Ähnlich äußerten sich seine Anwälte, von denen Amelung feststellte: »Wir haben unser Klassenziel erreicht.«

Klassenziel erreicht – nur der ehemalige Primus ist durchgefallen.

Hans Langemann hat viele Leben gelebt, falsche, aus denen er zwischendurch in die Wirklichkeit seiner wahren Identität zurückkehrte wie in Ferien von einem fremden Ich. Am 9. November 1984 hat er das Bayerische Oberste Landesgericht als freier Mann verlassen. Nur er kann die Frage beantworten, welche der vielen Persönlichkeiten, die ein Agent ein Leben lang von Berufs und (wie man sieht) auch von Amts wegen in sich zu haben gezwungen ist, da verurteilt wurde.

Kapitel 4

Wachablösung

»Ich habe, als ich mich in die Aufgaben des Nachrichtendienstes einzuarbeiten hatte, noch Veteranen des Nachrichtendienstes kennengelernt. Es war für mich, der ich bis dahin in der volkstümlichen Auffassung von der untergeordneten Art von Spionen lebte, eine Überraschung, diese in hoher geistiger und sozialer Schicht zu finden. Ich lernte Menschen von vollendeten gesellschaftlichen Formen, höchster Kultur und umfassender allgemeiner und politischer Bildung kennen. Die Unterhaltung mit ihnen bot psychologisch und geschichtlich höchstes Interesse, weckte das Verständnis für die Größe einer vergangenen Zeit, zugleich das für die Bedingungen, unter denen allein auch der Nachrichtendienst in der Zukunft von Erfolg begleitet sein konnte.«

Das schrieb, in seinen Memoiren, ein Offizier, dem »Spionageabwehr eine Arbeit für Gentlemen« bedeutete: Oberst Walter Nicolai verfaßte die Lobrede im Juni 1923.

Nicolai leitete von 1912 bis zum Ende des Ersten Weltkrieges die deutsche Gegenspionage und die Abwehr. Ohne seine Erkenntnisse, ohne seine Maximen ist die Arbeit der modernen deutschen Geheimdienste kaum denkbar. Der Bundesnachrichtendienst hat seine Tradition in Nicolais Abwehr. Er geht, wie die ›Abwehr‹ des Admirals Wilhelm Canaris, auf Nicolai zurück: Denn der BND entstand am 1. April 1956 aus der berühmten ›Organisation Gehlen‹ (Org), die ihrerseits wiederum aus der Abteilung ›Fremde Heere Ost‹ (FHO) im deutschen Oberkommando der

Wehrmacht hervorgegangen war. Ihr Chef war Generalmajor Reinhard Gehlen.

Um Dimension und Aufgabenstellung des BND – und vor allem die Arbeit und die Pflicht der Männer, die ihn leiten – richtig zu erkennen, ist ein Rückblick unerläßlich.
Als sich die Spionagefälle häuften, als die Erfahrungen mit Geheimagenten von draußen in Deutschland immer peinigender wurden, beschloß der Chef der Operationsabteilung im Großen Generalstab, der damalige Oberst und spätere General Erich Ludendorff, Ende 1912 das bis dahin so stiefmütterlich behandelte Gebilde ›Militärischer Nachrichtendienst‹ reformieren und zur ständigen, selbständigen Einrichtung im Generalstab machen zu lassen. Sie sollte obendrein den beim Admiralstab der Marine bereits bestehenden Nachrichtendienst ergänzen.
Die neue Abteilung wurde ›Abteilung III B‹ genannt. Sie war gegliedert in Spionageabwehr, geheimen Nachrichten- und Meldedienst, Irreführung des Gegners (heute: Desinformation, eine besonders durch Ost-ND gepflegte Praxis) und Sabotage. Der Personalbestand kletterte von zwölf auf 80 Offiziere. An der Spitze stand der erste deutsche Abwehr- und Gegenspionagechef, der auch als Soldat geachtet war, gar nichts Zwielichtiges mehr hatte – wie noch sein früherer Vorgänger, der erste deutsche Geheimdienstchef, der Geheime Regierungsrat Wilhelm Stieber unter Bismarck und Kaiser Wilhelm I. – und als Ehrenmann einen Ruf genoß, wie ihn im Zweiten Weltkrieg und danach allenfalls Admiral Wilhelm Canaris oder General Reinhard Gehlen besaßen: Es war der Oberstleutnant (später Oberst) Walter Nicolai.
Nicolai fand bei seinem Dienstantritt keine eben berauschenden Bedingungen. Er verfügte über einen Etat von 450 000 Mark – ein Trinkgeld für Spionagespielereien, gemessen an den Mitteln, über die seine Gegner verfügten. Englands MI-5 konnte praktisch unbegrenzt wirtschaften.

Rußlands über ganz Europa und auch in Deutschland verbreitete Geheimpolizei ›Ochrana‹ arbeitete mit ihrem Spitzelnetz und einem 13-Millionen-Rubel-Budget geradezu sorgenfrei. Und vermochte Nicolai seinen Dienst bis Kriegsende zur Stärke von 1139 ›Mitarbeitern in amtlicher Stellung‹ aufzustocken, so konnten die Engländer allein 6000 Agenten ausschließlich gegen Deutschland einsetzen.

Mitglieder der Abteilung III B waren nur Deutsche. Von Fall zu Fall wurden Ausländer eingesetzt; geringschätzig nannten die Nachrichtenoffiziere ihre fremden V-Männer »Vigilanten«. Sie wurden von deutschen Fallführern und Führungsoffizieren gelenkt – aber auch mißtrauisch überwacht.

Die deutschen Abwehrmänner waren in der Regel ausgewählte, sprachbegabte Frontsoldaten. Ihre Bildung und ihr Zivilberuf mußten sie für den Geheimdienst befähigt erscheinen lassen. Nicolais Offiziere waren angewiesen, ihre Agenten persönlich zu kennen und ihren Hintergrund abzuklären: ihre Vergangenheit zu checken, ihre Bekanntschaften, ihre Lebensgewohnheiten und -umstände. Die guten wie die weniger guten Seiten eines Agenten mußten ebenso in der Beurteilung seiner Persönlichkeit berücksichtigt werden wie besondere Fähigkeiten oder körperliche Merkmale. Der III-B-Chef, der als Muster preußischer Ordnungsliebe und Pflichtauffassung galt, war dennoch in seiner Menschenführung und in seiner ganzen Tätigkeit erfinderisch und flexibel, und er war gewiß kein Bürokrat.

Nicolai sah seine Hauptaufgabe in der operativen Aufklärung und in der aktiven Abwehr. Doch was nach der Nachrichtenbeschaffung kam – die Auswertung der Informationen –, überließ er dem Großen Generalstab oder, soweit es die Marine betraf, dem Admiralstab. Wenigstens behauptete Nicolai das. Tatsächlich aber machte der Abwehrchef sehr wohl seine eigenen Analysen und setzte nach diesen Erkenntnissen auch seine Agenten ein.

Rücksichten auf das, was die Oberste Heeresleitung gern

hören mochte – etwa technische Unterlegenheiten des Feindes oder Truppenschwächen, die es nicht gab –, kannte Nicolai jedenfalls nicht. Da er die Informationen vor ihrer Weitergabe an die Abteilung ›Fremde Heere‹ persönlich sichtete, konnte er sich auch ein einheitliches Lagebild machen.

Die in Deutschland reisenden Beobachter und Erkunder setzten sich – zu jener Zeit wie in allen Zeiten – zusammen aus neutralen Kaufleuten, Journalisten, Technikern, intelligenten Arbeitern, deutschen Deserteuren und – in der Diktion Nicolais – »Künstlern von niederer Gattung«. Die Tätigkeit der Reiseagenten sah Nicolai eher als gefahrlos an. Was sie trieben, nannte er »Kopfspionage«: Sie hatten ihre Weisungen nur im Kopf, hatten nur zu sehen und zu hören oder zu fragen und nur mündlich im Ausland zu berichten. Das Äußere des modernen Spions wich in nichts vom übrigen Publikum ab. Er war um so gefährlicher, je unauffälliger er auftreten konnte, und nicht nur eine Erscheinung in den unteren Volksklassen, sondern gerade in den oberen.

Spione mit festem Wohnsitz, ständiger »Residentur«, stufte der III-B-Chef als gefährlicher ein. Ihre Anwerbung geschah (damals wie seit je und bis heute) nach den gleichen Methoden wie bei den reisenden Spähern: mit Erpressung, Geld oder Appellen an nationale Minderheitengefühle (etwa unter der Grenzbevölkerung), auch an soziale oder pazifistische Emotionen. Ihr Kreis wurde ergänzt durch Deutsche, die sich aus eigenem Antrieb anboten. »Anscheinend völliger Schutz gegen Entdeckung durch Ausstattung mit Geheimtinten und sonst größte Vorsicht sowie große Belohnungen blieben Werbemittel«, fand Nicolai heraus. »War aber der Weg erst einmal betreten und keine Umkehr mehr möglich, nahmen die Zahlungen ab, die Anforderungen zu!«

Eine Methode mit Tradition und insbesondere gegenüber geworbenen oder gepreßten Spionen östlicher Geheimdienste immer noch rüde angewandt und daher von beklemmender Aktualität.

Heute wird – unabhängig von derlei Druck oder von moralischer Wertung – Werbung besonders von Einheimischen im Einsatzgebiet von den Diensten aller Länder nach ähnlichen Methoden betrieben: Man hält Ausschau nach Sympathisanten in allen Lebensbereichen und Lebensstellungen, in der DDR etwa nach Sowjetbeamten und -offizieren, Diplomaten oder Wirtschaftlern, die aus ideologischen Gründen oder persönlichen Ursachen für eine Mitarbeit in Frage kommen. Freilich kommen nicht nur Russen in Betracht – DDR-Bürger sind von ebenso hohem Nutzen.

Test-, Überprüfungs- und Überwachungsverfahren sind und bleiben immer gleich streng. Je mehr man über das Privatleben, über mögliche Untaten oder gar Süchte des verpflichteten V-Mannes weiß, desto leichter wird er lenkbar sein.

Hat sich so in den Grundzügen, den technischen, geistigen und handwerklichen Fundamenten von Abwehr und Gegenspionage wenig verändert, so sind auch Grenzen, die heute Nachrichtendiensten in demokratischen Staaten – also auch dem BND – gesetzt sind, nichts Neues. Der Generalstab als Hauptinteressent an einer erfolgreichen Spionageabwehr hatte in der Nicolai-Epoche keinerlei Befehlsgewalt exekutiver Art. Diese lag in den Händen der einzelnen Militärbefehlshaber, vornehmlich der stellvertretenden kommandierten Generale (in Bayern in Händen des Kriegsministeriums). Klare militärische Traditionen bestimmten und überwogen auch noch beim BND, nachdem er schon längst nicht mehr ›Org‹ war.

So blieb es bis zum 30. April 1968, dem Tag, an dem Kiesingers Staatssekretär Karl Carstens die Führer des BND in den Kasino-Saal des Auswertungsgebäudes in Pullach gerufen hatte, um den Wachwechsel vom Alt-Präsidenten und BND-Gründer Reinhard Gehlen zum Ex-Gehlen-Untergebenen Generalleutnant a. D. Gerhard Wessel zu vollziehen.

Prinzipien und Arbeitsweisen waren seither eher noch wirkungsvoller geworden. Es war auch ausgeforstet worden in der Hierarchie der Heilmannstraße zu Pullach, aber das war dem Dienst gut bekommen:

Zwar hatte Wessel-Vorgänger Gehlen schon 1962 einmal personelles Großreinemachen unter seinen Leuten angestellt. Damals hatte er die meisten (und belastetsten) ehemaligen SS-Männer im BND gezwungen, aus dem Dienst zu scheiden – bei Abfindungen bis zu 100 000 Mark, denn viele von ihnen hatten hochdotierte Dienstränge. Selbst die linker Tendenzen wahrlich nicht verdächtige *Welt* hatte geargwöhnt, im Pullach-Camp habe eine »fatale Personalpolitik kleinen und größeren Nazis fröhlichen Unterschlupf« gewährt.

Aber Wessel räumte noch einmal aus. Diese konsequente Haltung brachte dem im Ausland mitunter im Ruch der Rechten stehenden BND neues Ansehen. Man hilft sich gern unter befreundeten Organisationen; man half nun auch gern einmal einem BND-Mann aus einer Klemme.

Wessel prägte dem BND auch erstmals deutlicher als Gehlen zivile Züge auf; er machte unmißverständlich nach innen und nach außen, daß dieser Nachrichtendienst ein ziviles Instrument (mit auch militärischer Nutzanwendung) in einem demokratischen Rechtsstaat ist.

Doch es war nur ein Anfang. Die Wandlung in eine wirkliche zivile Einrichtung wurde vollends erst am 1. Januar 1979 vollzogen. Da berief, überraschend, der sozialdemokratische Bundeskanzler Helmut Schmidt den FDP-nahen Dr. jur. Klaus Kinkel, Leiter des Planungsbüros im Auswärtigen Amt von Hans-Dietrich Genscher und Ministerialdirektor in Bonn, zum Wessel-Nachfolger im bundesdeutschen Auslandsnachrichtendienst. Wie die Wahl auf ihn fiel, empfanden Kenner der Szene als personelle Entscheidung mit ausgesprochen politischer Färbung.

Kinkel, Jahrgang 1936, hielt den Dienst während seiner Amtszeit weitgehend aus den Schlagzeilen. Eigentliche Pannen wurden unter seiner Ägide nicht bekannt, und in einem

Bericht anläßlich seines 25jährigen Bestehens im März 1981 konnte der BND auf eine Fülle von Erfolgen verweisen, so etwa auf die »Operation Stiller«.

Der Außenamt-Mann war eine echte Überraschung in dem ihm kaum geläufigen Metier. Der Politikverwalter sah sich einem Lernpensum gegenüber, das ihn aus der Welt von Diplomatie und Völkerrecht, Handelsbeziehungen und internationalen Verträgen ins diffuse Metier der nicht immer legalen Nachrichtengewinnung führte. Er mußte alles durchblicken, mußte alle Instrumente kennen, hatte sich ein eigenes Basiswissen zu Beschaffung und Auswertung, Technik und Personal, über Funktionen und Leben und Aufgabenstellung von Agenten zuzulegen:

So die Kenntnis von Voraussetzungen, die der Bundesnachrichtendienst etwa an einen voll einsatzfähigen Mann im Auslandsdienst stellt:

- Beherrschen der Landessprache, um Zeitungen, Zeitschriften, Fachliteratur und andere Publikationen lesen zu können.
- Fundierte Kenntnisse des Landes, seiner Bevölkerung, seiner Geschichte und Wirtschaft, seiner sozialen Strukturen und der besonderen Eigenheiten verschiedener Landsmannschaften.
- Ständiges Informiertsein über die Eigentümlichkeiten des politischen Systems und der Gesellschaftsordnung sowie möglichst genaue Kenntnis von Charaktereigenschaften, Eigenheiten und Schwächen politischer Führer.

Daß Gefahr zu diesem Geschäft gehört, ist allemal auch Neulingen im Gewerbe bewußt. Daß sie aber an Leib und Leben gehen kann, existentiell bedrohend im Wortsinn, muß bei allen Entscheidungen mitberechnet werden. Zwar ist das Bild vom Spion mit Schlapphut, Sonnenbrille und hochgeklapptem Kleppermantelkragen längst Karikatur. Doch die Arbeit des ›Agenten im Feind‹ verlangt immer noch Tarnung, auch Verstellung und ein Übermaß an Vorsicht und Aufmerksamkeit, gepaart mit Mißtrauen und Instinkt. *Denn jeder Geheimdienst nennt seine eigene Arbeit Aufklärung. Die, bei denen aufgeklärt wird, reden von Spionage.*

Der Übergang von der klassischen Spionage früherer Jahrhunderte zu dem, was V-Leute heute zu leisten haben, hat sich bei alledem, was bestehenblieb, langsam, aber zeitgemäß vollzogen. Kam es früher in den Zeiten zwischen den Kriegen vor allem darauf an, Militär-Geheimnisse der anderen nach Hause zu tragen, so wird heute auch in Friedenszeiten der Versuch unternommen, alle Tätigkeitsbereiche eines Gegners zu durchdringen.

Dieter Blötz, unter Klaus Kinkel BND-Vize (von dem noch zu schreiben sein wird), hielt fest: »Nur exklusive Quellen und Methoden führen zu exklusiven Informationen. Unsere Verbindungen sind besonders verletzlich und damit schutzbedürftig. Sie können nicht vor der Öffentlichkeit ausgebreitet werden.«

Die Transparenz des BND, so umschreibt man es in Pullach, darf für Außenstehende allenfalls Milchglascharakter erreichen. Blötz: »Der BND muß seine Methoden geheimhalten, er muß seine Quellen und Kontakte auf der Basis schützenden Vertrauens führen. Anders ist Geheimdienstarbeit nicht möglich.«

So werden auch Innendienst-Mitarbeiter einem ›tätigen Agenten im Feind‹ nie von Angesicht zu Angesicht gegenüberstehen. Das ist nicht üblich in einer Organisation wie dem BND. Und in ähnlichen Diensten auch nicht. Der Grund dafür ist ganz einfach: Sogar Bekanntschaften können in diesem Gewerbe lebensgefährlich sein!

Die Situation im Dienst ist folglich simpel und eindeutig: Den totalen Durchblick hat keiner. Den gibt es nicht einmal in der regelmäßigen gemeinsamen Konferenz aller Leitenden BND-Mitarbeiter, in der »schlauen Stunde«, wie sie von den Anwesenden genannt wird. Internes aus dem operativen Bereich der Beschaffung wird selbst bei dieser Gelegenheit

nicht offengelegt. Die Organisation des Dienstes will es so; noch nicht einmal vorgeschaltete Führungs- und Meldewege sind miteinander identisch. Kurierdienste übrigens werden von der Abteilung Zentrale Aufgaben ausgeführt; dieser Abteilung obliegt auch die Ausbildung.
Was indes Quellen betrifft, so sind die ihrer Natur nach so unterschiedlich und teils gegensätzlich wie etwa im Journalismus, in der Polizei oder, beispielsweise, in der Steuerfahndung. Doch anders als diese, unterhält etwa der BND sogenannte R-Quellen. Das sind nicht ortsgebundene V-Leute; ›Agenten im Feind‹ (wobei ›Feind‹ nicht immer gleich ›Gegner‹ sein muß, sondern auch prinzipiell auszuspähende ausländische Bereiche umschreibt), die zur ständigen Überwachung eines Projekts sowie in der militärischen Aufklärung eingesetzt werden. Manchmal wird eine R-Quelle auch mit Gegenrecherchen beauftragt.
Ein Fallführer, ein V-Mann-Führer, ein V-Mann müssen wissen: Es reicht nicht, ein Foto beispielsweise von einer Raketenzentrale zu erhaschen. Die Agenten müssen darüber hinaus feststellen, wer die Leute sind, die das Kommando über diese Anlage haben, welche Sorgen sie womöglich bedrücken, welche Meinungen, Hobbies, Angewohnheiten sie haben. (Das nun ist eine nicht-zivile Nutzanwendung, dieser Bereich der militärischen Früherkennung: Potential, Planung, Gliederung, Dislozierung [Verlegung], Bewaffnung, Kampfwert, Versorgungsbasen und Stützpunkte.)

Wer auch immer etwas geworden war im Bundesnachrichtendienst bis dahin, erst recht, wer zur Spitze aufstieg, wußte das alles. Mit Kinkel kam nun einer von draußen, ein Seiten-Einsteiger. Immerhin wenigstens einer, der eine gesunde Portion einschlägiger Theoriekenntnis mitbrachte – der Jurist hatte von 1968 bis 1970 als Referent für Verfassungsschutz im Bundesinnenministerium gearbeitet.
Gleichviel: Würde er den Überblick über das alles so erlangen, daß er den Dienst in den Griff bekam, ohne daß dieser

Schaden nahm? Er hatte keine Hausmacht. Würden Insider ihn kaltstellen, zum Frühstückspräsidenten verkümmern lassen?
Klaus Kinkel schaffte es cool. Er lebte mit seiner Frau Ursula (geborene Vogel) in einem Einfamilienhaus des Bonner Vorort-Dorfes Menden bei Siegburg. Das Ehepaar hat vier Kinder. Nach dem Wechsel an die Isar und nach Pullach zog die Familie mit – ein Einschnitt, aber alle standen ihn mit Anstand durch.
Der braungelockte Familienvater ist ein korrekter, disziplinierter Mann mit unantastbarem Lebenswandel. Er raucht nicht, trinkt den weißen Wein seiner badischen Heimat nur schlückchenweise und ist leidenschaftlicher Tennisspieler. Sein einziges Laster: Er liebt gutes Essen. Kinkel: »Ich setze Fett an und habe zu hohen Blutdruck.«
In den Jahren an Genschers Seite wurde Kinkel zum zweiten Ich des Ministers. Er verwaltete seinen Terminkalender und trug seine Aktentasche; ohne Kinkel kam keiner zu Genscher, und auf seinen Weltreisen besuchte Genscher keinen Winkel ohne Kinkel.
Als der Schwabe zu einer internen Beratung eintraf, frotzelte Kanzler Schmidt: »Da kommt Genschers Aufpasser.«
Dennoch ist der engste Mitarbeiter des FDP-Vorsitzenden niemals FDP-Mitglied geworden – auf Rat des FDP-Vorsitzenden. Genscher angeblich: »Bleiben Sie da mal raus, dann kann ich sie leichter auf wichtigen Positionen einsetzen.«
Daß Deutschlands Medien seine Berufung unkritisch und wohlwollend aufnahmen, wurzelte weniger in den sachlichen Voraussetzungen, die er für das neue Amt mitbrachte, als in seinem blendenden Verhältnis zu Bonner Korrespondenten.
Der damals für Geheimdienste im Bundeskanzleramt zuständige Staatssekretär Manfred Schüler rechtfertigte die Entscheidung für Kinkel mit dem Argument: Nachdem zwei Generäle (Gehlen und Wessel) den BND geleitet hätten, habe die Berufung eines Kandidaten mit einer anderen

Laufbahn nahegelegen. (Mit ähnlicher Logik könnte man dafür eintreten, Hackethal zum Generalinspekteur der Wasserschutzpolizei zu machen.)
Der junge Herr Doktor tat seinen Dienst im ›Dienst‹ redlich und umsichtig. Daß er sich im Spannungsfeld zwischen Parteipolitik und nachrichtendienstlichen Nutzen sicher und selbstbewußt bewegte, hat er gleich im ersten Amtsjahr in der Palästinenser-Affäre der Münchner Justiz bewiesen:
Vier palästinensische Terroristen waren an der Grenze zur Bundesrepublik geschnappt worden. Mit Attentatsplänen, 60 Kilo Sprengstoff und acht Zeitschaltuhren. In ihren Gefängniszellen erhielten sie Besuch. Ein Beamter vom Bayerischen Landeskriminalamt (LKA) und ein Dolmetscher kamen in die Strafanstalt Straubing.
Wochen später wurde durch eine – gezielte? – Indiskretion bekannt: Der ›Dolmetscher‹ war Mitarbeiter des israelischen Geheimdienstes.
Die Wellen der Empörung schlugen hoch. Denn inzwischen hatte einer der freigelassenen Terroristen – ein gewisser Mohammed Jussef, der seine Strafe abgesessen hatte – in Beirut eine Geschichte wie aus Tausendundeiner Nacht aufgetischt:
Der Israeli habe ihm im deutschen Gefängnis Drogen eingegeben, er habe ihn erpreßt, den Geheimdienstchef der PLO, Abu Jijad (Klarname: Salah Chalaf), zu ermorden. Der Israel-Agent habe ihm Fotos gezeigt und gesagt: »Schau, das sind doch deine Angehörigen in den besetzten Gebieten, du kennst sie doch. Wenn du nicht tust, was wir dir raten, passiert ihnen etwas.«
Der Terrorist beschloß in Beirut, sich lieber dem PLO-Spionage- und Terror-Chef Abu Jijad anzuvertrauen, als ihn zu ermorden. Jijad tröstete ihn. Möglicherweise tat er das nicht überzeugend genug. Denn drei Tage später fand man Jussef erschossen in seiner Wohnung.
Sofort setzte die PLO in Umlauf: Selbstmord! Beweise erbrachte sie nicht. Konnte sie auch nicht. Denn nach

neuesten Erkenntnissen hatte Jijad Anweisung gegeben, Jussef ›auszuschalten‹.

Unterdessen wurde in Deutschland der Schwarze Peter hin- und hergeschoben. Ausländische Agenten als ›Dolmetscher‹ in deutschen Gefängnissen – ein Skandal!
Die Bayern sagten: Bonn ist schuld, der BND ist schließlich ein Bundesamt. Richtig.
Die Bonner sagten: Es war ein bayerischer LKA-Mann, der den ›Dolmetscher‹ mitbrachte und wußte, wer ihn da begleitete. Auch richtig.
Bayerns damaliger Innenminister Gerold Tandler betonte im Gespräch mit dem Verfasser: »Bei allen Gesprächen des Dolmetschers mit den inhaftierten Palästinensern war ein Beamter des LKA zugegen. Bei diesen Verhöhren ist auf die Häftlinge weder körperlicher Druck ausgeübt, noch sind ihnen Medikamente verabreicht worden.«
In Bonn tönte inzwischen der inoffizielle Vertreter der PLO am Rhein, Abdallah Al Frangi: »Wenn die Israelis in der Bundesrepublik agieren, haben auch wir das Recht, deutschen Boden für unsere Aktionen zu nutzen.«
Falsch. Denn die Bundesrepublik und der BND müssen daran interessiert sein, sich die Beratung von Geheimdiensten zu sichern, die bei der Bekämpfung des internationalen Terrorismus große Erfahrung haben. Diese Erfahrung hat der israelische Geheimdienst. Die Terrorismus-Erfahrungen der PLO hingegen sind bekanntlich vollkommen anders geartet.
Immerhin gab es auch keinen Skandal, als sich der leitende Polizeidirektor beim GSG 9, Ulrich Wegener, seine Vorbildung für die Befreiung der Geiseln von Mogadischu bei den Israelis holen durfte.
Klaus Kinkel tat, was ein guter Nachrichtendienstchef in einem solchen Fall tut: Er stellt sich hinter die Entscheidung seiner Beamten, den ›Dolmetscher‹ in die Zellen zu schleusen. Denn ohne das Vertrauen seiner Mitarbeiter ist ein Geheimdienstchef nicht viel wert.

Mit dem Vertrauen indes hat es oft eigene Bewandtnis. Das Vertrauen in die Nachrichtendienste etwa kann durch eine parteipolitisch gefärbte Personalpolitik durchaus erschüttert werden. Beispiel: Unter den Mitarbeitern von Pullach zirkulierten Gerüchte, die den mittlerweile ausgeschiedenen BND-Vize Dieter Blötz angriffen. So hieß es: »Der ehemalige SPD-Landesgeschäftsführer in Hamburg, Dieter Blötz, hat zusammen mit einem Parteifreund, einem früheren Juristen in der Schulverwaltung in Hamburg, wohl wesentlich dazu beigetragen, den einst parteineutralen Dienst in einer für den Kenner unerträglichen Weise parteipolitisch zu unterminieren.«

Kinkel hatte Dieter Blötz zunächst in Kauf nehmen müssen; Blötz hatte eine Reihe von Schlüsselpositionen durch Leute seines Vertrauens besetzt.

Er gab sich autoritär, »einer, der Untergebene anschreit und unkollegial behandelt«, behaupten frühere Mitarbeiter.

Manchmal nahm er es auch mit der Autorität nicht so streng – vorausgesetzt, die Untergebenen waren weiblich.

Sehr weiblich beispielsweise war seine langjährige Sekretärin Gisela, die im Dienst den blumigen Decknamen Nelken führte.

So viel Weiblichkeit konnte der sonst eher trockene Blötz nicht übersehen. Daß ihr Mann, ein Offizier, selber im Camp arbeitete, störte ›Frau Nelken‹ sowenig wie den ihr vorgesetzten Blötz.

Eines Abends jedoch wurden die beiden in flagranti überrascht, sogar im Vize-Chefzimmer. Der Schreibtisch, der Chef und Sekretärin eigentlich zu trennen hat, hatte sie zusammengeführt. Dabei hätte, wie Eingeweihte sagten, »der Blötz das gar nicht nötig gehabt«, so im Arbeitszimmer. Denn am Rande des Camps stand ihm in der ersten Etage eines BND-Hauses ein Zwei-Zimmer-Appartement zur Verfügung. Reinhard Gehlen schlief dort, wenn ihm der Heimweg nach Berg am Starnberger See zu weit war.

Im Juli 1979 wurden die erotischen Aktionen des Vizepräsi-

denten publik. Ende August wurde er in den einstweiligen Ruhestand versetzt.
Von nun an redeten Mitarbeiter in Pullach ein wenig offener darüber, daß Dieter Blötz auch BND-Interna nicht in jedem Fall zu wahren wußte. Unbekümmert prahlte er vor Journalisten mal mit einer Quittung, die ein BND-Informant unterschrieben hatte. Sorglos gab er Namen von BND-Tarnfirmen an das Bundeskanzleramt weiter – ein unüblicher Vorgang. Interessiert schaltete er sich von seinem Apparat in interne Telefongespräche von ›Dienst‹-Angehörigen.
Der Präsident brauchte also einen neuen Vize. Das unvermeidliche Personalkarussell kam in Schwung. Da war Dr. Hans Josef Horchem, der angesehene Präsident des Landesamtes für Verfassungsschutz in Hamburg. Der winkte ab. Dann war der Brigadegeneral und Fernmeldespezialist Joachim Schulte im Gespräch. Dieser schied gleichfalls aus dem Rennen. Er wollte lieber Offizier bleiben.
Schließlich kam ein selbstbewußter, energischer und eigenwilliger Profi: der 43jährige Norbert Klusak aus dem Kölner Bundesamt für Verfassungsschutz (BfV). Klusak war Leiter der Abteilung für Zentrale Fachfragen und damit einer der wichtigsten Beamten im Kölner Amt. 1975 kam er aus dem Bundesinnenministerium, wo er bis dahin als Hilfsreferent in der Abteilung für Polizeifragen tätig war. Der Geheimdienst-Experte, der am 12. Februar 1986 starb, war im Gegensatz zu seinem Vorgänger Blötz, der der SPD angehörte, parteipolitisch ungebunden.

Unterdessen hatte sich Kinkel, ›Genschers Mann in Pullach‹, gut eingelebt. Sogar Anekdoten über ihn waren schon in Umlauf: Hatten sich zwei hohe Herren des Dienstes beim Präsidenten angesagt. Sie warteten auf ihn. Eine halbe Stunde, zwei Stunden, zweieinhalb. Endlich kam Kinkel und sah die beiden.
»Warten Sie auf mich?« fragte er bestürzt.

Darauf die beiden wie aus einem Munde: »Jawohl, Herr Präsident!«

Dem war das peinlich. »Entschuldigen Sie bitte«, sagte er. »Aber Sie hätten ebensogut gehen können. Auf mich wartet man nicht über zwei Stunden.«

Anderntags fanden die zwei Herren auf ihrem Schreibtisch zwei Flaschen Wein. Mit einem Gruß vom Chef.

Schwabe Kinkel ist nicht nur ein integrer und intelligenter Mann. Er war vor allem jung. Er konnte dem BND das bescheren, was der zwischen den Mühlsteinen der Politik geschliffene Dienst vor allem braucht: Ruhe und Kontinuität.

Im Land des Secret Service, in England, liegt auf einem roten Sofa im Hauptquartier des MI-V ein handgearbeitetes Ruhekissen: *Ein Geheimdienst-Chef,* so ist darauf gestickt, *gleicht einem Burgunder: ausgereift erst nach 14 Jahren.* BND-Präsiden Klaus Kinkel brachte es auf drei Jahre und neun Monate.

Zum Jahresende 1980 war geplant, Kinkel als Koordinator für die Geheimdienste im Bundeskanzleramt zu installieren. Doch scheiterte das Projekt, wie viele wissen wollten, an der SPD, die sich einen »Aufpasser« der FDP nicht ins Haus setzen lassen wollte. Offiziell wurde das Scheitern mit haushaltsrechtlichen Schwierigkeiten begründet.

Mitte September 1982 zerbrach nach längerem Siechtum die sozialliberale Koalition. Mit der Wahl Helmut Kohls zum Bundeskanzler im Wege des konstruktiven Mißtrauensvotums am 1. Oktober 1982 fiel das Justizministerium (bisher Dr. Schmude) an die FDP. Die besetzte es mit Hans A. Engelhard. Kinkel wechselte als beamteter Staatssekretär in das Justizministerium nach Bonn. Wollten manche wissen, daß er in Pullach schon einige Zeit amtsmüde gewesen sei, so tippten andere darauf, daß Genscher das Organisationstalent und den brillanten Kopf in den kommenden schwierigen politischen Zeiten in Bonn dringend brauche.

Wachablösung in Pullach. Rätselraten unter den Experten.

Wer würde der Neue sein? Wieder ein Fremder, abermals keiner »aus den eigenen Reihen«?

In dieser Zeit wilder Spekulationen waren sich nahezu alle darüber einig, daß *einer* nicht Präsident wurde – aber auch viele bedauerten dies. Dr. Richard Meier, zum Zeitpunkt der Wachablösung Kinkels 54 Jahre alt, galt (und gilt) als einer der Besten dieses Gewerbes.

Der geborene Münchner, der nach Jurastudium und Lehrzeit bei der Staatsanwaltschaft Wuppertal schon 1957 zum Verfassungsschutz gekommen war, hatte in München bereits Lorbeer gesammelt – als Direktor der Abteilung Beschaffung im BND von 1970 bis 1975. Intern nannten die Pullacher seine Agenten »MM«, Meiers Männer. Er selbst lief unter ›Dr. Schweiger‹. Anders als Gehlen ist Meier kein Typ für Sonnenbrille und hochgeschlagene Mantelkragen. Seine Anzüge – von (teurer) Stange – sehen aus wie maßgeschneidert.

Technik sah er von jeher pragmatisch. Meier im Gespräch mit dem Verfasser: »So wie die modernen Waffen wird auch die Nachrichtenelektronik immer komplizierter und teurer. Man soll zwar diese Elektronik im Dienst der ›Fernaufklärung‹ machen lassen, was immer sie kann. Aber man soll nicht blind auf sie setzen wie auf Wunderwaffen der Beschaffung. Man sollte sich wieder auf den Menschen als Nachrichtenbeschaffer besinnen. Er vermag nämlich, was Technik in gewissen Situationen einer geheimdienstlichen Operation nicht kann: Er kann flexibel sein, umdisponieren. Der Mensch darf von der Technik nicht zur zweitrangigen Figur der Nachrichtenbeschaffung gemacht werden.«

Richard Meier also kam nicht. Ein ganz privates menschliches Mißgeschick hatte ihn aus dem Kreis der Aspiranten geworfen – ein Autounfall, bei dem seine Beifahrerin den Tod gefunden und für den ein Gericht ihn schuldig gesprochen hatte.

Das Gerangel um die Spitzenposition in Pullach fand folglich ohne ihn statt. Die Anwärter und die, welche über die

Besetzung entschieden, wußten: Der BND verleiht Macht durch Wissen. Wer ihn führt, gehört zu den höchsten – und gefährdetsten – Geheimnisträgern der Welt. Kein Wunder, daß der Positions-Kampf so heftig, dafür aber ohne beckmesserische oder schwatzhafte Diskussionen in Öffentlichkeit und Medien ausgetragen wurde. Nach vielem Hin und Her kam wieder ein Nachrichtenprofi auf den Chefsessel: Eberhard Blum, bei seiner Berufung 63.

Über den Geheimdienstmann Blum ist in der Öffentlichkeit so gut wie nichts bekannt. Sein erstes Pressegespräch als BND-Präsident führte er mit dem Bonner *Quick*-Korrespondenten Paul Limbach und dem Verfasser.

Der Ex-Wehrmachtsoffizier kehrte aus dem Zweiten Weltkrieg als Rittmeister zurück. Ein Jahr nach der Gründung der ›Organisation Gehlen‹ trat er 1947 in die Dienste des Generals. In der Nachrichtenbeschaffung lernte er das Handwerk von Grund auf.

Bald avancierte er zu Gehlens Stabschef. Außendienst in London, dann als Erster Direktor Leiter der Pullacher Zentralabteilung – das waren Stationen seiner Karriere, bis Kanzleramtsminister Horst Ehmke Pullachs eingearbeitete Experten in Scharen heimschickte und durch SPD-treue oder -nahe und teils sogar fachfremde Kräfte ersetzte. Blum schob er 1970 nach Washington ab.

Zum Nachfolger machte Ehmke den SPD-Mann Herbert Rieck aus der Hamburger Hochschulverwaltung. (Gleich nach Blums Amtsantritt spekulierten Bonner Kanzleramts-Vertraute über Riecks neue dienstliche Verwendung: »Ein hervorragender Mann für London, zumal er mit einer Engländerin verheiratet ist.«) Blum hielt ihn im Camp. Er ist Leiter der Abteilung VI (»Zentrale Unterstützungsaufgaben im technischen Bereich«).

»An Gehlen«, sagte Gehlen-Schüler Blum, »habe ich stets seine Intuition als Nachrichtenmann bewundert und seine Fähigkeit, Menschen zu motivieren.« Aber er schränkte auch ein: »Allerdings war seine Weltanschauung für mich zu

konspirativ – Gehlen witterte die Rote Kapelle* hinter jedem Baum.«
Eine Einstellung, die nach dem Ausscheiden des Generals aus dem Dienst deutlich an Wert einbüßte. Mit dem Machtwechsel in Bonn 1969 verblich unter der forschen Fuchtel Ehmkes schließlich auch das Gehlen-Feindbild im Osten. Der nachrichtendienstliche Begriff des Gegners verschwand ganz aus dem BND-Sprachgebrauch. Seit Amtsübernahme durch Eberhard Blum am 14. Januar 1983 darf in Pullach auch wieder von Gegnern gesprochen werden. Denn die Bedrohung der Bundesrepublik und des westlichen Bündnisses, so Blum, werde durch das Nichtverwenden des Wortes Gegner nicht aufgehoben. Diese Bedrohung weltweit zu beobachten – (Blum: »Das ist wie eine Lebensversicherung mit sehr hoher Eigenbeteiligung«), – sollte fortan zusammen mit der steten Einschätzung des Sowjet-Potentials wieder vorrangig mit zum Aufgabengebiet des BND gehören. Dies gelte »auch unter dem Aspekt der Frühwarnung«.

Selbst Unberechenbares bezog der neue Mann in Pullach ein – er zitierte den Naturwissenschaftler Louis Pasteur: »Der Zufall begünstigt den Mann, der vorbereitet ist.«
Seine Berufung hatte auch Symbolcharakter: Nach dem Willen Helmut Kohls stand sie für die neuen außenpolitischen Leitlinien Bonns, welche die USA in Zukunft wieder als Freund im Bündnis sehen würden – nicht mehr als lästige Partner.

---

* Die ›Rote Kapelle‹ war eine im Zweiten Weltkrieg operierende Untergrund- und Spionage-Organisation. Sie sabotierte Wehrmachtseinrichtungen und unterstützte den Widerstand gegen Nazis und Hitler-Diktatur.

Mit US-Vizepräsident Bush verbindet Blum eine persönliche Freundschaft; die beiden schätzen einander aus der Zeit, da Reagans Stellvertreter CIA-Boß war.

Geschätzt als beliebteste Gastgeberin im diplomatischen Korps war auch Blum-Gemahlin Gabriele (›Puttchen‹), geborene von Gusmann. Senator Percy an den damaligen Kanzler Schmidt, brieflich: Blums Beitrag »für die Förderung der beiderseitigen Beziehungen« sei so nützlich, daß es »schwerlich je einen besseren Mann als ihn« in diesem Job geben werde.

Lob läßt den gebürtigen Kieler kühl; Überbewertung von Ansichten ist dem selbstkritisch erzogenen Sohn eines Seeoffiziers fremd. Erst recht in der Politik. So sah der Neue in Pullach im sowjetischen Partei- und Regierungschef Andropow einen Politiker, der »Risiken viel besser beurteilen kann als sein Vorgänger Breschnew. Folglich wird er die Grenzen dessen, was er tun und wie weit er gehen kann, auch klar erkennen.« Also sei bei den damals jüngsten sowjetischen Abrüstungsvorschlägen das starke Interesse des Kreml daran erkennbar, nicht nur seine Überlegenheit festzuschreiben, sondern zugleich auch seine Einsicht, vom starren Festhalten an dieser Überlegenheit abrücken zu müssen. Warnte Blum: »Wir müssen uns darauf einstellen, daß Vorleistungen auf die Sowjets überhaupt keinen Eindruck machen.«

Derlei analytische Einsicht war auch dem Blum-Vorgänger und -Vorgesetzten Kinkel nicht ungeläufig. Der Nachfolger schätzt an Klaus Kinkel, daß der »die Aufgaben des Dienstes im Interesse der Bundesrepublik gegenüber der Dritten Welt stärker ausgebaut hat« – Kinkels heimliche Liebe galt stets der Außenpolitik.

Blum übernahm seinerzeit ein Amt, dessen Betriebsklima als eher unbehaglich galt. Da gab es im Sommer 1982 eine Fragebogenaktion, bei der die BND-Mitarbeiter in 20 Fragenkomplexen anzukreuzen hatten, was ihnen in Pullach paßte oder nicht. Das Ergebnis wurde nie veröffentlicht, es blieb bis heute selbst für die Geheimdienst-Mannen geheim.

Hier wurde dem Personalrat des Dienstes eine wichtige, dem Präsidenten eine dankbare Aufgabe zuteil. Das wußte Blum. So hält er seit je die Hierarchie deutscher Ämter – BND nicht ausgenommen – für zu starr. »Es wird einfach sein, als Angestellter an mich heranzukommen«,sagte er. »Jeder von meinen Leuten wird Zutritt haben, wenn er was von mir will.«

Dazu paßt seine Abneigung gegen die Diktatur der Bürokratie. Blum suchte die Leute, die in der Beschaffung die harte Arbeit »an der Front« leisten müssen (weniger als 2000), von administrativen Aufgaben möglichst freizuhalten, »und zwar nach dem Motto von Einstein: ›Alles sollte so einfach wie möglich sein – aber nicht einfacher‹.« Dabei sollten auch die Möglichkeiten, im praktischen Aufklärungsalltag – sprich: bei der Spionage – risikoärmer zu Ergebnissen zu kommen, voll ausgeschöpft werden. Das Selbstwertgefühl der Mitarbeiter mußte geliftet werden. Verbesserte Laufbahnchancen sollten das ermöglichen.

Der gelernte Aufklärer, Beobachter und nachrichtendienstliche Analytiker weiß aus Praxis und Erfahrung, wie operative Arbeit (»das ist Kunsthandwerk«) aussieht. Er kannte die Handicaps der BND-Männer, die ›draußen‹ arbeiten ohne die vermeintliche Nestwärme des Camps in Pullach: »Unsere Leute haben es viel schwerer, womöglich hinter den Eisernen Vorhang zu gehen und sich dort als Quelle aufzubauen. Agenten aus dem Ostblock tun sich da leichter – die kommen in den goldenen Westen, allein das ist ein Anreiz. Wir haben bei der Aufklärung eine ganz andere Ausgangslage. Das ist zu berücksichtigen.«

Künftig, versicherte Blum, wolle er grundsätzlich die Effizienz seines Dienstes steigern. Weniger durch personelle Umbesetzungen als vielmehr durch verstärkte klassische Nachrichtenbeschaffung, aber auch durch engeren Kontakt zu Bonns Politikern. »Es ist nicht nur meine volle Absicht, unerfreuliche politische Festlegungen und Diffamierungen auszuräumen«, unterstrich der Parteilose im Gespräch.

»Selbstverständlich werde ich auch Kontakt zur Opposition aufnehmen, zu Hans-Jochen Vogel. Wir sind doch kein frei operierender Haufen von Agenten. Wir sind schließlich selbst ein Querschnitt durch alle Kreise der Bevölkerung wie auch der Parteien.«
Der Kanzler und sein damaliger Amtschef, Staatssekretär Professor Dr. Waldemar Schreckenberger, blieben bei Blum von allen sogenannten Bedarfsträgern des Dienstes – (»Und wir haben viele, die von uns was wissen wollen«) – auf Platz eins und zwei.
Privatleben wurde bei alledem knapp. Er residierte mit einem Bruttoeinkommen von rund 12 000 Mark in einem Haus im ›Camp‹, aus Sicherheitsgründen. Der Gentleman-Typ, dem für Dienstreisen wie allen BND-Präsidenten auch ein Privatjet zur Verfügung stand und der aussieht wie ein guterhaltener Mittfünfziger, hielt sich mit Tennis fit; aufs Skilaufen hat er sich schon in Washington gefreut.
Die drei Kinder waren aus dem Haus, verheiratet. Lesen war ihm wichtig, soweit ihm Zeit dafür blieb; Historisches, Philosophie, schöngeistige Literatur.
Wir fragten ihn nach seinem beruflichen Leitmotiv. Da gab der Rittmeister a. D. Eberhard Blum eine weise Antwort: »Ich diene meinem Land.«
Als Präsident des Bundesnachrichtendienstes tat er dieses bis Juli 1985. Er hatte die Altersgrenze für Spitzenbeamte übersprungen: Wachablösung in Pullach.
Wieder einmal kam der Nachfolger vom Metier. Heribert Hellenbroich, erfolgreicher Präsident des Bundesamtes für Verfassungsschutz, war unumstrittene Erste Wahl. Dem Bonner *Quick*-Korrespondenten Paul Limbach gegenüber bekannte er: »Für mich ist das die größte Herausforderung meiner Karriere!« Und als der Verfasser ihn fragte, worin er denn den Unterschied zwischen dem Präsidentenamt von Pullach und dem in Köln sehe, beschied er ihn: »Das ist auch eine Prestigesache. Überdies bietet ein Nachrichtendienst, der weltweit eingesetzt wird – außer eben im eigenen

Land –, ganz andere professionelle Entfaltungsmöglichkeiten. Die Anforderungen sind andere, in bestimmten Bereichen auch höhere. Der Verfassungsschutz fordert – der BND fordert auch, aber eben anders. Dieses andere reizt.«

Anders als Blum war Hellenbroich der Öffentlichkeit nicht unbekannt. So wußte man beispielsweise von dem geselligen Rheinländer, daß er ein außerordentlich passionierter Gärtner ist mit eigenem Spargelbeet, mit sorgsam eingeteiltem großen Garten in einem Kölner Vorort. Einer, der Erde geduldig und lange durch ein Sieb werfen kann – Rasterprinzip! –, bis sie ihm taugt (in Pullach hatte er den Boden ums vorgesehene Domizil geprüft und Krumen in den Händen zerrieben: »Schrecklich!«, verglichen mit Köln 71).

Wenn Heribert Hellenbroich zur Geige griff, wurde es schon früher für manche gefährlich. Denn während er, noch als Chef der Spionageabwehr 1979 im Kölner Bundesamt für Verfassungsschutz, daheim seiner Violine liebliche Töne entlockte, kamen ihm oft die besten Einfälle. Dann langte der gebürtige Kölner, der einen Musiklehrer zum Vater hat, nach dem Telefon, und eine neue Aktion begann: Die EDV-Anlage in der Abwehrzentrale spuckte Tausende von persönlichen Daten verdächtiger Personen aus sicherheitsrelevanten Bereichen aus auf der Jagd nach einem Einzelnen.

Hellenbroich war immer an ganz bestimmten Merkmalen interessiert: Er suchte zum Beispiel nach ›Vollwaisen‹. Nicht selten verbergen sich dahinter Agenten, die mit Hilfe eines erfundenen traurigen Schicksals ihre wahre Herkunft zu verbergen suchen. Und oft wurde Hellenbroich dabei fündig.

Systematische Computerfahndung ist noch immer eine Spezialität des einstigen obersten bundesdeutschen Agentenjägers. Er hatte schließlich Erfolg damit: Über 100 Spione gingen ihm in gut drei Jahren ins Netz.

In den ersten Augusttagen zog Heribert Hellenbroich im ›Camp‹ als Präsident ein. Knapp vier Wochen danach war

er, ein politisches Opfer? ein Opfer der Politik? aus bekannten Gründen zum Abschied gezwungen.
Im ›Camp‹ war Wachablösung angesagt.
Es ist vehement und mit guten Argumenten sowie mit viel Öffentlichkeit darüber gestritten worden, warum der Präsident des Bundesnachrichtendienstes für Entscheidungen büßen mußte, die er souverän als Präsident des Bundesamtes für Verfassungsschutz getroffen hat. Hellenbroich selbst, aufrichtig, sehr offen, dabei gleichwohl staatsloyal und den Zwängen seiner Profession untertan bis an die Grenze der Selbstverleugnung, haderte lange Zeit mit der Situation und den streng geheimen Umständen, die zu ihr führten. Ihm ist, nach Kenntnis und persönlicher Meinung nicht nur des Verfassers, nicht Recht geschehen.

In Pullach aber wurde ein neuer, beeindruckender Typ von Präsident eingeführt. Ein Karriere-Diplomat, der den Gipfel schon kannte. Geborener Hamburger und von hanseatischer Distanziertheit, dazu passend mit einem Selbstbewußtsein ausgerüstet, das ihm ebenso Bewunderer wie Neider sichert. Natürlich Akademiker, aber nicht aus der Heerschar der Juristen in den Staatsdienst rekrutiert – wiewohl er beim Studium in Hamburg auch Öffentliches Recht gehört hatte –, vielmehr ein promovierter Historiker und Philosoph.
Hans-Georg Wieck ist, seinem Tierkreiszeichen nach, Widder. Dem ist als Edelstein der Diamant zugeordnet. Es gibt nichts Härteres.
Das ist nun nicht weit hergeholt; Wieck ist als harter Verhandlungsführer bekannt, als unnachsichtiger Vorgesetzter, der sehr schroff sein kann, als brillanter Sportler mit Präferenzen für Spiele, die neben guter Kondition Härte fordern und sehr schnelle Reaktionen – Squash, Jagd, Reiten.
Als Staatssekretär Prof. Dr. Waldemar Schreckenberger ›den Neuen‹ am 10. Oktober 1985 im Camp amtseinführte und Heribert Hellenbroich verabschiedete, sah der 57jährige Hans-Georg Wieck bereits auf eine glanzvolle Laufbahn:

1954 war Wieck als Attaché in den Auswärtigen Dienst eingetreten und holte sich erste Erfahrung am Generalkonsulat in Antwerpen, danach an der Botschaft in London. Von 1957 bis 1959 arbeitete er im Referat »Sowjetunion« des Außenamtes, schließlich diente er sieben USA-Jahre im diplomatischen Dienst ab.

Er kehrte zwischendurch immer wieder an den Rhein zurück – dieses Sich-blicken-Lassen am äußeren Kreis der Macht ist allemal karrierefördernd – und wurde im Sommer 1970 als CDU-Mitglied Leiter des Planungsstabes im Bundesverteidigungsministerium unter Helmut Schmidt (SPD). Willy Brandt und Herbert Wehner segneten die aufsehenerregende Berufung ab.

Rückkehr in den diplomatischen Dienst 1974 und endlich Botschafter, in Teheran, als der Schah noch fest auf dem Pfauenthron saß. Der Botschafterposten war mit der Ölkrise und den daraus resultierenden, umfangreichen wirtschaftlichen Kontakten zwischen der Bundesrepublik und dem Iran an Bedeutung in die erste Reihe der Auslandsvertretungen gerückt.

Ab März 1977 nahm er schließlich auch ›erste Reihe Mitte‹ in seinem Beruf ein: Er wurde Botschafter Bonns in Moskau – ein heikles Geschäft in einer Zeit, da er zwar die wirtschaftlichen Beziehungen zwischen beiden Ländern bedeutend fortentwickeln konnte, andererseits eine spürbare politische Abkühlung in den Beziehungen als Reaktion auf die Sowjet-Intervention in Afghanistan und den Olympia-Boykott nicht zu verhindern vermochte.

Nach gut dreijähriger Amtszeit in Moskau ging Wieck im Oktober 1980 als Ständiger Vertreter der Bundesrepublik im Nato-Rat nach Brüssel. Frau Anneliese und vier Kinder haben ihn über alle Stationen begleitet.

Sein Ruf nach Pullach durch Kanzler Kohl war zunächst eine Überraschung auch für sogenannte Insider und Personalkarussell-Astrologen. Wieck? Der aus Moskau? Hatte den nicht der alte Wehner blendend eingestuft – und war das nun noch eine Empfehlung?

Staatssekretär Waldemar Schreckenberger stellte, nach peinlich-kargen Abschiedsfloskeln an Hellenbroich, des Kanzlers neuen Geheimdienstchef Wieck den Camp-Leuten vor:

»Sehr geehrte Damen und Herren, im Anschluß an die Amtszeit von Präsident Blum übernahm zunächst der frühere Präsident des Bundesamtes für Verfassungsschutz, Herr Heribert Hellenbroich, das Amt des Präsidenten des Bundesnachrichtendienstes. Seine Amtszeit dauerte nur wenige Wochen. Dies war nicht vorauszusehen – (dies sagte der Staatssekretär wirklich so) –. Ich darf Herrn Hellenbroich auch an dieser Stelle für die im Dienst geleistete Arbeit danken.«

(Immerhin hängt Hellenbroichs Porträt im Flur des Doktor-Hauses neben seinen Vorgängern in der ›Ahnengalerie‹.) Schreckenberger weiter:

»Sehr geehrter Herr Wieck, die Bundesregierung hat Ihnen das verantwortungsvolle und schwierige Amt des Präsidenten des Bundesnachrichtendienstes übertragen. Sie treffen den Bundesnachrichtendienst in einer Situation an, in der es in besonderem Maße gilt, Kontinuität und notwendige Anpassungen miteinander zu verbinden.
Die aufsehenerregenden Spionagefälle der vergangenen Wochen haben bei den Nachrichtendiensten ihre Spuren hinterlassen. Aus neueren Umfragen geht hervor, daß nur eine Minderheit der Bevölkerung den Nachrichtendiensten volles Vertrauen entgegenbringt. Es wäre jedoch falsch, von einer Vertrauenskrise unserer Nachrichtendienste zu sprechen. Wir wissen, daß auch Nachrichtendienste von Mißerfolgen nicht verschont bleiben. Diese finden meist ein größeres öffentliches Echo als die Erfolge, die zudem häufig geheim bleiben müssen. Gerade der Bundesnachrichtendienst kann auf große Erfolge hinweisen. Sie haben sein weltweites Ansehen begründet.

Die Vorbehalte gegenüber den Nachrichtendiensten berühren darüber hinaus Grundfragen unserer politischen Ordnung. Diese Vorbehalte haben bei uns im Unterschied zu anderen Ländern überdies eine lange Tradition. Diese Länder halten einen Auslandsnachrichtendienst für eine selbstverständliche Einrichtung auch des demokratischen Staates. Gründet man politische Legitimität auf den nationalen öffentlichen Diskurs, wie dies in unserer freiheitlichen demokratischen Ordnung der Fall ist, so erscheint ein geheimes Nachrichtenwesen, das die Öffentlichkeit meidet, auf den ersten Blick als ein Widerspruch. Die Nachrichtendienste haben ihre Grundlage ebenso wie andere staatliche Einrichtungen im demokratischen Konsens. Der Verfassungsgeber selbst verleiht ihnen Legitimation.«

Hier hatte der Rechtsprofessor Schreckenberger bemerkenswerte Axiome für ein Gewerbe ausgedrückt, von dem tatsächlich unsere Gesellschaft allzu gern ein Bild im Schatten der Geschichte zeichnet, das sie zwischen Halbseide und halber Legalität anzusiedeln geneigt ist, von der obendrein verdrängt wird, daß es sich – auch beim Bundesnachrichtendienst – um wirkliche Behörden, Ämter (mit allen bürokratischen Widerhaken bis hin zur Erbsenzählerei) handelt. Behörden, denen der angesehene Nachrichtenmagazin-Reporter Hartmut Palmer einen »hohen Unterhaltungswert« bescheinigte – kein schmeichelhaftes, aber ein schönes Wort, wenn es nur auf Eulenspiegel-Skandale (»Deutsche Agenten von Innsbrucker Hotelier auf die Straße gesetzt«) oder ruchbar gewordene Privataffären (»Geheimdienst-Admiral ging fremd: gefeuert!«) bezogen bleibt.
Für Wieck jedenfalls gehört die Schreckenberger-Definition zum Berufsbild. Und kaum war er im Amt, da kramten Kenner wie Alleswisser in ihren Erinnerungen getreu einer echten Agenten-Regel, dem WKW (Wer kennt wen? – danach arbeiten Tipper). Wieck wurde als klassischer

Machtmensch gezeichnet, dem noch nie jemand ein verbindliches Wesen nachgesagt hat. Gerhard Schröder und Helmut Schmidt haben ihn als exzellenten Analytiker und entscheidungsfreudigen Büroleiter geschätzt.

Vor allem auf dem Posten in Teheran wußte Wieck während der Ölkrise vorzuexerzieren, wie man Kontakte nutzt (sehr zum Nutzen der deutschen Industrie). Er hat sich auch dafür eingesetzt, dem Schah Panzer zu liefern; er hielt es für richtig, den Saudis schwere Waffen zu verkaufen. Im Nahen Osten, lautet seine politische Philosophie, ist Einfluß nur mit Waffenlieferungen zu erreichen. Folgerichtig gilt er unter Diplomaten als ›Falke‹ – und fachlich als As.

Ein weiteres Argument für seine Berufung wurde in Bonn aus kanzlernaher Quelle erwähnt: Wer wie Wieck im Nato-Hauptquartier über einen guten Ruf verfüge, werde auch in den wichtigsten Hauptstädten der Verbündeten akzeptiert. »Er ist absolute Klasse«, heißt es über ihn im Außenamt, aber auch: »Unter ihm zu arbeiten, ist eine andere Frage.« So gebe er gern der Versuchung nach, andere seine intellektuelle Überlegenheit spüren zu lassen; auch sei barsche Kritik an Untergebenen Bestand seiner Menschenführung.

Im Camp bei München arbeiten sensible Persönlichkeiten. Arbeit wie die in einem Geheimdienst fordert den Teamgeist ebenso wie den Einzelgänger. Über Teamgeist muß nicht diskutiert werden. Verständnis für phantasiereiche Einzelgänger hingegen ist unabdingbare Voraussetzung für die gedeihliche Zusammenarbeit mit ihnen und für ihre Leistung. Das gilt besonders für Mitarbeiter im Außendienst und im Gegner, an der Front. Empfindlichkeiten sind zu berücksichtigen, Drucksituationen zum Verständnis nachzuvollziehen. Wieck über sein Verständnis des Dienstes:

»Die Besonderheiten des Auslandsnachrichtendienstes bringen Einschränkungen für uns im persönlichen Bereich mit sich; sie verlangen Selbstdisziplin und Zurückhaltung, um den Erfolg der Arbeit nicht zu gefährden, um Menschen zu schützen.

Diesen Auflagen – vor allem durch die Erfordernisse der Sicherheit geboten – soll die Fürsorge des Dienstherrn in angemessener Weise entsprechen. Das auf diesem Felde mögliche wird geschehen.
Ich betone diesen Aspekt besonders, weil die Aufgaben der Auslandsnachrichtendienste nicht nur mit technischen Mitteln erfüllt werden können, so wichtig es auch ist, auf diesem Felde an der Spitze der Entwicklung mitzugehen, sondern weiterhin in fast allen Bereichen vor allem den Menschen – und zwar den hochqualifizierten Menschen – verlangen, der den Zugang zu besonderen Quellen gewinnt, sowie gewonnene Erkenntnisse aufzulösen und einzuordnen vermag, und der die Fähigkeiten der Analyse und Synthese hoch entwickelt hat, um das Wesentliche aus einem großen Aufkommen an ›Rohmaterial‹ herauszudestillieren.«
An der Spitze von Geheimdiensten regieren, vereinfacht, drei Arten von Experten. Entweder sitzt in der Chefetage ein Verwalter; dieser Typ ist eher selten. Oder den Dienst leitet ein Beschaffer; der hat für jegliche Form der Nachrichtengewinnung Gespür. Der dritte Typ ist der Auswerter, der das bekannte Mosaik der Erkenntnisse mitbestimmt (zum Exempel: Es kann im Kräftespiel zwischen Ost und West Situationen geben, in denen es ratsam erscheint, den Gegner zu warnen, sozusagen »Gardez!« zu rufen wie beim Schachspiel oder ihn zu beunruhigen: »Keine Sorge – dir geschieht bei meiner Aktion nichts!«, was letztlich zur höheren Kunst der Diplomatie gehört). Wieck, erkannten die Profis in Pullach bald, ist Auswerter. Im Gespräch mit dem Verfasser hatte der verstorbene BND-Vize Klusak geurteilt: »Eine exzellente Wahl!«
Beim Gespräch in kleinem Kreis pflegt Dr. Hans-Georg Wieck Gesten wie ein Dirigent vor kleinem Kammerorchester: Er unterstreicht mit sehr beredten Bewegungen seine Worte, zwischendurch dreht er mit der Linken den Ring mit dunkelblauem Stein am Ringfinger der rechten Hand.

Mit sehr durchdringenden hellblauen Augen mustert er Gesprächspartner eindringlich, direkt und sehr unmittelbar. Das Habit ist das des Diplomaten – nichts Auffälliges an seiner Art sich zu kleiden, der mittelgraue Anzug aus Flanell, das weich gebügelte Leinenhemd geknöpft, ohne Manschettenzierat. Der Rechtsscheitel im grauen Haar ist wie mit einer Schnur gezogen, er beginnt mit einem kleinen Wirbel über der Stirn – eine beinah überraschende Unregelmäßigkeit im sorgfältigen Ebenmaß.

Er ist nicht ohne Sinn für gelungene Auftritte, der neue Präsident. Gewohnheit oder geübtes Ritual: einen Raum, in dem mehrere Personen bereits beisammensitzen oder -stehen, betritt er bisweilen – obzwar erwartet – für alle Anwesenden völlig überraschend, die Tür springt mit einem kleinen Knall auf, ein tritt der Präsident, er entert den Raum förmlich und hat damit in der Verblüffung auch sofort das Wort. Und die Aufmerksamkeit.

So war denn im Sommer 1985 die vorläufig letzte Wachablösung im Camp des BND vollzogen. Doch im November desselben Jahres passierte, was jeder Geheimdienst-Obere stets und besonders energisch zu verhindern trachtet: daß sein Amt ins Gerede und in die Schlagzeilen kommt. Wieck widerfuhr das mit einer Aktion, die Jahre zurück und jenseits seiner Verantwortlichkeit lag.

Da hatte sich, Anfang Dezember, in einer Sitzung der Parlamentarischen Kontrollkommission (PKK) herausgestellt, daß dem BND 1983 aus der deutschen Industrie 350 000 Mark zugeflossen waren, verbunden mit dem Anliegen, der Nachrichtendienst möge bitte bei der Suche nach 41 Fässern mit hochgiftigen Dioxin-Abfällen aus dem italienischen Seveso behilflich sein. Absender der Zahlung: der deutsche Pharma-Konzern, dessen italienischer Tochter die Fässer abhanden gekommen waren.

Der BND schaltete das private Detektivbüro Werner Mauss ein. Mauss, ein verblüffend erfolgreicher Einzelgänger mit jährlichem Millionenumsatz vorwiegend im Auftrag der

Versicherungswirtschaft, fast eine Figur wie aus einem Krimi, mit Pilotenlizenz, mit Verbindungen bis ganz oben in Finanzen und Politik wie nach ganz unten in die finstere Szene internationaler Kriminalität, geistert seit Jahren durch die deutsche Presse. Es gibt ihn – doch es gibt kein Foto. Kontaktpersonen bestätigen, mit ihm gesprochen zu haben – weitere Angaben macht keiner. Mauss half, fündig zu werden. Nur das viele Geld war gar nicht nötig gewesen. Denn ein BND-Mitarbeiter brachte 230 000 DM zurück ins Innenministerium – in bar, nebenbei –, über das die Zahlung an den Pullach-Dienst gelaufen war.

Die PKK stufte die Entgegennahme privater Zuwendungen für die Erledigung dienstlicher Aufgaben des Bundesnachrichtendienstes jedenfalls als »nicht angängig« ein.

Da überraschte der SPD-Abgeordnete Emmerlich im Bundestag bei der Aussprache darüber mit dem Hinweis, »gleiche, vergleichbare oder ähnliche Finanzierungsmodelle« habe es auch im Zusammenhang mit Aufträgen des Bundeskriminalamtes und verschiedener Landeskriminalämter an die Mauss-Detektei gegeben. Emmerlich berief sich auf einen Untersuchungsausschuß des niedersächsischen Landtags (der seit Jahren vergebens versucht, Mauss als Zeugen vor den Ausschuß zu zwingen). Der Abgeordnete versprach, »der Sache nachzugehen« – bei Abschluß dieses Manuskripts ging er immer noch nach.

Unterdessen war aber auch bekannt geworden, daß Mauss schon 1979 für den BND tätig geworden war. Auch damals für viel Geld, und auch das von der Industrie.

In jenem Jahr war die Angst vor Terroristen nach blutigen Anschlägen unter Wirtschaftsgrößen besonders ausgeprägt. Mehrere der RAF-Politmörder waren noch auf freiem Fuß. Die Industrie ließ es sich 400 000 Mark kosten, den BND in der Auslandsfahndung nach ihnen zu unterstützen. Der Buback-Schock wirkte nach.

Der Bundesinnenminister der sozialliberalen Koalition, Gerhart Baum (FDP), empfahl dem damaligen BND-Präsidenten Klaus Kinkel, die Detektei Mauss einzuschalten. Kinkel mochte erst nicht anbeißen, sträubte sich, engagierte den Privaten schließlich doch. Für eine über einjährige Fahndungshilfe zahlte das Amt dem Mauss 842 000 Mark (wovon die Hälfte durch die ›Spendensammlung‹ unter Industriellen zusammenkam). Erst wurde ein Einjahresvertrag geschlossen, dann um drei Monate verlängert, »um einen erfolgversprechenden Fahndungsansatz zum Ziel zu führen« (nachgelieferte Begründung).

Wirklich wurde Mauss auch fündig, nahm die Spur des Terroristen Wolfgang Pohle in Athen auf, hing sich an vier in Jugoslawien entdeckte Terroristen. Doch die wurden von Belgrad nicht ausgeliefert, sondern durften in ein Land ihrer Wahl ausreisen. Die Spur verlor sich, wie denn auch anders, in einem arabischen Land.

Als auch diese BND-Story im Parlament behandelt wurde, gab der Kanzleramtsminister Wolfgang Schäuble (CDU) eine zurückhaltende Bewertung des Ablaufs. Hatte die PKK noch eine Informationspflicht des BND gegenüber der Regierung festgestellt, meinte dagegen Schäuble, es hätte gereicht, wenn »zumindest geprüft« worden wäre, ob eine Unterrichtung nicht geboten gewesen sei.

Der oberste BND-Kontrolleur Staatssekretär Schreckenberger indes wußte von gar nichts. Konnte er auch nicht – er hatte erst im November von der Seveso-Geschichte erfahren. (Und überhaupt hatte der BND sehr selbständig in Frankreich nach den Fässern gesucht. Mögliche internationale Verwicklungen waren in Kauf zu nehmen – es stand zu befürchten, die Franzosen würden eine erfolgreiche Suche eher vereiteln als fördern. Offiziell nämlich behauptete Paris, das Seveso-Gift lagere in der Bundesrepublik.)

Ob der Mischmasch mit Mauss eine einmalige Affäre gewesen sei, begehrten endlich die Geheimdienstkontrolleure der PKK sowie die Abgeordneten zu wissen. Hans-Georg Wieck vor der PKK: Soweit er wisse, gebe es keine vergleichbare Aktion.

Da hatte nun der neue Chef im Camp einen ersten Auftritt, und er ging auch gleich souverän daraus hervor.
Bleibt die Gewißheit, daß die Arbeit der Nachrichtendienste in der Bundesrepublik und die des BND im Ausland alles andere als etwas Düsteres ist. Sie ist notwendig. Es wäre weltfremd, gefährlich und von den handelnden Politikern verantwortungslos, das zu ignorieren.
Wer immer nach einer Wachablösung als neuer Chef des Bundesnachrichtendienstes einzieht, muß in diesem Wissen – und mit dieser Bürde – leben.

Bundesamt für Verfassungsschutz (BfV)

Kapitel 1

Tauschhandel

Der Chef hieß Herbert. Nur Herbert, kein Familienname. Wenn er einen angegeben hätte, wäre der ohnehin falsch gewesen (wie wohl auch Herbert nicht stimmte). Derlei Verdunkelung und Geheimniskrämerei sind üblich in dem Gewerbe der geheimen Nachrichtendienste, in dem Herbert arbeitete. Das ist im Osten so und im Westen, und anderswo auch.

Es war im Osten, genauer: in Ost-Berlin. Immerhin hatte sich Herbert als »Fachmann für Militärfragen« vorgestellt. Und Peter Wachtberg* (39) – der damals im Frühjahr 1979 noch Redakteur bei einer großen westfälischen Tageszeitung war – saß ihm im sparsam eingerichteten Zimmer eines unscheinbaren Hauses in Karlshorst gegenüber und berichtete: Details zu einem Manöver der Nato in der Eifel mit Schwerpunkt um das romantische Städtchen Schleiden. Der Bericht war wörtlich vollkommen deckungsgleich mit einem Artikel, den Wachtberg in seiner Zeitung veröffentlicht hatte.

Eine unwirkliche Atmosphäre lag über dieser Szene zwischen Vernehmung und Rapport, kühl, mit distanzierter Vorsicht auf beiden Seiten. Ein Arbeitsgspräch unter Männern, die wußten, was sie voneinander zu halten haben: hier der Geheimdienst-Profi und Agentenführer Herbert, da sein

---

* Name wurde geändert

Widerpart, der Agent. Halbleere Kaffeetassen zwischen beiden, Rauchkringel, die durch angelehnte Fenster kräuselten.
Herbert fragte gezielt. Etwa: »Wann häufen sich denn Ihrer Beobachtung nach die Anflüge von Landungen von Militärmaschinen anderer Nato-Länder über US-Airbase Bitburg? Welche Nationalitäten zu welcher Zeit? Wann kommen Belgier? Wann Holländer? Waren schon Franzosen dort?« Die Typen interessierten ihn; ob Mirage, Starfighter, Phantom. Ob F-15-Jäger der USAF auch zugleich mit Starfightern der Bundesluftwaffe oder etwa den Italienern geübt hätten.
Wachtberg machte Angaben, wie er sie kannte. Herbert machte Notizen. Der Journalist achtete darauf, daß er nur Dinge angab, die er auch gedruckt hätte oder die zwar im Manuskript gestanden hatten, wegen Überlänge aber gestrichen worden waren. Manchmal fragte nicht Herbert – auf den die anderen hörten –, sondern ein anderer, dessen Name ebensowenig korrekt war. Sie kamen meist von derselben Firma – vom DDR-»Ministerium für Staatssicherheit« (MfS).
In dieser Ost-Berliner Spionagezentrale ist die bekannteste und technisch offensivste Abteilung die »Hauptverwaltung Aufklärung« (HVA), die etwa unserem westdeutschen Bundesnachrichtendienst (BND) vergleichbar ist. HVA-Chef ist General Markus ›Mischa‹ Wolf; er gilt als designierter Nachfolger des MfS-Ministers General Erich Mielke. Mal kamen also Agentenführer von der HVA, mal Experte Herbert vom DDR-»Ministerium für Nationale Verteidigung« (MfNV) aus der »Verwaltung Aufklärung«; beide mit Sitz in Ost-Berlin-Lichtenberg, Normannenstraße 22.
Bis zu seiner Verhaftung am 16. August 1979 war Wachtberg zwanzigmal in Ost-Berlin. Bis dahin hatte er auf der anderen Seite 13 Gesprächspartner, am häufigsten Herbert, einen älteren Herren. Der Journalist: »Heute weiß ich:

Herbert war Oberst beim militärischen Geheimdienst der DDR in der Abteilung VIII, der ›Verwaltung Aufklärung des Ministeriums für Nationale Verteidigung‹.«

An jenem schwülen August-Donnerstag schnappte die Falle zu: »Zuerst wurde ich längere Zeit beim Grenzübergang aufgehalten. Dann nahmen mich drei Herren in Zivil in die Mitte und erklärten mir: ›Heute wird Ihr Gespräch ganz anders verlaufen als sonst.‹ Was sie damit meinten, sollte ich bald erfahren. Die Fahrt ging diesmal nicht zu der Privatwohnung nach Karlshorst, wo ich die letzten Male gewesen war, sondern zu einer Villa. Dort erklärte man mir, daß man ›Schallaufzeichnungen‹ von der folgenden Unterhaltung machen werde. Dann kam der Hammer: Die sagten mir klipp und klar, daß ich, entgegen der mit dem Osten getroffenen Absprache auf Diskretion, zu einem westlichen Geheimdienst Kontakt hatte. Und die wußten eine ganze Menge Details. Leugnen hatte da keinen Sinn mehr.«

Drei Monate lang mußte Peter Wachtberg vollkommen isoliert in einer Einzelzelle eines Ost-Berliner Untersuchungsgefängnisses verbringen. Am 13. und 14. Dezember 1980 stand er dann vor dem Militär-Obergericht. Der Staatsanwalt, uniformiert wie der Richter, forderte zwölf Jahre. Das Urteil war nur eine Formsache. »Ich durfte es kurz überfliegen, dann nahm man es mir wieder aus der Hand. Ein Rechtsmittel dagegen gab es nicht.«

Er wurde in einem Schnellverfahren in Ost-Berlin zu zwölf Jahren Gefängnis wegen Spionage verurteilt, obwohl ihm nicht einmal die DDR-Staatsschutzorgane vorwerfen konnten, daß er bei ihnen etwas ausspioniert hatte. Im Gegenteil. Er hatte Nachrichten von West nach Ost übermittelt.

Wachtberg hatte nicht etwa Eisenbahnbrücken in Thüringen fotografiert oder ein Polizeirevier in Eisenach. Er hatte auch keine geheimen Anordnungen und Aufträge von West-Geheimdiensten in der DDR übermittelt. »Ich war

kein Kurier«, versichert er heute; Staatsschützer bestätigen seine Angaben.
Weshalb also flog der Journalist Wachtberg auf? War er – was offiziell ungeklärt blieb – mit ›Spielmaterial‹ versorgt worden? Hatte er, von westlicher Seite geschickt eingesetzter Desinformations-Träger, gefälschte oder halbgefälschte Erkenntnisse und Angaben an Herbert und Genossen weitergereicht? Die konnten dann möglicherweise (wie üblich mehrfach) gestützt auf Aussagen und Informationen anderer Agenten gegengecheckt worden sein und hatten nicht standgehalten. Beim ersten Verdacht muß eine gezielte Überprüfung der Person und des Umfeldes von Wachtberg durch das MfS eingeleitet worden sein. Die Spur führte womöglich zum Bundesamt für Verfassungsschutz, dem Wachtberg sich anvertraut hatte. Oder war alles ganz anders?
»Ich habe immer wieder darüber nachgedacht«, erzählt Wachtberg später, »im Zuchthaus Bautzen in der DDR habe ich nächtelang gegrübelt.«
Bautzen, DDR, in der Nähe von Dresden. Die Kreisstadt ist Hauptort der Oberlausitz. Verträumte Bürgerhäuser, eine ›Wasserkunst‹ aus dem 16. Jahrhundert, der mittelalterliche Petri-Dom, kleine Industrie. Und eine schreckliche Berühmtheit – der Stadtname wurde nach dem Zweiten Weltkrieg unter kommunistischem Regime zum Synonym für den Typ »KZ nach Hitler«, Haftanstalt nach Gestapo-Muster, aber unter der Ideologie des »real existierenden Sozialismus«.

Politische Häftlinge in der DDR (Amnesty-International-Schätzung: zwischen 3000 und 7000) sitzen in den Zuchthäusern von Cottbus, Brandenburg, Hoheneck, Waldheim, Schwarze Pumpe und Bautzen I.
Wegen Spionage verurteilte Häftlinge werden im Sondergefängnis Bautzen II untergebracht, wo sie von Angehörigen des Staatssicherheitsdienstes bewacht werden. Hier sitzen auch Gefangene ein, die keine DDR-Bürger sind, darunter

westliche Ausländer sowie etliche wegen Spionage oder Fluchthilfe verurteilte Bundesbürger und West-Berliner.
Ernährung und medizinische Betreuung sind – nach glaubhaften Aussagen Entlassener und nach Amnesty-International-Recherchen – miserabel. Ernährungsmängel rufen bei den Gefangenen Leiden wie Haar- oder Zahnausfall hervor. Die gesundheitliche Betreuung ist oberflächlich, oft verzögert. Post wird zensiert. Ein raffiniertes System von Häftlings-Privilegien und -Bestrafungen läßt ein üppiges Spitzelwesen gedeihen.
Hier saß Peter Wachtberg: Strafanstalt Bautzen II, Postschließfach 100/II. In einer von fünf Etagen mit je 120 Zellen für 150 Häftlinge; dazu ein ›Frauenflügel‹. Von den Wänden der Zelle bröckelte Putz. Das Fenster war von außen so verschmutzt, daß es dauernd undurchsichtig blieb. Nachts quietschten Ratten. Wecken um 3.30 Uhr. Eine Stunde später Arbeitsbeginn.

In seinen acht Stunden Arbeitszeit muß ein Bautzener Häftling zwischen 160 und 170 elektrische Schaltelemente zusammensetzen – alle drei Minuten eines.
Die Zuliefer-Fertigung gilt bei vielen Volkseigenen Betrieben als produktivster und profitabelster Unternehmenszweig. Im Zuchthaus Bautzen II beispielsweise, wo unter anderem das Elektroschaltgeräte-Kombinat Oppach sogenannte Wechselspannungsschütze herstellen läßt, liegt die befohlene Arbeitsnorm bei 120 Prozent.
Seit Januar 1981 saß und arbeitete Wachtberg in Bautzen II. »Dort gab es zwei Arbeitskommandos, die ausschließlich aus verhafteten Bundesbürgern bestanden. Das eine Kommando arbeitete als Frühschicht, das andere als Spätschicht. Ich war für die Produktion von Elektroteilen eingesetzt. Ich habe in Bautzen Leute getroffen, die schon dreizehn Jahre dort waren. Das sind nervliche Wracks. Denen zittern die Hände so, daß sie kaum noch essen können. Als einziger der Westgefangenen hatte ich einen Zellengenossen, einen

70jährigen Rentner, den man unter einem läppischen Vorwand wegen Spionage verurteilt hatte. Wir waren beide froh, einen Gesprächspartner zu haben. So konnte man besser mit den täglichen kleinen Schikanen fertig werden.«
Immerhin – Wachtberg malt nicht alles schwarzweiß. »Die Wärter verhielten sich in der Regel durchaus korrekt. Es gab keine Schläge – aber auch kein menschliches Wort. Nur die als ›Erzieher‹ wirkenden Offiziere wurden schon mal persönlich. Die sagten uns auch, daß sie uns – im Gegensatz zu den inhaftierten DDR-Bürgern – nicht umerziehen wollten. Wir würden doch wohl eines Tages vorzeitig ausgetauscht.«
Austausch verurteilter Spione und Agenten, auch ihr Freikauf, sind seit langem selbstverständliche Praxis zwischen Ost und West und zwischen den beiden deutschen Staaten. Das Wort Freikauf steht für die Bemühungen der Bundesregierung seit 1963, politischen Gefangenen der DDR die Ausreise in die Bundesrepublik zu ermöglichen. Dafür erhält die DDR Geld – keine Kopfgelder allerdings, wie oft fälschlich behauptet wird, denn verhandelt und entschieden wird über ganze Listen, wobei das Ministerium für Staatssicherheit im Einzelfall das entscheidende Wort mitredet. Und gezahlt wird kaum in Cash, sondern auf dem Umweg über Warenlieferungen.
Was unter den Gesamtdeutschen Ministern Barzel und Mende vorsichtig und in bescheidenem Umfang begann, wurde in der Zeit der großen Koalition ausgebaut. Zwischen 1979 und 1982 – in der Zeit also, da Wachtberg in Bautzen II saß und später freikam – zahlte die Bundesregierung jährlich rund 90 Millionen Mark für den Freikauf oder den Austausch von politischen Häftlingen, Fluchthelfern und Agenten an die DDR. Im Bundeshaushalt läuft dieses Geld unter dem geheimen Titel 685 21.
Für seinen möglichen Austausch setzte der informierte Journalist Wachtberg auf einen prominenten Namen in der DDR: den Ost-Berliner Rechtsanwalt Wolfgang Vogel. Wann immer Busse aus der DDR mit entlassenen Gefange-

nen über die innerdeutsche Grenze zum bundesdeutschen Notaufnahmelager Gießen rollen – meist mittwochs oder donnerstags –, hat dieser Vogel mitgewirkt. Als Gesprächspartner in Bonn bevorzugt er den beamteten Staatssekretär im Innerdeutschen Ministerium Ludwig Rehlinger (mit dem ihn eine zwanzigjährige Bekanntschaft verbindet).

Wolfgang Vogel, an bundesdeutschen Gerichten zugelassen, gehört zu dem exklusiven Kreis eingeweihter internationaler Anwälte, die sich auf das höchst diskrete Geschäft des Spionen-(Ring)-tauschs verstehen. Sein früheres Meisterstück war 1962 der Tausch des U 2-Piloten Gary Powers gegen den russischen Meisterspion Friedrich Abel.

Nach landläufiger Meinung werden Spione im Morgendunst und mit frostigen, bleichen Gesichtern ausgetauscht, passend zum geheimen Geschäft. Und die wenigsten dieser ›Tauschhandel‹-Vorgänge werden je publik. Doch es geht auch anders: Der vorletzte große internationale Agentenaustausch unter deutscher Beteiligung fand am 11. Juni 1985 auf der Glienicker Brücke statt – erstmals bühnenreif, Thrillergleich, wie von Public-Relations-bewußten Regisseuren inszeniert. Nach Verhandlungen zwischen Moskau und Washington sowie Ost-Berlin wurden 25 Mitarbeiter amerikanischer Geheimdienste (darunter 17 Deutsche) gegen vier in den USA verurteilte Spione ausgetauscht.

Die ganz große Schau aber lief am 11. Januar 1986 vormittags zwischen elf und zwölf Uhr auf der mittlerweile dafür schon berühmten Glienicker Brücke: Erst kam der sowjetische Regimekritiker und Menschenrechtler (nicht: CIA-Spion) Anatol Schtscharanskij westwärts, herzlich am Arm geführt von seiner Exzellenz, dem US-Botschafter in Bonn, Richard Burt. Dann wechselte, oder: ferner liefen, eine Handvoll mittelgroßer Fische beider Seiten hinüber und herüber.

Ende einer Aktion ›Tauschhandel‹. Bis zur nächsten.

Auf diesen Vogel also setzte seit seiner Verhaftung im August 1979 Peter Wachtberg seine ganze Hoffnung. Doch gerade die Hoffnung auf vorzeitige Freilassung sollte sich bald als ärgste Belastung erweisen. Der Davongekommene erinnert sich: »An Weihnachten brach ein älterer Herr zusammen, weil sich seine Hoffnung auf Entlassung nicht erfüllte.«

14 Monate vegetierte der Journalist – und Agent für die Bundesrepublik – unter diesen Bedingungen in Bautzen II. Faule Eier zum Mittagessen. Schaler Malzkaffee. Und dann immer wieder die bange Frage: Kommst du je wieder raus aus diesem Knast? Dazu die schreckliche Gewißheit, vollkommen rechtlos zu sein.

Für Häftlinge aus der Bundesrepublik sieht der Grundvertrag vor, daß sie einmal, höchstens zweimal im Jahr einen Beamten der Ständigen Vertretung der Bundesrepublik in Ost-Berlin sprechen dürfen. Vor dem Besuchstermin wird der Gefangene belehrt, daß er weder über die Haftbedingungen noch über seinen Gesundheitszustand etwas sagen darf. Ehe er dann in das Sprechzimmer geführt wird, muß er sich nackt ausziehen, und ein Beamter sucht ihn nach versteckten Kassibern ab. Das Gespräch ist auf 30 Minuten beschränkt. Ein Aufseher nimmt die Unterhaltung auf ein Tonband auf und bricht das Gespräch sofort ab, wenn etwas Unerlaubtes gesagt wird.

Gleichwohl freuen sich die Häftlinge auf solche Lichtpunkte im tristen Gefangenendasein, mit Ausnahme freilich in Bautzen: Zu dieser gefürchtetsten unter den Strafanstalten für politische Gefangene haben Mitglieder der »Ständigen Vertretung der Bundesrepublik Deutschland« in Ost-Berlin keinen Zutritt.

So war Peter Wachtberg mit sich, seinem alten Zellengenossen und dem Zynismus der Wärter allein. Und mit der frustierenden unauslöschlichen Erinnerung daran, wie alles angefangen hatte:

Im Berufsleben des Redakteurs Wachtberg hatte es nichts professionell-typisch Aufregendes gegeben; er durcheilte

nicht die Glamour-Stationen eines rasenden Reporters – heute im Bürgerkrieg von Beirut, morgen in Smoking und unter First Ladies beim Filmfestival von Cannes. Er machte Lokales. Jubiläum der Taubenzüchter. Skandälchen um einen Zweiten Bürgermeister und so. Bis er, irgendwann im Jahre 1974, Post aus Ost-Berlin bekam. Eine »Presseagentur Marianne Wegener« schrieb ihm an seine Privatadresse, daß sie im Westen freie Mitarbeiter suche, die aus den Bereichen Wirtschaft und Kultur gegen gutes Honorar ab und zu mal Artikel liefern könnten. Man denke dabei vor allem an Dinge, die die großen Agenturen und die Korrespondenten, die ja ausschließlich in den Metropolen säßen, nicht berichteten. Zum Beispiel auch aus einer Gegend wie die Eifel.
»Das leuchtete mir durchaus ein«, erzählt Peter Wachtberg später. »Andererseits kam mir aber doch auch der Verdacht, daß an diesem Angebot etwas faul sein mochte. Da habe ich es als meine Pflicht angesehen, die Sicherheitsorgane von dem Brief aus Ost-Berlin zu informieren.« Es war die vom MfS schon als klassisch gehandhabte ›Briefanbahnung‹.
Peter Wachtberg bekam Abwehrspezialisten als Gesprächspartner. Was die ihm rieten, soll nach seinen Worten so geklungen haben: »Möglich, daß dahinter ein Spionage-Ansinnen steckt. Es muß aber nicht der Fall sein. Wenn Sie das mal ausloten und darauf antworten wollen, haben wir nichts dagegen. Sie sollten uns nur regelmäßig informieren.«
Die Abwehrspezialisten waren vom Kölner Bundesamt für Verfassungsschutz (BfV). Tatsächlich hatte Wachtberg das einzig Richtige getan, was im Fall einer undurchsichtigen Ansprache aus der DDR oder aus Ländern hinter dem Eisernen Vorhang zu tun bleibt: Er hatte sich an den Verfassungsschutz gewandt, der in diesen Dingen mit diskretem Rat und praktischer Hilfe tatsächlich so beisteht, wie das ein ordentlicher Staatsbürger unseres Landes erwarten darf.
Aufgabe der »Ämter für Verfassungsschutz«, zentral für den Bund – mit Sitz in Köln – und bei den Landesämtern (LfV) in den Hauptstädten der Bundesländer, ist laut Paragraph 2

Absatz 1 des Verfassungsschutzgesetzes »die Sammlung und Auswertung von Auskünften, Nachrichten und sonstigen Unterlagen über Bestrebungen, die eine Aufhebung, Änderung oder Störung der verfassungsmäßigen Ordnung im Bund oder in einem Land oder eine ungesetzliche Beeinträchtigung der Amtsführung der Mitglieder verfassungsmäßiger Organe des Bundes oder eines Landes zum Ziele haben.« Man kann es, kürzer, auch Staatsschutz und Spionageabwehr nennen.
Der Verfassungsschutz ist einer von den drei bundesdeutschen Geheimdiensten; wie ein Geheimdienst ist er strukturiert, und genauso arbeitet er auch: mit V-Männern und Fallführern (die im Einsatz einen beträchtlichen Ermessensspielraum haben), mit GM (Geheimen Mitarbeitern) und Observanten (die Verdächtige beschatten).

Der ordentliche Staatsbürger Peter Wachtberg baute folglich vertrauensvoll auf seinen Fallführer. »Ich bin aus reinem Patriotismus auf das Angebot von drüben eingegangen«, beteuert Wachtberg heute noch. Er gibt jedoch zu, daß außer Patriotismus zumindest auch journalistische Neugier, wenn nicht sogar etwas Abenteuerlust mitspielten. Die Kinowelt des James Bond alias 007 verfehlt ihre Wirkung auch nicht auf abgebrühte Journalisten – hinzu kommen ein abstrakter Hang zum Spiel mit der Gefahr sowie ein schwer kontrollierbarer Wunsch, eigene Grenzen zu erkunden.
Wachtberg versicherte also den Staatsschützern, er werde auf keinen Fall etwas tun, was gegen Bestand, Sicherheit und Interessen der Bundesrepublik verstieße.
›Angeworben‹ wurde er nicht – was er fortan tat, unternahm er auf eigene Faust und auf eigenes Risiko, freilich unter den aufmerksamen Fittichen des eingeweihten BfV. Immerhin mußte er ab sofort als ›Doppelagent‹ gelten.
Es dauerte nur wenige Tage, bis er auf seinen zustimmenden Brief Antwort aus dem Osten bekam. Wachtberg: »Man nannte einen Termin, zu dem ich in einem Ost-Berliner

Hotel erscheinen und an der Rezeption nach Frau Wegener fragen sollte. Man werde mir alle Spesen ersetzen.«
Am angegebenen Treffpunkt wartete zwar nicht Frau Wegener, dafür aber ein Mann Anfang 30, groß und stämmig, der sich als Hartmut vorstellte und der den Besucher aus dem Westen sofort duzte. »Tach, Peter, na, wie war die Reise?« So begann der unheilvolle Dialog. »Wegen der schönen Aussicht«, schlug der Gastgeber vor, die Unterhaltung im Vorzeige-Hotel Stadt-Berlin weiterzuführen.
»Das Gespräch dauerte etwa vier Stunden. Hartmut tat so, als sei diese Art von Kontaktaufnahme die normalste Sache der Welt. Er bat, ich möge ihm doch als erstes mal eine Geschichte über die wirtschaftliche Situation im Raum Schleiden liefern. Die Kosten für den Flug bekam ich von ihm bar ausgezahlt – gegen Quittung. Dazu Tagesspesen.«
Zu Hause angekommen, berichtete Peter Wachtberg alles sogleich der westdeutschen Abwehr. Und die hat ihn dann von weiteren Ausflügen nach Ost-Berlin zumindest nicht abgehalten. Bereits beim zweiten Besuch in der Hauptstadt der DDR wurde der dortige Gesprächspartner deutlicher. Wachtberg: »Man sagte mir, daß man vor allem an Informationen über die Bundeswehr interessiert sei, über Manövertermine und ähnliches. Und da es rund um Schleiden eine Menge Militär gibt, unter anderem eine Kaserne der Bundeswehr und einen Truppenübungsplatz, war da natürlich auch einiges zu berichten. Zumal ich als Journalist ja auch immer wieder Einladungen zu Veranstaltungen oder Manövern der Bundeswehr bekam.«
Was er über seine militärischen Exkursionen nach drüben berichtete? »Natürlich nur das, was ich auch in unserer Zeitung veröffentlichte.«
Und dafür 14 Monate in den gefürchtetsten Verliesen der DDR? Peter Wachtberg sagt: ja. Der Verfassungsschutz – wie denn auch anders – stützt seine Aussage. Bleibt als mögliche Erklärung, was sich der Journalist hinter Gittern auch in Bautzen II zusammenreimte: »Die wollen mit mir

ein Exempel statuieren, weil ich mich der Abwehr anvertraut habe. Aber dann muß ich verpfiffen worden sein. Durch wen?«

Am 10. März 1981 änderte sich das monotone Häftlingsleben des Peter Wachtberg dramatisch. »Zusammen mit acht Gefangenen wurde ich plötzlich nach Karl-Marx-Stadt verlegt. Nun folgte die schrecklichste Woche meines Lebens. Denn keiner sagte, wie es weitergehen sollte: immer nur Gerüchte, sonst nichts. Als wir dann am 18. endlich die blauweiß-gestreifte Sträflingskleidung gegen unsere Zivilsachen eintauschen durften, bin ich einfach zusammengeklappt. Die Spannung war unerträglich. Während der Busfahrt zur Zonengrenze nach Herleshausen habe ich dann nur auf eines gewartet: auf die erste westdeutsche Uniform. Hinter dem Schlagbaum brauchte ich erst mal einen Schnaps.«

Ein alter Bekannter stieß mit ihm an – der Herr aus dem Bundesamt für Verfassungsschutz, der zum Empfang erschienen war, brauchte selber was Hochprozentiges. Und im Kölner Amt wartete Fallführer Tiedge, dessen Name Jahre später in einem sensationellen Abwehrskandal rund um die Welt Schlagzeilen machen sollte.

In Köln erfuhr dann der völlig erschöpfte Heimkehrer auch, wem er seine Freiheit zu verdanken hatte: Christel Guillaume, der Ehefrau und Gehilfin des gefährlichsten Ostspions, der je bei uns aufflog, des Kanzleramtsreferenten Günter Guillaume. Obwohl Bonner Politiker noch vor wenigen Monaten Stein und Bein geschworen hatten, »die Guillaumes müssen ihre Strafe voll absitzen, sie werden niemals ausgetauscht«, war nun zumindest schon einmal Frau Guillaume freigelassen worden. 1975 hatte das Düsseldorfer Oberlandesgericht sie wegen Spionage für die DDR zu acht Jahren Freiheitsentzug verurteilt.

Ihr Mann erhielt 13 Jahre. Immerhin war Bundeskanzler Willy Brandt über die Affäre Guillaume gestürzt.

Freilich: Die Guillaumes haben seit ihrer Verhaftung 1974

Günter Guillaume

nicht annähernd soviel durchmachen müssen wie Peter Wachtberg, der erst 1979 ins Netz des DDR-Staatssicherheitsdienstes geriet.

Der Münchener Illustrierten *Quick* gab Wachtberg sein erstes Exklusiv-Interview. Er meinte: »Es gibt Leute in Bautzen, die hätten noch vor mir ausgetauscht werden müssen.« Die nächste Chance dieser Leute war Meisterspion Günter Guillaume, der bei Wachtbergs Freilassung noch in der Wäscherei des Gefängnisses Rheinbach arbeitete.
Knapp vier Wochen später begannen die Verhandlungen über einen Austausch Guillaumes. Verhandlungspartner Ost: Wolfgang Vogel. Die Hauptrollen aber in diesem deutsch-deutschen Poker spielten internationale Geheimdienste in West und Ost. Der Guillaume-Tausch geriet zu einem jener seltenen Agentenkrimis, in denen gegnerische

Nachrichtendienste ebenso augenzwinkernd wie zähneknirschend in kurzfristiger Kumpanei zusammengehen. Das Stück war pannenfrei inszeniert:

Noch 75 Schritte in die Freiheit. Günter Guillaume geht sie hastig und ein wenig vornübergebeugt. Zwei Beamte der Sicherungsgruppe Bonn in weißen Ärztekitteln eskortieren ihn. Einer der beiden trägt den schäbigen graubraunen Koffer Guillaumes. Am Ende der 75 Schritte wartet ein VW-Transporter, er war rückwärts an die Treppe des linken Nebeneingangs vom Haus Nr. 41 der Bonner Universitätskliniken am Venusberg gefahren. Als die Gruppe das Haus verläßt und durch die blitzschnell aufgestoßenen Hecktüren des Transporters verschwindet, fröstelt der Spion, der aus der Wärme kam. Es ist 16.41 Uhr an diesem 1. Oktober 1981, ein kalter, aber sonniger Herbstnachmittag.

Der Wagen mit dem Münchener Kennzeichen M-CU 3007 prescht los, noch bevor die Hecktüren zuklicken. Ein Schild an der Windschutzscheibe weist ihn als »Notfallservice«-Fahrzeug der Firma »Sonotron-Medizinalelektronische Geräte« in der Dieselstraße 22 in Garching bei München aus. Ein hellblauer Volvo schert aus einer Parklücke und setzt sich davor, ein ockerfarbener Audi 80 fährt dichtauf hinterdrein.

Zurück bleibt ein zufrieden lächelnder Gerhard Boeden, damals Chef der Sicherungsgruppe Bonn des BKA, wenig später Vizepräsident des Bundeskriminalamtes in Wiesbaden. Der Mann, dem bereits der Mogadischu-Einsatz so glatt gelungen war, hatte den unheimlich starken Abgang des Spitzenspions perfekt abgeschirmt arrangiert. Ein zur Ablenkung eingeschwebter Hubschrauber flattert davon. Ohne Guillaume. Der ist in Begleitung von BKA-›Beschützern‹ auf dem Weg nach Hangelar. Von dort soll es nach Herleshausen an der bundesdeutschen Grenze gehen. Herleshausen ist als Übergabeort mit den Ost-Berliner Regierungsstellen vereinbart.

Schlußstrich unter eine Affäre, die am 24. April 1974 mit der

Festnahme des DDR-Spions im Bundeskanzleramt, Günter Guillaume, ihren ersten Höhepunkt hatte. Schlußstrich und zugleich vorerst letzte Station in einem internationalen Tauschgeschäft zwischen Geheimdiensten in West und Ost. Eingefädelt wurde dieses Geschäft im Frühjahr. April 1981. Im Bundeskanzleramt waren Signale aus der DDR registriert worden, man möchte drüben seinen Guillaume wiederhaben. Nichts Neues, solche Bitten aus Pankow an Bonn. Und immer wieder hatte Bonn erklärt: »Ein Austausch oder eine frühzeitige Freilassung des Spions G. kommt nicht in Frage.« Zwar sind solche Tauschgeschäfte aus menschlichen Gründen zu begrüßen. Andererseits aber setzen sie die Risikoschwelle für potentielle DDR-Spione herab.

Doch diesmal waren andere Partner ins Spiel gekommen. So reiste der damalige Präsident des Bundesnachrichtendienstes (BND), Dr. Klaus Kinkel, nach Pretoria. Dort traf er seinen Kollegen vom südafrikanischen Geheimdienst BOSS, Professor Barnard, einen jungen Mann Mitte 30. Erstmals wurde die Möglichkeit erwogen, einen in Südafrika mit Hilfe der Rasterfahndungs-Methode des Kölner Bundesamtes für Verfassungsschutz (BfV) enttarnten Sowjetagenten in ein Austauschverfahren gefangener Agenten/Ost gegen gefangene Agenten/West einzubeziehen.

KGB-Major Alexej Koslow hatte in Südafrika als Führungsoffizier ein Agentennetz an strategisch wichtigen Plätzen der Buren-Republik inspiziert. Als BOSS von den Kölner Verfassungsschützern die wahre Identität des Russen erfuhr, griff die Abwehr am Kap am 14. Juli 1980 zu.

Kinkel, von Ex-Dienstherr Hans-Dietrich Genscher angelernter Außenpolitiker, sprach auch mit Südafrika-Premier Pieter Botha. Der deutsche Geheimdienstchef versprach dem Politiker Unterstützung auf mancherlei Gebiet – Botha, im Gegenzug, versprach »zu prüfen«. Jedenfalls versuchte der kontaktfreudige deutsche Geheimdienstchef in Pretoria gutes Klima zu schaffen.

Damit wurde das Pokerspiel noch internationaler. Denn aus

Wien reiste nun der dort residierende BOSS-Europavertreter nach Dänemark. In Kopenhagen kam ein neues As ins Spiel: Jörg Meyer, (39), Handelsangestellter mit falschem bundesdeutschen Paß. Er war die Trumpfkarte der Skandinavier. Wie Koslow war der DDR-Mann bei der Durchreise in der Bundesrepublik vom Verfassungsschutz enttarnt worden. Meyer arbeitete als ›Romeo‹, als Agent, der mit Methoden eines Schürzenjägers Opfer an sich bindet. Sein Opfer: ein Mädchen aus Kopenhagens Auswärtigem Amt. Seine Strafe: sechs Jahre. Seit 1979 saß er in Dänemark hinter schwedischen Gardinen. Die Dänen hatten zu diesem Zeitpunkt keine Einwände, mit ins Boot von Südafrika zu steigen.

Da waren es schon drei, die hinter den Eisernen Vorhang abgeschoben werden sollten: ein Russe aus Südafrika, zwei Deutsche aus Dänemark und aus Bonn.

Es sollten aber vier sein. Die Russen nämlich wollten nicht nur ihren wertvollen Koslow, die DDR nicht bloß ihren Meyer und ihren Guillaume. Die Ostdeutschen begehrten auch Renate Lutze, die im Verteidigungsministerium der Bundeshauptstadt spioniert hatte und vom BfV enttarnt worden war. Und sie fragten ganz dringlich auch nach ihrem am 19. August 1980 in Frankreich verhafteten Agentengeneral Heinz-Bernhard Zorn. Der pensionierte 69jährige Luftwaffenoffizier trug bei seiner Festnahme höchst geheime Unterlagen von Nato-Panzern und Panzerabwehrwaffen bei sich. Ihn hatte Frankreichs Geheimdienst SDECE selber aufgespürt und entlarvt. Das vierte As, sozusagen Poker.

Nun regierte aber mittlerweile in Paris ein neuer Mann. Françoise Mitterrand, der Sozialist, gab sich indes gar nicht Kreml-freundlich. Er pokerte hoch: Er wollte von den Russen im Tausch gegen Zorn keinen Geringeren als den Physiker und Nobelpreisträger Andrej Sacharow. Prompt sperrte sich das KGB – und sperrt sich noch.

Die Russen waren in guter Gesellschaft. Denn anfangs sträubte sich auch der Chef des französischen Auslandsnachrichtendienstes SDECE, Pierre Marion, gegen den Tauschhandel, und zwar aus politischen Gründen, die ihm Mitterrand lieferte. Paris, so wandte er ein, wolle es nicht mit den schwarzafrikanischen Staaten verderben, indem es sich auf dunkle Geschäfte mit der Apartheid-Republik Südafrika einlasse. Frankreich, die Grande Nation, wolle eine eigenständige Aktion.

Längst spielte Bonn mit dem Gedanken an Verwirklichung des Ringtauschs. Und längst lagen Federführung und mögliche Abwicklung des Ganzen beim Minister für Innerdeutsches, Egon Franke. Der SPD-Mann spann alle nötigen Kabinettsfäden. Am 24. Juni ließ er Justizminister Jürgen Schmude bei Bundespräsident Karl Carstens aufkreuzen. Wie denn der Herr Präsident über einen Austausch denke, fragte er an. Union-Mann Carstens bezog sich auf SPD-Kanzler Schmidt. Der habe immer betont, an so was sei nicht zu denken. Dem hielt Schmude Berichte der Ständigen Vertretung Bonns in Ost-Berlin entgegen. Deren Mitarbeiter hatten bei unregelmäßigen Besuchen in DDR-Zuchthäusern Entsetzliches gesehen und gehört: entwürdigende Lebensumstände besonders der einsitzenden Ex-BND- und BfV-Agenten, menschliche Wracks seien das, zum Teil stehe Wasser handbreithoch in den Zellen, Selbstmorddrohungen seien alltäglich.

Carstens zeigte sich beeindruckt. Aber er hatte noch prinzipielle Bedenken gegen den Tausch. Schließlich seien Willy Brandt und mit ihm die ganze Republik durch den Kanzlerspion auf ganz infame Weise bloßgestellt und gedemütigt worden. Trotzdem, meinte der Bundespräsident, werde er mit dem Generalbundesanwalt reden, so gegen Ende August.

Als alle noch haderten und pokerten, machten Kinkels BND, das Bundesamt für Verfassungsschutz in Köln und auch Frankes Ministergehilfen ein neues Argument geltend. Der Handelswert des Günter G., nun 54, werde schon durch seine Hinfälligkeit und seine durch die Haft nicht eben besser werdende Nierenkrankheit beeinträchtigt. »Wenn der so weitersiecht, muß er ohnehin Haftverschonung kriegen«, merkte ein Ministerialbeamter in Bonn an. Die Ost-Berliner und die Bonner, die Franzosen, Dänen, Südafrikaner – jeder wußte, wie's da drinnen aussah in der Justizvollzugsanstalt Rheinbach bei Bonn. Da lebte in komfortabler Zelle der Häftling Guillaume. Arbeitete in der Wäscherei. Hatte auch mal in der Gefängnisbücherei gewirkt. Und sich als Förderer der schönen Künste bewährt: mit dem Häftlingstheater »Zentrifuge«.

Es ging ihm nicht schlecht. Seit zirka zwei Monaten wußte er von Besuchern aus der Bonner DDR-Vertretung, daß über seine Abschiebung verhandelt wurde. Alle zwei Wochen brachten ihm die Genossen ein sogenanntes Freßpaket mit, das auf die Diätgewohnheiten des Magenoperierten abgestimmt war.

Der Polit-Poker gedieh unterdessen munter weiter. 31 inhaftierte Ex-Agenten bundesdeutscher Nachrichtendienste und wegen Fluchtversuchen Verurteilte sollten im Gegenzug aus der DDR entlassen werden. 3000 Menschen sollten auf dem Wege der Familienzusammenführung in den Westen dürfen. Die freilich gegen bares Geld, da sprach man von Summen zwischen 75 und 130 Millionen Mark. Unter den Inhaftierten waren auch der Ex-BND-Mitarbeiter Ottomar Ebert (46), seit 13 Jahren in Isolationshaft, und der 44jährige Ex-BND-Mann Eberhard Sachs, der lebenslang einsitzen sollte. BfV-Mann Wachtberg – der eher ein ›Freiberufler‹ gewesen war – sei ohnehin schon frei, argumentierte Ost-Berlin.

Nun mußten endlich mal die Karten auf den Tisch. Da kündigte am 28. September Frankreichs SDECE-Chef Pierre Marion seinen Besuch bei Kinkel in Pullach an – drei Tage vor der bereits beschlossenen Freilassung Guillaumes. Kinkel aber konnte nicht. Der mußte nach Bonn, um vor der Parlamentarischen Kontrollkommission (PKK) einen Untersuchungsausschuß wegen eines getürmten und wieder

rückgewanderten DDR-Offiziers Rauschenbach zu verhindern. Südafrika ließ obendrein wissen, daß es den Koslow freilassen würde – aber noch nicht jetzt: »Weihnachten ist er daheim«, so ein südafrikanischer Diplomat.
Am 28. September 1981 unterzeichnete Bundespräsident Carstens die Begnadigungsurkunde für Günter Karl Heinz Guillaume. »Alle machen mit«, war er informiert worden, »die Sache läuft international.« Wohl doch nicht, wie heute feststeht.
Wenige Stunden nach der Unterzeichnung schließt der Amtsinspektor Alois Spittel die Tür der Einzelzelle 173, Abteilung 4, Flügel A im Breitkreuz-Haus der Justizvollzugsanstalt Rheinbach auf. »Herr Guillaume«, sagt er, »kommen Sie bitte. Nehmen Sie nur das Nötigste mit. Wir bringen Sie ins Krankenhaus.«

Günter Guillaume sieht den Gefängnisbau, der ihn seit dem 15. Dezember 1975 behauste, nie wieder. Seine Habe fährt man ihm zwei Tage später nach.
Noch im Paul-Ehrlich-Haus der Bonner Uni-Kliniken weiß der Spion nichts von seiner Begnadigung. Auf der Liebermeister-Station bezieht er im Parterre das Zimmer 10; nicht groß, ein Fenster zum Wäldchen, Bett, Nachtkasten, Schrank und Tisch. Mineralwasser, kohlensäurefrei, fordert er als erstes an. Seine Weizenkleie hat er mitgebracht.
Drei Tage bleibt er hier. Erst am 1. Oktober 1981, nachdem ihn der Münchener VW-Bully abgeholt hat, erfährt er von seiner Abschiebung. Auf dem Flugfeld Hangelar erwartet den Spion ein Beamter aus dem Innerdeutschen Ministerium. Trocken und bündig liest er ihm die Begnadigungsurkunde vor. Guillaume besteigt einen Helikopter. Zwei Männer Boedens fliegen mit.
Herleshausen, 20.01 Uhr. Der Hubschrauberpilot hat seine Passagiere auf dem BGS-Flugplatz abgesetzt. Guillaume wird zu einem Wohnmobil mit verhängten Fenstern gebracht. Er steigt ein. Mit ihm zwei Anwälte und ein

Beamter vom Ministerium für Innerdeutsche Beziehungen. Renate Lutze stößt dazu, dann folgen noch zwei kleine Fische, DDR-Spione, die sozusagen als Abfallprodukt des Handels mitliefen. Unkontrolliert und in rascher Fahrt passiert das Wohnmobil im Gefolge eines Mercedes mit Zollkennzeichen den bundesdeutschen Grenzposten.

Kontrollpunkt Herleshausen/DDR. »Herr Oberst Guillaume, ich heiße Sie herzlich willkommen in der Deutschen Demokratischen Republik«, sagt Spionagegeneral ›Mischa‹ Wolf und schließt seinen Top-Mann in die Arme. Hinter ihm warten Guillaume-Frau Christel und Sohn Pierre. Ein Rührstück, nicht ohne menschliche Züge, gewiß.

Einen Tag später nimmt Guillaume von General Erich Mielke den Vaterländischen Verdienstorden in Gold entgegen.

Der Journalist Peter Wachtberg hat nie einen Orden bekommen.

Kapitel 2

Glatteis

Der Mann in der Kiste hatte Angst. Die Kiste war flach und kurz und aus festem Karton mit einem Holzboden. Sie bot dem Mann nur in einer gekrümmten Hocke Platz. Furcht trieb ihm den Schweiß aus allen Poren, Tropfen rannen ihm in die Augen, er konnte sie nicht wegwischen. Mit einem Schraubenzieher waren Löcher in die Pappe gestochen, trotzdem überfiel ihn plötzlich lähmende Atemnot. Er bohrte zwei Finger in zwei Luftlöcher und erweiterte sie, preßte seinen Mund dagegen und atmete tief. Die Panik ließ ein wenig nach.

»Richtige Angst hatte ich auf meiner Flucht in den Osten nur dieses eine Mal«, erinnert sich der Mann in der Kiste, der Ex-DDR-Spion Reiner Paul Fülle. »Ausgerechnet, als ich schon in Sicherheit vor der Polizei war. Als mich Russen mit ihrem Lastwagen von der Sowjetischen Militärmission über 450 Kilometer aus Baden-Baden in diesem Karton in die DDR schmuggelten. Ich sah nichts. Die Kälte biß durch die Pappe. Alle Glieder schliefen mir ein. Das ist verdammt schmerzhaft, stundenlang krumm und unbeweglich in der Kniebeuge zu hocken.«

Dank diplomatischer Immunität passierte der Sowjetlaster bei Herleshausen die deutsch-deutsche Grenze unkontrolliert. Fülle: »An der holprigen Straße merkte ich, jetzt sind wir drüben – gerettet. Das alles passierte um den 28. oder 30. Januar 1979. Meine Uhr war weg und damit mein Zeitgefühl.«

Am 19. Januar 1979 hatten zwei Beamte der Abteilung

Staatsschutz des Bundeskriminalamts (BKA) den Leiter der Betriebsabrechnung im Kernforschungszentrum Karlsruhe, Reiner Paul Fülle, damals 41 Jahre alt, wegen Verdachts der nachrichtendienstlichen Tätigkeit für die DDR festgenommen.

Fülle blieb ruhig. Panik paßt ohnehin nicht zu ihm. Er ist ein beherrschter Typ: in Zwickau am Fuße des Erzgebirges geboren, gesellig, dennoch kein Kneipenmensch, ausdauernd und einfallsreich, besonders in Ausnahmesituationen. Dazu fit und trainiert. Einer, der nach kühler Einschätzung von Möglichkeiten auch höchst wagemutig sein kann. Alles Eigenschaften, die zum Agenten über dem Durchschnitt befähigen. Aber eben auch eine Spielernatur, ein Gambler.

Den Bonnern Spionenjägern war mit ihm ein großer Fisch ins Netz gegangen. Seit 1963 hatte der gelernte Betriebswirt (Jahreseinkommen: 53 000 Mark) dem Ost-Berliner MfS Material aus der »Gesellschaft für Wiederaufbereitung von Kernbrennstoffen« geliefert. Unterlagen der Betriebsführung (er war auch stellvertretender Verwaltungsleiter), der Finanzierung, von Bundeszuschüssen und der Rohstoffbeschaffung bis zu Wirtschaftlichkeitsberechnungen und Kalkulationen. Akten, die er mit nach Hause nahm, filmte er mit einer Super-acht-Kamera. Er ist gewiß nicht kleinlich honoriert worden. Zwar gibt er an: »Ich bekam nur Spesen«, doch das Finanzamt wollte später immerhin 40 000 Mark Steuernachzahlung für geschätzten Agentenlohn von ihm.

Anweisungen erhielt er über Agentenfunk im einseitigen Verkehr (A 3) sowie bei Verwandtenbesuchen in Dresden und im Erzgebirge von Führungsoffizieren.

1963 hatte ihn das MfS während eines Besuchs bei seiner Mutter in Muldenhammer geworben. »So können Sie Ihre Verwandten jederzeit und ohne die üblichen Schwierigkeiten besuchen«, lockten die Werber. Fülle, »um zu beweisen, daß wir in Karlsruhe keine Atombomben bauten«, spielte mit. Und lernte rasch.

Seine Ausbilder und seine Führungsoffiziere waren schließlich die schlechtesten nicht. Zum Beispiel Werner Stiller. Dieser Oberleutnant, der für den Bundesnachrichtendienst mitten im Herzen des Ost-Berliner Staatssicherheitsdienstes saß. Reiner Fülle: »Ein unauffälliger Bürokratentyp, der Stiller. Nicht cool, eher kalt. Es gibt Führungsoffiziere aus der DDR, die sind übertrieben höflich. Stiller nicht. Ich habe ihn vier-, fünfmal getroffen, er ›betreute‹ noch vier andere Agenten. Manchmal hat er sogar auf die Schlampereien in der DDR geschimpft. Aber er war ein hundertzehnprozentiger SED-Mann und innerhalb des MfS deshalb respektiert und angesehen.«
So hundertzehnprozentig war Funktionär und Agentenführer Stiller denn schließlich doch nicht. Am Tag vor der Fülle-Verhaftung lief er mit MfS-Geheimnissen auf 20 000 DIN-A4-Blättern nach West-Berlin über. Zirka 50 Ostagenten konnten noch gewarnt werden. Doch dann ließ Stiller die Spione gleich reihenweise auffliegen. Eben auch Fülle, dessen Frau von seinem Doppelspiel keine Ahnung hatte.
Fülle-Fälle sind, für Abwehr, Glücksfälle. Ein Überläufer, der Quellen und Namen mitbringt, kann Spionenjägern unter günstigen Umständen jahrelange Recherchen, Observation, Klein- und Feinarbeit ersparen.
Das normale, alltägliche Vorgehen der Spionage-Bekämpfung, -Entdeckung und -Verfolgung ist mühsamer. Bestimmte Muster und Raster der Auffälligkeit sind allerdings – sozusagen zum Handwerk gehörend – typisch. Eine interne Untersuchung von Ermittlungsverfahren hat ergeben, daß der Anfangsverdacht gegen einen möglichen Feindagenten beinahe immer auf den gleichen Indizien beruht: auf

- einem anonymen Hinweis
- Befragungs-Protokollen,
- der Auswertung von Ermittlungsergebnissen und Beweismitteln,

- den Angaben eines Spions, der sich selbst stellt,
- amtlichen oder privaten Beobachtungen,
- Überprüfungen aufgrund des erkannten Modus operandi, also der typischen Arbeitsweise eines gegnerischen Nachrichtendienstes,
- den ›Seitenwissen‹ genannten Hintergrundkenntnissen eines überführten Agenten oder
- intensiver personeller Überprüfung bei geschützten Objekten.

Oder eben den Aussagen eines Überläufers wie Stiller. Im Fall Fülle also gab den Anstoß zur Enttarnung des Atomspions die ›Mitgift‹ Stillers.
An dessen Übertritt zum nachrichtendienstlichen Gegner-West hatten nicht nur Kollegen der Kölner Verfassungsschützer aus dem Pullacher Bundesnachrichtendienst gedreht; da waren auch andere aus der ›Community‹, wie sich die Gemeinschaft der Geheimdienstler gern selbst und ein bißchen spöttisch nennt, beteiligt gewesen – so (wenngleich hartnäckig dementiert) vielleicht sogar Mitspieler auf der Gegenseite hinter dem Eisernen Vorhang, und natürlich Eingeweihte vom BfV.
Immerhin ist das Bundesamt für Verfassungsschutz eine vielgliedrige Institution, und Spionenjagd ist keineswegs die einzige Aufgabe der Verfassungsschützer. In sieben Abteilungen des BfV werden Schutz- und Informationsfunktionen wahrgenommen:

Abteilung Z: Verwaltung
Abteilung I: Grundsatzfragen
Abteilung II: Rechtsextremismus
Abteilung III: Linksextremismus
Abteilung IV: Spionageabwehr
Abteilung V: Geheimschutz
Abteilung VI: Ausländerüberwachung
Abteilung VII: Terrorismus

In all diesen Abteilungen gibt es Sachbearbeiter, Fallführer, Referenten, Referatsleiter, Gruppenleiter und Abteilungsleiter (Direktoren). An der Spitze seit Sommer 1985 Präsident Holger Pfahls, Nachfolger Hellenbroichs.
Sie alle bleiben immer am Ball – auch dann noch, wenn ein Fall abgeschlossen und längst bei der Staatsanwaltschaft gelandet ist. Jede Gelegenheit, eigenes Wissen um die Methoden des Gegners in direkter Konfrontation mit einem Spion zu vertiefen, wird wahrgenommen. Heribert Hellenbroich, jahrelang Leiter der Abteilung IV und selbst operativ erfahren, bestätigte in einem Gespräch mit dem Autor: »In der Praxis ist die Zusammenarbeit zwischen BfV und der Exekutive, also der Polizei und den Anklagevertretern, sehr eng. Vor allem, weil die Exekutive immer wieder auf Kölner Hilfe zurückkommt, weil sie sich von da immer wieder eine Bewertung der Sachverhalte geben läßt. Das BfV bekommt auch laufend die Vernehmungsprotokolle mit der Bitte um Stellungnahme. Wenn es darauf ankommt, sich persönliche Reaktionen eines Täters einzuprägen, dann sind BfV-Beamte auch bei Vernehmungen dabei. Das Heft hat natürlich die Justiz in der Hand – aber wenn Verfassungsschützer auf einen persönlichen Kontakt mit dem Spion aus sind, dann kriegen sie den selbstverständlich.«
Bei Herrn Fülle lief das indes alles ein wenig unorthodox – auf jeden Fall anders, als es in die Routinevorstellungen der Exekutive paßte:

20. Januar 1979, ein Samstag. In einem Opel Rekord des BKA fuhr ein einziger Beamter den Fülle vom Verhör zum Gefängnis an der Karlsruher Riefstahlstraße. Nun können die, die den wahren Überblick haben – die Männer vom Verfassungsschutz –, selbst keine offizielle Vernehmung führen, ebensowenig wie die Angehörigen der Geheimdienste BND und MAD. Alle drei Organisationen brauchen für notwendige Exekutiv-Maßnahmen, wie etwa eine Festnahme, fremde Hilfe: Hilfe vom Generalbundesanwalt, von

Reiner Fülle

Staatsanwaltschaften, Polizei. Auch das BfV oder die Abwehragenten der Landesämter für Verfassungsschutz müssen enttarnte Spione der Exekutive überlassen. Fülle also wurde zur Vernehmung gekarrt.

»Der Bewacher saß vorn, ich hinten«, erzählt Fülle. »Für die Polizei ist eine Kindersicherung hinten sehr praktisch, ich konnte also nicht raus, war aber auch nicht gefesselt. Und der vorne nicht bewaffnet. Da steigt der doch aus und kratzt das Eis von der Frontscheibe! Also hab ich vorsichtig ein Fenster runtergekurbelt und die Tür von außen aufgemacht, das geht nämlich. Fenster wieder rauf, die Tür hielt ich ganz fest zu, aber so, daß sie nicht wieder einschnappen konnte. Klappern durfte sie während der Fahrt nicht.

Von der Moltkestraße bogen wir zum Gefängnis ein und hielten dort an der Einfahrt. Ja, und da hab ich die Tür aufgestoßen und bin raus. Der schrie: ›Halt!‹, was sollte er sonst auch rufen, und ›Stehenbleiben!‹ – und dann kam er auf die Glatteisstelle. Ich hörte ihn purzeln, aber ich drehte mich nicht um, ich strauchelte selber. Rum ums Gebäude der Kunstakademie, da stand ein Lieferwagen, da hechtete ich drunter. Der andere rannte brüllend an mir vorbei.«

Großfahndung nach dem Mann, der sich so den Agentenspitznamen ›Glatteis-Spion‹ holte.

Während es von Polizei wimmelte, besah sich Fülle die Szene von oben herab. »Eine Hintertür der Akademie war unverschlossen. Ich sprang rein und raste bis ins oberste Geschoß. In einem Klo zog ich mich an der Türkante hoch und schwang mich aus dem Fenster raus auf den Sims. Dort blieb ich stehen. Der Sims war schmal. Ich klebte flach am Fenstereck –« er demonstriert leicht und locker, wie er einen Klimmzug an Fingerspitzen bewältigt, und fährt fort:

»Nach zirka zwei Stunden gaben sie die Suche auf. In einer Malklasse richtete ich mir ein Lager. Tagsüber hielt ich mich im Keller am Fuß der Wendeltreppe auf.«

Im Morgengrauen des 23. Januar – nach zweieinhalb Tagen – schnappte er sich im Hof der Akademie ein altes Fahrrad und strampelte ohne Schal und Handschuhe im schwarzen Wildledermantel bei dichtem Schneetreiben knapp fünf Stunden über die Bundesstraße B 36 in Richtung Rastatt nach Baden-Baden. Ziel: die Sowjetische Militärmission (SMM), obwohl für alle DDR-Agenten eine eiserne Regel gilt: Russen raushalten.

SMM zählen mit zu den sogenannten Legalen Residenturen. Und neben den verdeckten, unerkannten Spionen, Saboteuren und Zersetzern ziehen – offiziös und kaum getarnt – die Mitarbeiter dieser Legalen Residenturen am gleichen subversiven Strang. Westliche Abwehrdienste registrieren allein in der Bundesrepublik rund 170 solcher Spionage-Zentralen des Ostblocks. Es sind offizielle Einrichtungen von Warschauer-Pakt-Staaten im Einsatzland, in denen eine nachrichtendienstliche Führungsstelle eingebaut ist:

- Botschaften und Konsulate (Einrichtungen mit diplomatischem Status),
- Handels- und Militärmissionen, Handelsvertretungen und Firmenniederlassungen oder Vertretungen von Banken,
- Reisebüros, Fluggesellschaften, Pressevertretungen sowie
- Bauaufsichten bei Werften und in Industriebetrieben,

Die Aufgaben der Geheimdiener in Legalen Residenturen (bei SMM eingeschränkt) sind klar umrissen:

- Steuerung von Agenten, die Zugang zu geheimzuhaltenden Plänen oder Unterlagen aus Politik, Verteidigung, Technik oder Nachrichtenwesen haben,
- Aufbau, Steuerung und Betreuung der Spionagenetze oder Schweigenetze, (deren Mitglieder, sozusagen stillgelegt, ›schlafen‹ – das heißt nicht operativ tätig sind),
- Steuerung von Agenten, die die Regierungspolitik und die Meinung der Bevölkerung beeinflussen sollen,
- Versuche der Verunsicherung des fremden Staates durch Verbreitung von Gerüchten oder Spaltung der Parteien,
- Verteilen gefälschter Dokumente, Vorbereitung von Sabotage-Aktionen gegen militärische und wirtschaftliche Ziele,
- Mordanschläge, Erpressung und Terror,
- Aufbau von Schweigenetzen, die erst in Spannungszeiten aktiviert werden, und
- das Anlegen von TBK (Tote Briefkästen) zur Führung und Betreuung von Agenten.

Direkt und offen angelaufen werden sie jedoch so gut wie nie.

Fülle klingelte also an der SMM-Pforte. Reichte seinen Betriebsausweis vom Kernforschungszentrum hinein und bat um Asyl. Der Russe blickte auf Fülle mit entgeistertem

›Das gibt's doch nicht!‹-Gesicht und knallte ihm mit den Worten »Achtzehn Uhr wiederkommen!« die Tür vor der Nase zu.

»Entmutigt war ich trotzdem nicht«, berichtet Fülle, »ich mußte eben erst mal gecheckt werden. Da hätte ja jeder kommen können«. Daß der dreiste Klingler nicht ein beliebiger Jedermann war, wußten die Sowjets bereits um 17 Uhr. Fülle: »Mir war kalt geworden. Also bin ich eine Stunde früher hingegangen. Die zogen mich gleich rein und bugsierten mich in ein Kellerzimmer. Karg eingerichtet, immerhin ein Bett. Und eine warme Mahlzeit, ein Schlangenfraß von Suppe aus Wasser, Fleisch und undefinierbarem Gemüse. Wo ich mir einen Empfang mit Kaviar und Krimsekt ausgemalt hatte ...« Den gab es dann mit reichlich Wodka im sowjetischen Offiziersheim in Meinungen (Thüringen), wohin – auf Befehl ihres Obersten Sergejew – die SMM-Leute ihren so plötzlich hereingeschneiten Gast geschafft hatten.

Hatten die Sowjets in Meinungen schon einen Großen Bahnhof gemacht – wenngleich mit Wachtposten vorm Schlafzimmer –, so bereiteten die Oberen des MfS in Ost-Berlin ihrem fixen Fülle erst recht einen rauschenden Empfang.

(Nicht ganz so rauschend war er für den Regierungsrat aus dem hessischen Sozialministerium, Erich Ziegenhain, der seit Beginn der 70er Jahre – aus Studentenzeiten erpreßt – fürs MfS gearbeitet hatte und wie Fülle durch den Übertritt des MfS-Oberleutnants Stiller gewarnt worden war. Ziegenhain wechselte nächtens bei Hönebach an der hessischen Grenze zur DDR durch den Wald nach drüben. Er wurde mit Wodka und Schinkenbrot willkommen geheißen, fand den real existierenden Sozialismus dann doch nicht so erstrebenswert und kehrte nach mancherlei Drangsal durch Ost-Berlin – das ihn nicht ausreisen lassen wollte – zurück in den Westen.)

In Berlin rückte Fülle – mit einem Einstandstaschengeld

von 50 000 Mark (Ost) ausgestattet – in den Rang eines Hauptmanns im Spionage-Ministerium MfS auf. Als Aspirant an der TH Dresden bezog er 1200 Ostmark monatlich als Stipendium. Die Privilegien aber zählten ein Vielfaches davon. ›Sonderausgaben‹ übernahm jeweils großzügig das MfS. Eine standesgemäße Bleibe fand sich für den prominenten Vorzeige-Agenten in der ehemaligen Von-Wrangel-Villa am Jägerstieg 41 A in Klein-Machnow bei Berlin. Kostbare Möbel und teure Teppiche zierten das neue Heim. Die eigene Motorjacht dümpelte auf dem nahen Schwielowsee. Zwei Autos standen fahrbereit – ein Lada 1600 und ein Fiat Mirafiori.

Überhaupt war alles vom Feinsten. Selbstverständlich auch der Umgang des »verdienten Kundschafters für den Frieden«. MfS-Chef und oberster Spionage-Boß, Minister Erich Mielke, verlieh ihm den Vaterländischen Verdienstorden in Gold. Fülle: »Der General ist völlig senil, ein Unterschriftenautomat, der Typ alter Mann auf dem Weg zurück zum Kind. Er spricht abgehackt, fuchtelt ständig mit den Händen, bevor er was sagt, hopst im Gespräch auf seinem Stuhl umher.«

Fülles Dasein als verdienter Spion schien geordnet. Er hielt gut honorierte Vorträge vor MfS-Nachwuchs. In der Spionageakademie Belzig südlich von Potsdam nahe der Autobahn Leipzig war er gerngesehener Paradeagent. Er kam direkt »von der Front«, er hatte diese sensationelle Flucht gebracht. Der dicke Ausbildungsleiter Gerhard Markowski, ein Mitfünfziger mit Halbglatze und speckigem Gesicht, holte ihn immer aufs neue. »Die Jungs, die auf West-Einsätze vorbereitet wurden, interessierten sich brennend für die Rasterfahndung hier bei uns« – er sagt jetzt zur Bundesrepublik wieder »bei uns« –, »die haben den Schock nach Stillers Abhauen immer noch nicht verkraftet.«

Auch das Ministerium für Wissenschaft und Technik bat brieflich den »werten Genossen Fülle« höflich um einen Vortrag »zum Wirkungsmechanismus staatsmonopolisti-

scher Regelungsversuche«. Klartext: Ost-Berlins diplomatisches Personal sollte für seinen Einsatz in Wirtschafts- und Industriespionage im westlichen Ausland geschult werden. Fülle schulte also.
Nach dem unheimlich starken Abgang Stillers mußten vom MfS aber auch die Adressen konspirativer Wohnungen in West und Ost gewechselt werden. Fülle notierte neue Adressen. Er sicherte sich minutiöse Angaben über Mitarbeiter des MfS, über geänderte Strukturen in der Bürokratie des Spionagezentrums an der Ost-Berliner Normannenstraße. Und er beobachtete, wie das MfS die Grundlagen zu einer neuen Strategie gegenüber dem Westen ausarbeitete. Der Vizeminister und Leiter der Hauptabteilung Aufklärung im MfS, Generaloberst ›Mischa‹ Wolf, über den in der Bundesrepublik kaum etwas bekannt war, vor Mitarbeitern zu Hauptmann Reiner Fülle: »In Zukunft werden wir nicht mehr junge kräftige Männer auf graue Mäuse loslassen, sondern hübsche junge Mädchen auf graue Eminenzen.« Damit spielte er auf eine Masche an, mit der DDR-Spione – sogenannte Romeos – vorzugsweise die Bekanntschaft unscheinbarer Sekretärinnen von Bonner Politikern suchten, um sie auszuhorchen oder womöglich für das MfS einzuspannen.
»Wolf ist das Gegenteil von Mielke«, beobachtete Fülle. »Ein Herr. Alert, westlerisch. Als Boß eines multinationalen Konzerns kann ich mir den jederzeit vorstellen. Unaufdringlich elegant gekleidet, hochgewachsen, mit dunkler Hornbrille, das dunkle Haar immer sehr sorgfältig geschnitten, längst nicht so kurz, wie man das hier manchmal auf den seltenen Fotos sieht. Er sagt nie Überflüssiges, bei Partys macht er auch diese albernen Toasts auf die ›ruhmreiche Sowjetunion‹ nicht mit. Mir hat er mal erzählt, daß er gern im Ural auf Jagd geht – und er kennt alle Kaviarsorten bestimmt nicht nur dem Namen nach.«
Fülle war einer der wenigen, die Markus Wolf auch in seinem Arbeitszimmer im MfS-Hauptquartier besuchten.

»Kein protziger Raum. Jagdszenen an den Wänden, ein eingebauter Schrank mit Büchern hinter Glas, daneben eine Hausbar. Wuchtige Ledersessel, zwei Ledersofas und ein niedriger Couchtisch. Das Honecker-Bild hängt hinter ihm an der Wand, da sieht er es nicht. Der große Diplomaten-Schreibtisch ist immer leer, daneben steht eine Telefonanlage. Durch eine Art Konferenzzimmer geht man zu Mielke.«
Im Ministerium wird Wolf bewundert. Jedoch: »So wie der Wolf hier für die Abwehr eine Art Symbolfigur ist, so war der Verfassungsschutzpräsident Richard Meier für die drüben eine«, fiel Fülle auf. »Vor Meier hatten die einen Heidenrespekt.«
Alles, was Fülle hörte, sah und ausspähte, wissen inzwischen auch die bundesdeutschen Sicherheits- und Abwehrorganisationen. Denn anderthalb Jahre nach Fülles Abgang in den Osten gelang es Kontaktern des Bundesamts für Verfassungsschutz, ihn ›umzudrehen‹. Fülle war nach Bulgarien in Urlaub gefahren, um in Varna ganz offiziell seine Frau zu treffen (die mittlerweile nach West-Berlin gezogen war). Die MfS-Kollegin Patzer, die für den Staatssicherheitsdienst im DDR-Reisebüro am Alexanderplatz saß (Telefon damals: 0 03 72-2 15 44 28), arrangierte die Reise mit allen Privilegien.

Fülle: »In der Hotelhalle des International setzte sich eines Tages ein Mann mit Bart und Hornbrille zu mir.« Und dann lief da ein ganz merkwürdiges Zwiegespräch:
»Na, hamse nich' manchmal Heimweh?« fragte der Fremde. »Vielleicht nach einem kühlen Glas Badischen?«
Fülle sah auf seinen Campari und sagte nichts. »Ich habe mich noch gar nicht vorgestellt«, fuhr der andere dort. »Mein Name ist Otto.«
Fülle, unbeteiligt: »Otto Grotewohl oder Otto Versand?« Der Agent signalisierte so seine Wachsamkeit vor einer möglichen Falle. »Grotewohl«, das war Ost. »Versand« hätte bedeutet: Da saß einer aus dem Westen bei ihm.

»Otto ist mein Familienname. Ich habe hier übrigens eine Telefonnummer auf einen Prospekt geschrieben, rufen Sie doch mal an. Vorwahl ist dabei.« Er stand auf und ging. Fülle rührte den Prospekt nicht an. Aus den Augenwinkeln lernte er die Telefonnummer auswendig. Die Vorwahl war West-Berlin. Später hatte der andere den Prospekt wieder.
Dieses Vorgehen und dieser ganze Ablauf einer Umdreh-Operation, des Abwerbens eines Agenten und seines Aufbaus für eine Doppelrolle, blieben – was nicht selbstverständlich ist bei bundesdeutschen ND-Operationen – unberührt von der Situation der deutschen Teilung und dem immer schwelenden Streit um die Frage: Ist die DDR Inland oder Ausland – politisch, juristisch, ökonomisch? Im Rahmen der Aufklärung in Inland und Ausland gegen das KGB der Sowjetunion und das MfS der DDR gab es zwischen dem bundesdeutschen Auslandsnachrichtendienst BND und dem BfV früher bisweilen echte Diskrepanzen: Erstens sei eindeutig gewesen, daß eine im Ostblock (DDR, ČSSR und so weiter) vom BND aufgeklärte, gegen die BRD gerichtete Operation durch den Auslands-ND weiter geführt werde (für Gegenspiel-Aktionen), auch im Inland; zweitens sei es nötig gewesen, von den im Inland laufenden Aufklärungsergebnissen des BfV über Ostansätze (die natürlich im Rahmen der Tätigkeit des Verfassungsschutzes anfielen) unterrichtet zu werden, damit man untereinander abstimmen könne, wer die Operation zweckmäßigerweise übernehmen sollte.
Es klappt unterdessen sehr gut zwischen Abwehragenten, Staatsschützern und Polizei, die Zusammenarbeit funktioniert nahezu reibungslos. Allerdings: Sehen sich Nachrichtendienste, die für dieselbe Sache, für dasselbe Land arbeiten, einmal als ›Konkurrenten unter Erfolgszwang‹, so mag es schon Informationssprünge bei dem einen, Wissenslücken beim anderen geben. So beklagte der Autor einer vertraulichen Analyse der Kooperation zwischen dem Pullacher Dienst und dem Kölner Amt, bei den Verfassungsschützern

machten sich nicht selten Tendenzen bemerkbar, auch im Ausland tätig zu werden (was sie nicht dürfen und was ihnen grundsätzlich auch nicht vorgeworfen werden kann).

Aus einer Ost-Berliner Telefonzelle rief Fülle an. Es zog ihn zurück in die vertrauten Lebensgewohnheiten, in die alte Freiheit, unabhängig von staatlicher Aufsicht und erdrükkender Fürsorge. Er richtete sich zwei Tote Briefkästen (Agentenjargon: TB) in Friedrichshain am Leninplatz ein. »Eine Reißzwecke an der Stirnseite einer bestimmten Parkbank bedeutete: Der Briefkasten in einem Mauerschlitz der Aussichtsplattform ist beschickt. Zwei Reißzwecken heißen: Ausweichbriefkasten im benachbarten Friedhof leeren.« Und das alles sozusagen unter den Augen des MfS-Offiziers, der sich fast als Freund des Reiner Fülle fühlte: Christian Streubel (46), stellvertretender Leiter der Abteilung 13 in der Hauptabteilung Aufklärung des MfS. Streubel war der Vorgesetzte Werner Stillers gewesen. Er leitete Technologie-, Wirtschafts- und Industriespionage (Telefon bis Ende 1981: 0 03 72-5 59 74 50, Apparat 80). Mit Fülle ging ihm nun schon der zweite Prominente durch die Lappen – für die Karriere des Spionenführers gewiß keine Empfehlung. »Der Christian war eine gespaltene Persönlichkeit«, erzählt Fülle. »Im Umgang mit Westagenten freundlich, fast warmherzig. Gefällig. Im Ministerium barsch bis zur Unhöflichkeit, ein Ellenbogentyp. ›Wenn ich den Stiller hier entlarvt hätte, hätte ich ihn sofort erschossen‹, hat er mal zu mir gesagt.« Das hätte er wohl auch mit dem cleveren Reiner Fülle gemacht, hätte er ihn bei seinem doppelten Spiel ertappt. Mindestens aber wurde er mißtrauisch. Denn just an dem Tag, für den der MfS- und Verfassungsschutzagent seine Flucht zurück in den Westen vorbereitet hatte, wollte Streubel ihn noch stoppen. Mit einem Scheinauftrag holte er Fülle in eine konspirative Wohnung in die Barnimstraße 23 in Ost-Berlin. Fülle nahm den Auftrag widerstrebend an (»Christian, du weißt doch, ich will nach Bulgarien, mir ein

Haus kaufen«). Dann setzte er sich in seinen Miafiori und brauste ab, Richtung tschechische Grenze.
Der Agent hatte zuvor noch die Frechheit gehabt, seine schönsten Gemälde, die besten Teppiche und ein paar gute Stücke Meißner Porzellans mit MfS-Segen nach West-Berlin zu schicken. »Für meine Tochter Monika«, hatte er gesagt, »die kommt ja nicht mit rüber mit meiner Frau.« Was sonst im Haus war, hatte er verkauft – gegen rund 500 Dollar. »An einen reichen Mann«, weicht er aus, »die gibt's drüben . . .« 30 000 Ostmark aus dem Lada-Verkauf hat er mit in die Bundesrepublik gebracht.

»Vom Verfassungsschutz war mir ein Westpaß geschickt worden. Auf den Namen Hermann Sander, geboren 1938 in Heidelberg. Dazu ein Ticket Athen-Budapest-Athen, aus dem der Flug Athen-Budapest rausgerissen war. Im Paß ein Visum für Ungarn, ausgestellt in Griechenland. Alles echt.«
Dann kommt der 4. September 1981, ein Freitag, Grenzstation Zittau. Fülle fährt ran. Reicht seinen DDR-Paß raus. Wartet. Wird rausgewunken aus der Schlange. Hatte Christian Lunte gerochen? Hatte das MfS den Stopp verordnet?
»Angst? Angst hatte ich nicht«, beteuert Fülle. »Mein Westpaß, mein Ticket, mein Westgeld waren gut versteckt. Aber das Visum war bloß noch 24 Stunden gültig.«
»Wir müssen Ihren Wagen untersuchen«, sagten die Grenzer ohne weitere Begründung. Fülle, in Eile, half mit. »Das lenkt ab, da kommt Furcht nicht hoch.« Sie bauten sogar den Tachometer aus und röntgten ihn. Sie tasteten Anzugsnähte ab, durchleuchteten Sitzpolster, Türverkleidungen, demontierten Lampenreflektoren und Ölfilter. Und fanden nichts.
Reiner Fülle: »Dabei spielte die ganze Zeit das Autoradio in meinem Fiat. Klassische Musik.« Den Trick hatte er sich in seiner Agenten-Ausbildung geholt: Ein Radio in Betrieb schaltet auch ein Zollbeamter beim Filzen nicht aus – ein

DDR-Vopo ebensowenig. »Angewandte Psychologie«, Fülle grinst in der Erinnerung.
»Sie können weiterfahren«, wurde er endlich beschieden. MfS-Hauptmann Reiner Paul Fülle, der Verfassungsschutzagent, fuhr weiter. Noch immer spielte das Radio. Zwischen Geräteoberkante und Armaturenverkleidung lagen – säuberlich in Alufolie gewickelt – der Westpaß, das Geld und das Ticket in die Freiheit. »Den Tip für dieses Versteck hatte ich von einem MfS-Kollegen. Den hatte ich gefragt: ›Wo suchen denn die Grenzer nicht, wenn ich was aus der Tschechei mitbringen will?‹«
Budapest-Athen-Frankfurt – das lief problemlos. Allerdings: Auf dem Rhein-Main-Flughafen warteten drei Verfassungsschützer auf den Heimkehrer. Sie fuhren ihn zur Bundesanwaltschaft nach Karlsruhe. Mit 100 000 Mark Kaution kaufte er sich erst mal frei.
Er hoffte auf Strafmilderung. Seine Zukunft sah Fülle losgelöst von Verfahren und Urteil. »Egal, wie das nun ausgeht«, meinte er vor dem Prozeß, »wer zuletzt lacht, lacht im Westen. Das kann ich meinen Ex-Kollegen drüben nur empfehlen. Und in meinem Alter fängt man doch locker noch mal von vorn an.«
Da war der Optimist aus dem Erzgebirge 43 Jahre alt. Aber dann kam der Prozeß. Und es erwies sich, daß es mit den mildernden Umständen »wg. Reue und Rückkehr« denn doch nicht so weit her war. Der 4. Strafsenat des Oberlandesgerichts Stuttgart verurteilte den Doppelagenten wegen Spionage für die DDR zu einer sechsjährigen Freiheitsstrafe. Die Richter stützten sich wesentlich auf Beweismittel, die Ex-MfS-Oberleutnant Stiller bei seinem Übertritt mitgebracht hatte.
Die Rechtsprecher blieben mit diesem Urteil nur ein halbes Jahr unter dem Strafantrag der Bundesanwaltschaft; sie befanden Fülle für schuldig, von März 1964 bis Januar 1979 mit dem MfS in Verbindung gestanden zu haben. Er habe »eine Vielzahl von zum Teil hochwertigen Informationen

und Unterlagen« geliefert. Bei zahlreichen konspirativen Treffs mit Kurieren und Instrukteuren des Ost-Berliner Stasi – wie DDR-Bürger ihren Staatssicherheitsdienst nennen – in der Bundesrepublik, in Österreich und in der Schweiz habe Fülle seinen Auftraggebern obendrein umfangreiche Berichte über Personen, Firmen, Institute und Behörden übergeben – vor allem präzise Mitteilungen über die Sicherungsanlagen und Sicherheitsvorkehrungen im Kernforschungszentrum. Einen Schlüssel zum Panzerschrank habe Fülle – was er bestritt – gleichfalls abgeliefert. Mindestens 132 000 Mark Spionenlohn seien ihm gezahlt worden, rechneten die Bundesanwälte aus. Davon zog der Strafsenat geschätzte Reisespesen ab – Fülle wurde schließlich zusätzlich zur Zahlung eines »Wertersatzes« in Höhe von 90 000 Mark verurteilt.
Im November 1984 verwarf der Karlsruher Bundesgerichtshof die Revision des ›Glatteis-Spions‹.

Kapitel 3

Rausschmiß

Jahresempfang in der Godesberger Redoute. Einer der Golfstaaten gibt sich die Ehre. Was in Bonn Rang und Namen hat, ist gekommen: Exotische Diplomaten, deutsche Politiker, Würden- und Ordensträger stehen in kleinen Gruppen beisammen, Champagnerglas oder Fruchtsaftschale balancierend. Viel Lobby dazwischen, Interessenvertreter von Großindustrie und Wirtschaft; wo ein Ölstaat feiert, fehlen sie nie.

In einer Nische stehen zwei Herren in angeregtem Gespräch. »Was Sie da über die Außenhandelsbeziehungen Ihrer Firma sagen, ist für mich sehr interessant«, meinte der eine, der sich seinem deutschen Gegenüber ganz unbefangen als Mitarbeiter der sowjetischen Handelsmission in Köln vorgestellt hat. »Neue Kunden sind Ihnen gewiß auch nicht unlieb – Großkunden. Wir haben starken Mangel an dieser Mikro-Schalttechnik für Quarzgeräte, wie sie Ihre Firma herstellt. Rufen Sie mich doch mal an.« Er zieht eine Visitenkarte, der andere ebenfalls, man tauscht sie aus. Der Deutsche liest: »Oleg Grigorjewitsch Schewtschenko – Handelsvertretung der Union der Sozialistischen Sowjetrepubliken.«

Dieser Schewtschenko gibt gern Visitenkarten aus. Das tat er schon, als er von September 1973 bis November 1977 erstmals an der Handelsmission in Köln arbeitete, bevor ihn der vom aufmerksamen Bundesamt für Verfassungsschutz (erkannte) KGB-Offizier Walerij Domratschew, damals 38, ablöste. Im Januar 1982 kam er zurück an den Rhein – sein

Aufgabengebiet als KGB-Mann war die Anwerbung von sogenannten Perspektivagenten, die über Jahre hinweg aufgebaut werden. Deshalb suchte er auch rege Kontakte zu Studentenkreisen. Die unverbindliche nachrichtendienstliche Ansprache des Technologen auf dem Fest war mehr aus alter Gewohnheit erfolgt.

Ost-Agenten, die auf dem Gebiet der Wirtschafts- und Wissenschaftsspionage arbeiten, tun sich im Westen ohnehin leicht mit Sammeln und Ausspähen, Beschaffen und Stehlen von Informationen. Die Transparenz der Demokratie und die Strukturen von offenen Gesellschaften erleichtern es; dauerndes Mißtrauen etwa gegenüber normaler Neugier ist nicht systemimmanent, folglich auch kaum gegenüber außergewöhnlicher Wißbegier.

Zu den Hauptzielobjekten der Wirtschaftsspionage – vom Osten betrieben – gehören elektronische Datenverarbeitung, Chemie und Rüstung. Dabei ist die Arbeitsweise von Ostbehörden mitunter geradezu einfältig: So erhielten bundesdeutsche Firmen einmal ein Schreiben, indem das Ost-Berliner »Institut für Dokumentation« bat, »zur Vervollständigung unserer Unterlagen die von Ihrer Firma herausgegebenen Prospekte, Kataloge und Industriezeitschriften – wenn möglich in doppelter Ausfertigung – kostenlos zuzusenden.«

Es wird aber noch direkter gearbeitet. KGB und MfS beziehen Informationen auch von Besucherdelegationen, die in wachsender Zahl westliche Betriebe besichtigen. Nach Erkenntnissen des Verfassungsschutzes sind derartige Delegationen dreigeteilt: in qualifizierte KGB- (oder MfS-)Angehörige und -Wächter, die – als Aufpasser – darauf achten, daß nicht etwa ein Delegationsmitglied in die Freiheit abspringt; gelten gewonnene Tips als wertvoll, so wird – aus der dritten Gruppe – ein spezialisierter Agent unmittelbar eingesetzt. Das ist offene Aufklärung.

Der Schaden, den Industrie- und Wirtschaftsspione verursachen, beläuft sich nach einer Schätzung der Wirtschaftsre-

Oleg Schewtschenko

daktion der *Süddeutschen Zeitung* auf »mehrere Milliarden Mark im Jahr«. Denn die Genossen sind auf jede Art von technischem und wissenschaftlichem Know-how aus. So sparen sie Entwicklungskosten.

Allerdings ist es nicht neu in der Geheimdienstbranche, daß staatliche Spione kommerzielle Details ausspähen: Exportangebote, Forschungsergebnisse, neue Produkte, Wartungsanleitungen und sogar Einkommen und Lebensgewohnheiten der Manager. Bloß wird eben das Verbrechen der Wirtschafts- oder Industriespionage noch immer zu leichtfertig abgehandelt und auch geahndet. Wo indes Geldgier zu politischem Verrat und groben Vertrauensbrüchen führt, sind harte Strafverfolgung und harte Beurteilungen gerechtfertigt. Für strenge Strafen bei Militärspionage hat allemal jedermann Verständnis.

Doch nicht nur hochwertige Entwicklungen auf technologischem Gebiet sind für die gegnerischen Nachrichtendienste von Interesse. Sie richten ihre Bemühungen auch gegen andere Wirtschaftsunternehmen, wie Banken und Sparkassen. Anhand einer Reihe von Fällen ist auch nachweisbar, daß Versicherungen seit Jahren das besondere Interesse gegnerischer Nachrichtendienste finden. Sie versuchen, Beschäftigte bei Versicherungen für eine nachrichtendienstliche Tätigkeit zu verpflichten, oder sie schleusen nachrichtendienstlich ausgebildete Agenten mit falschen biographischen Daten, sogenannte Legenden, in die Bundesrepublik Deutschland ein mit dem Ziel ihrer Tätigkeit bei einer Versicherung. Aufgabe der bei Versicherungen tätigen Agenten sind nicht allein Objektaufklärungen – so müssen einer Versicherung die Bau-, Lage-, Konstruktionspläne eines Versicherungsobjektes vorgelegt werden –, vielmehr können sie ihrer Führungsstelle in der Regel auch wichtige und umfassende Informationen über den persönlichen Hintergrund einer Vielzahl einzelner Versicherungsnehmer vermitteln (finanzielle Verhältnisse, soziale Lage, persönliche Schwächen und so weiter) und auf diese Weise wertvolle

Ansatzpunkte für einen nachrichtendienstlichen Anbahnungsversuch liefern.

Schewtschenko indes war kein ›Versicherungs-Agent‹; er war auf Ansprechpartner aus, die ihm Kenntnis und Wissen zu höherer Technologie beschafften. Er hatte sich ja damit schon einmal die Finger – und als Beschaffer sich selber – verbrannt.

Da unterlief ihm Ende 1982 ein verhängnisvoller Fehler. Er gab einem Gesprächspartner die falsche Karte. Auf deren Rückseite hatte Schewtschenko in Kleinstschrift eine ganze Reihe deutscher Kfz-Kennzeichen notiert. Der mißtrauische Kartenempfänger leitete sie an eine Dienststelle der Spionageabwehr weiter. Im BfV checkte man die Autonummern: Mehrere davon gehörten zu Wagen, die deutsche Sicherheitsbehörden bei Observationsfahrten verwendeten. Auf Reisen zu oder von konspirativen Treffs mit Kurieren, Zuträgern und Spionen konnten Schewtschenko und seine Kollegen Verfolgerautos von Staatsschutz und Abwehr an den Kennzeichen leicht ausmachen.

Natürlich merkte Towarischtsch Oleg Grigorjewitsch Schewtschenko, geboren am 25. September 1945 in Krasnojarsk, daß ihm plötzlich dieses beinah lebenswichtige Stück Papier fehlte. Aber er blieb erst einmal still und unauffällig in Köln. Die Verfassungsschützer zogen daraus den Schluß: Herr Oleg hatte die Panne seinem KGB-Vorgesetzten verschwiegen.

Schließlich erfuhr es der KGB-Chef am Rhein dann doch – aus einer Illustrierten. Der Bonner *Quick*-Korrespondent Paul Limbach und sein Autor-Kollege Heiner Emde waren dem Abwehrerfolg auf die Spur gekommen und hatten ihn veröffentlicht. Und wie es so geht bei hartnäckiger journalistischer Recherche: Limbach und der Autor stießen auf drei weitere enttarnte Sowjetagenten in der Bundesrepublik, die nicht ahnten, daß sie ›verbrannt‹ waren und somit ins Leere arbeiteten.

Als Presseagenturen die Enttarnung der vier um die Welt

funkten, als Zeitungen in Singapur und San Francisco, in Frankfurt wie in London ihre Titelseiten mit dem Abwehr-Coup der Kölner Verfassungsschützer schmückten, standen Sowjet-Diplomaten persönlich bei Pressevertriebsgesellschaften und Auslieferungslagern um ein frisches Exemplar mit näheren Details an. Vergeblich – die Nummer ging erst Donnerstag an die Kioske; die bittere Nachricht indes war bereits am Montag von den Presseagenturen verbreitet worden.

Reporter aber sind gern auch hilfsbereit: Sie ließen den aufgeschreckten Russen ein druckfrisches Exemplar vorab zukommen.

Bonn war in diesem Frühling 1983 vorerst letzte Hauptstadt in einer Reihe westlicher Metropolen, die ihre Spionage-Russen wissen ließen, daß sie deren wahres Gewerbe kannten und ihnen Abreise nahelegten oder sie rauswarfen: Spanien und die Niederlande, Italien, England, Norwegen und Portugal erklärten Sowjet-Diplomaten zu unerwünschten Personen. Paris schob 47 Kreml-Agenten ab; und in der Schweiz wurde das Büro der Sowjet-Presseagentur Nowosti geschlossen, einer ›Legalen Residentur‹.

Schewtschenko ist einer von vier Sowjet-Spionen, die damals von deutschen und anderen westlichen Nachrichtendiensten als »hohe Sicherheitsrisiken« enttarnt wurden. Der Anteil aktiver Mitarbeiter und Offiziere der Sowjet-Geheimdienste KGB und GRU (Militär) war in den letzten beiden Jahren angestiegen; ihre Unternehmungslust wächst noch. »Die werden immer sorgloser angesichts der Sorglosigkeit ihrer westlichen Überwacher«, meinte der damalige Vorsitzende des außenpolitischen Ausschusses des deutschen Bundestages Dr. Werner Marx (CDU) im Gespräch mit dem Verfasser. »Bei der Beurteilung gegnerischer Spionage-Aktivitäten bewegen wir uns leider immer nur in westlichen Denkschablonen. Wir müssen verstehen, daß Spionage für den Osten Teil des Systems ist und daß da keine Hemmungen bestehen.«

Jewgenij Schmagin

Sie kennen immer weniger Hemmungen, obwohl sie wissen, daß einer ihrer Codes in England geknackt wurde; daß sie, einmal erkannt, im CIA-Archiv verzeichnet stehen; daß sie vom Bundesnachrichtendienst BND (der sie im Ausland beobachtet) registriert werden; daß alle Diplomaten-Daten und Erkenntnisse über Geheimdienst-Verbindungen im Verbund zwischen den westlichen Nachrichtendiensten ausgetauscht und gegengecheckt werden.

Das alles müssen auch die drei Kollegen Schewtschenkos gewußt haben, Führungsoffiziere von KGB und GRU, die aus dem Magazin ihre Enttarnung erfuhren: Jewgenij Aleksandrowitsch Schmagin, geboren am 30. Dezember 1949 bei Kalinin, zweiter Sekretär der Sowjetbotschaft in Bonn. Seit Oktober 1980 ist er in der politischen Abteilung tätig; zuvor war er schon als Vizekonsul in West-Berlin aufgefallen, als er allzu enge Kontakte zu Senatsdienststellen suchte. Ab

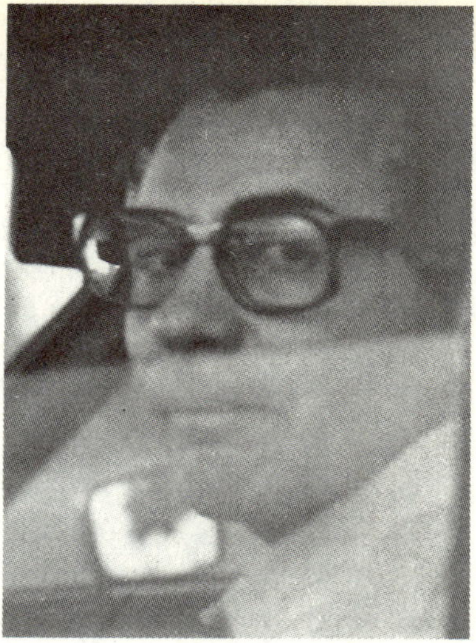

Wiktor Martschenko

1981 reiste er viel – immer zu Veranstaltungen linksorientierter Organisationen, wo er die »Friedenspolitik der Sowjetunion« darlegte. Schließlich nutzte er eine Reise zur »sicherheitsgefährdenden Ansprache einer Zielperson« – er wollte einen Agenten werben. Zusammen mit seiner Frau Irina Aleksandrowna räumte er zwei Wochen nach der Enttarnungsveröffentlichung seine Wohnung in der Peter-Schwingen-Straße 6 in Bonn 2.
Aus auch für den Luftwaffen-Attaché (und GRU-Offizier) an der Sowjetbotschaft, Oberst Wiktor Iwanowitsch Martschenko, am 10. März 1937 bei Poltawa geboren. Er hatte zwischen 1969 und 1972 bereits von der Militärmission in Frankfurt aus operiert. Seit Ende 1980 setzte er seine Aktionen von Bonn aus fort: Er knüpfte auf öffentlichen Veranstaltungen nahe Verbindungen zu Vertretern des Verteidigungsministeriums. Den Abwehrspezialisten galt er auch als

Betreuer von ›Selbstanbietern‹. Endlich kam auch der Fliegeroffizier ins Trudeln: Als er sich Zugang zu geheimen Unterlagen von Elektronikfirmen verschaffen wollte, ging er den entscheidenden illegalen Schritt zu weit. Frau Sonja Nikolajewna durfte in der Küdinghovener Straße 145, Bonn 3, packen.

Etwas schwerer taten sich bundesdeutsche und westliche Sicherheitsbehörden mit dem 49jährigen Boris Koshewnikow von der Sowjet-Handelsmission in Köln. Doch auch diesem KGB-Spion wiesen sie Operationen nach, durch die er bundesdeutsche Sicherheitsinteressen erheblich verletzte. Seit 1979 vertrat er am Rhein als ›Experte für Medizin‹ die russischen Außenhandelsbehörden Medexport und Medpribor. Ziemlich unverfroren suchte er auf seinen Reisen zu inländischen Firmen Informationen über geheime Entwicklungen und Forschungen zu bekommen. Kühn bot er mehrfach als Gegenleistung Vorteile im Osthandel, und manchmal sogar Bares. Er wagte sich in den verbotenen Bereich der Elektronik, geriet zielstrebig in die Rüstungsindustrie – und wurde ertappt. Nun sieht er sich ›verbrannt‹, durch Enthüllung seiner Identität im Ausland kaum mehr verwendbar.

Der Erfolg setzte sich wie die meisten dieser Siege im Untergrund aus dem Einsatz technischer Mittel und menschlichem Gespür, aus Routine und winzigen Auffälligkeiten zu jenem Mosaik zusammen, welches die vier roten Spione hergaben. Die heutigen Nachrichtendienste erreichen im wesentlichen mit Logistik, Planung, System-Management und Computer ihr Ziel.

Nur: Den kalten Killer und Alleskönner vom 007-Typ findet man nicht unter den zirka 2500 Angestellten und Beamten des stacheldrahtbewehrten BfV-Komplexes in Köln oder unter den Mitarbeitern der Landesämter. Statt dessen sind da Wissenschaftler und Funkfachleute, Handwerker und Juristen, Experten für Umweltfragen und Wehrtechnik ebenso wie für Wirtschafts- und Industriespionage,

Boris Koshewnikow

Historiker, Mediziner und schlichte Verwaltungsmenschen ohne jede romantische Neigung zu geheimnisvollem Tun. Auch vom 180-Millionen-Mark-Etat (für das Jahr 1985) wird nichts für das süße Leben möglicher Bilderbuchagenten abgezweigt – Computer sind wichtiger.

Bei Kölns BfV heißt der Computer NADIS (Abkürzung für: Nachrichtendienstliches Informationssystem). Die Auswertung erkannter Spionageaufträge (von denen die DDR durchschnittlich einen Löwenanteil von deutlich über 80 Prozent im Jahr ›vergibt‹) überfordert die personellen Möglichkeiten der Staatsschützer. Die Merkmale jedes Falles werden folglich in den Computer eingegeben. Was früher Beamte aus ihren Karteien im Handbetrieb heraussuchten, gibt ihnen jetzt NADIS auf Knopfdruck. Jeder Tip auf einen mutmaßlichen Spion löst eine sogenannte Amtsrecherche aus: NADIS nimmt die Daten vom zuständigen Einwohnermeldeamt (Wohnungswechsel, Familienangehörige) und von der Krankenkasse (Arbeitstellen) sowie vom Kraftfahrtbundesamt (Kennzeichen und Typen der in den letzten Jahren gefahrenen Autos) auf. Sekunden später wirft die Denkmaschine aus, wann und wo – zum Beispiel – die Kfz-Kennzeichen schon einmal aufgefallen sind – etwa in der Nähe eines anderen Verdächtigen oder eines Toten Briefkastens (eines Verstecks in unverfänglicher Umgebung, in einem hohlen Baum, in einer Vase im Museum, hinter Zierleisten). Hat der Verdächtige in der fraglichen Zeit auch noch eine dazu passende Automarke verwendet, paßt wieder ein Steinchen ins Fahndungs-Mosaik.

Das Computersystem zusammen mit neuen, durchschlagenden und in ihrer Wirksamkeit Ost-Berlin schockierenden Fahndungs- und Ermittlungsmethoden – angeregt vom Amtschef Richard Meier, fortentwickelt von Meier-Nachfolger Heribert Hellenbroich und dem Abteilungsleiter IV (Abwehr) Dr. Bert Rombach – war es auch, das dem BfV 1976 den bisher härtesten Schlag gegen Ostagenten ermöglichte: Damals wurden so viele Spione aus Staaten des Warschauer Pakts enttarnt, daß auf einen Schlag allein 35 geheime Lauscher und Späher und ›Kundschafter für den Arbeiter- und Bauernstaat‹ festgesetzt werden konnten, woraufhin sich noch einmal so viele durch panische Flucht ihrer Verhaftung entzogen.

Im Fall der vier Russen vom Rhein war keine Festnahme erfolgt; Verhaftung, Verurteilung, Strafverbüßung werden nicht unter allen Umständen als Demonstration staatlicher Macht – oder auch mal als Warnung – eingesetzt. Als wirkungsvoller erweist sich immer wieder eine höchst schlichte Maßnahme: Man läßt den Enttarnten ahnungslos weitermachen. So kann er besser kontrolliert und mit zugespielter Desinformation sogar für eigene Zwecke ausgenutzt werden. Unschädlich ist er ohnehin. Erst wenn durch Verletzung oder Übertretung geltender Strafbestimmungen (oder ungeschriebener Spielregeln zwischen den Nachrichtendiensten) bestimmte politische Grenzen überschritten werden, halten Abwehr und Strafverfolgung statuierte Rechtsexempel für angezeigt.

Von 408 Mitarbeitern sowjetischer Missionen amtlicher und halbamtlicher Vertretungen waren 1983 exakt 109 als aktive Angehörige der Geheimdienste KGB und GRU erkannt; 77 waren der Spionage dringend verdächtig: Agenten und Agentenführer, die von den sogenannten Legalen Residenturen aus arbeiten. Diese Zahlen sind andauernden Plusminus-Schwankungen unterworfen.

Die schiere Zugehörigkeit zu einem fremden Geheimdienst allein ist für Diplomaten noch kein Verstoß gegen die Spielregeln im Gastland – viele Staaten haben Geheimdienstleute im Außendienst. Doch es verhält sich hier wie bei der geschilderten Strafverfolgung: Wenn die Grenze zur Nachrichtenbeschaffung überschritten wird, wenn Anwerbung von Spitzeln, der Aufbau ganzer Agentenringe und die Aufklärung verbotener Objekte betrieben und Handelsbestimmungen – wie etwa ein Embargo, eine Ausfuhrbeschränkung für Waren und Technologien – verletzt werden, dann setzt Bonn ein Signal. Dann wird ein erkannter Spion tagelang ziemlich auffällig beschattet – kurz darauf ruft der Gegner ihn still ab. Oder Bilder und Namen geraten in die Öffentlichkeit – auch ein Signal, und obendrein sind so Bloßgestellte damit ›verbrannt‹.

Doch mit der spektakulären Lösung des Ausweisens ist Bonn zurückhaltend. Lieber überläßt man es dem Kreml, die Konsequenz zu ziehen. Damit wahrt er sein Gesicht – und vor der Rache, nach der im Gegenzug deutsche Diplomaten ausgewiesen werden, darf das Außenamt stillschweigend sicher sein.

In einer der nächsten Aeroflot-Maschinen kehrten nach diesem Mai 1983 vier sowjetische Geheimdienst-Offiziere von Frankfurt aus dem Kapitalismus den Rücken. Sie hätten noch lange seine Vorzüge genießen können – wenn nicht einer von ihnen die falsche Visitenkarte ausgegeben hätte.

Kapitel 4

Perspektiv-Programm

Die junge Frau kam gerade aus der Dusche, als der Briefkastendeckel an der Wohnungstür klapperte. Sie huschte hin und hob den grauen Umschlag auf, sah ihre Anschrift, wendete das Kuvert und wurde blaß. »Der Rat des Kreises Halle an der Saale« stand da als Absender. Nichts weiter. Mit ihrem kleinen Finger fetzte sie den Falz auf und las: ». . . fordern wir Sie auf, sich zu einem Gespräch am 4. März 1983 um neun Uhr in Zimmer . . .«
Das heutige Datum. Blick auf den Wecker: sieben Uhr morgens. Sie hatte nach der Nachtschicht geduscht. Halb acht ging ein Bus Richtung Halle. Eine Stunde Fahrt, zwanzig Minuten Fußweg. Sie würde es schaffen.
Ruth Schöttler* fuhr in die Kleider, zog im Hinausstürmen ihre Handtasche vom Wandbrett im Flur, erreichte knapp den Bus. Kaum vermochte sie stillzusitzen während der Fahrt. ›Eine Einladung zum Rat des Kreises‹, sann sie, ›kann eine gute Nachricht bedeuten – aber auch eine schlechte‹. Gemachte Erfahrung riet ihr, eher an die schlechte zu glauben.
Zimmer 102 in der Verwaltung des Kreises Halle, DDR. Erwartungsvoll sah Ruth Schöttler den Beamten an, der in ihrer Akte blätterte. Es war ein anderer als der, mit dem sie schon ein paarmal gesprochen hatte. »Sie wollen also nach drüben?« fragte er. Die Frau nickte, wie sie zunächst auf alle Fragen nur nicken konnte; Aufregung schnürte ihre Kehle

* Name wurde geändert

zu. »Vor zwei Jahren haben Sie sich mit einem Westler aus Salzuflen eingelassen –«
›Verlobt‹, dachte Ruth Schöttler, ›nicht eingelassen.‹
»Sie haben«, fuhr er fort, »mehrere Ausreiseanträge in die BRD gestellt? Sie geben nicht auf, wie? Obwohl dieser Mann seit Ihrem ersten Antrag nicht mehr rüberkommen darf.« Pause. Mit einem trockenen Knall schloß er den Aktendeckel.
Und dann zuckte sie zusammen. Was hatte der da gesagt?
»Es gäbe eine Möglichkeit . . .« murmelte er noch einmal, als hätte er bemerkt, daß sie ihren Ohren nicht traute. Sie blieb stumm, als er wie im Monolog weitersprach: »Ihr in Leinefelde hinkt ja mit dem Plan ganz schön hinterher. Schlechtes Betriebsklima, hä? Wenig Selbstverpflichtungen, kaum Sonderschichten. Wird wohl mehr getratscht als gearbeitet bei euch, nich? Würde uns mal interessieren, was da so am Arbeitsplatz und in der Kantine geredet wird. Das würde uns wirklich brennend interessieren . . .«
»Uns« hatte er gesagt. Plötzlich sah sie die ganze Perfidie dieser ihrer einzigen, schrecklichen Chance, in den Westen zu kommen. Spitzeldienste sollte sie leisten für den Stasi, den Staatssicherheitsdienst, das »Ministerium für Staatssicherheit«, den ›VEB Horch, Guck und Greif‹, wie sie und ihre Freunde und alle, die sie kannte, die geheime Staatspolizei der Deutschen Demokratischen Republik verspotteten.
Rückfahrt nach Leinefelde im Eichsfeld, das dicht an der Grenze zwischen Thüringen und Niedersachsen liegt. Bei Leinefelde entspringt die Leine, die dann nach Hannover fließt. Bei und in Leinefelde gibt es seit je Textilindustrie, und in Leinefelde arbeitete Ruth Schöttler seit anderthalb Jahren in der VEB Baumwollspinnerei und Zwirnerei an einer der neuen Feinflyer-Vorspinnmaschinen, die durch dauernde Pannen Produktion und Plansoll durcheinanderbrachten.
Ruth Schöttler blickte aus dem Busfenster und sah nichts, sah nicht die Sonne auf die märzgrauen Wiesen scheinen, sah

keine Frühlingswölkchen, spürte nicht das Schütteln des alten Busses auf der schlechten Straße, als sie am Süßen See vorbeiratterten. Sie würde ab jetzt Spitzel sein. Ihre Freundin Lisa aushorchen. Den Vorarbeiter Kurt, ihre Brigade. Den Kantinenwirt Ohnemüller Paul, der ihr gern einen Extraschlag servierte.

Schon drei Wochen nach ihrer Zusage ans MfS bekam sie Besuch von ihrem Verlobten. Der Stasi nahm den Kontakt zu ihm unmittelbar auf. Ein allgemein gehaltenes Gespräch über seine Lebensverhältnisse in der Bundesrepublik und ein besonderes über seine Heiratspläne mit Fräulein Ruth. Schließlich der unverhüllte Vorschlag: »Arbeiten Sie mit uns zusammen. Gefährden Sie die Übersiedlung Ihrer Verlobten nicht, junger Mann. Es wird sich auch noch lohnen, wenn sie drüben bei Ihnen ist und Sie für uns weitermachen. Auf lange Sicht kann das zu einem guten Geschäft für Sie werden.« Auf lange Sicht – synonym für perspektivisch. Zu den effizientesten Spionen der DDR zählen die sogenannten Perspektivagenten. Der junge Salzufler sollte dafür geworben werden.

Der Mann aus Salzuflen willigte ein. Er solle aber den Mund halten, schärfte ihm der MfS-Typ noch ein, und »nicht in der BRD zum Verfassungsschutz gehen. Das bleibt uns nämlich auch nicht verborgen.«

Acht Monate später stieg Ruth Schöttler in Bad Salzuflen aus dem Zug von Hannover, fiel ihrem Zukünftigen in die Arme.

Anderntags schon meldeten sich beide bei der Polizei und fragten nach dem Staatsschutz. Später erzählten sie alles einem mürrischen Mann vom Hannoverschen Landesamt für Verfassungsschutz. Der nahm den Routinefall zu den Akten. Und da Frau Ruth und ihr Mann – wie man weiß – nicht gestorben sind, leben sie heute noch, und zwar inzwischen mit zwei Kindern in der Nähe von Herford.

Die damals 27jährige gelernte Krankenschwester Ruth hatte ihren ersten Ausreiseantrag auf Übersiedlung im Sommer 1981 gestellt. Erfolg: Vorladung zum Rat des Kreises, wo sie mit dem Vorwurf konfrontiert wurde, ein Verhältnis mit einem »Westbürger« zu haben. »Na und?« hatte sie keß geantwortet. Aber dann wurde sie aus dem Krankenhaus entlassen und gezwungen, den Job in Leinefelde anzutreten. Ihrem Freund aus Salzuflen wurde weitere Einreise verboten.

Seit Jahren nutzen alle Nachrichtendienste des Ostblocks private Westreisen, Westkontakte sowie Aussiedlungsbemühungen ihrer Bürger zur Anwerbung und Einschleusung von Agenten in den Westen. Die für die Genehmigung einer Westreise oder Aussiedlung vorgelegten Unterlagen geben gegnerischen Nachrichtendiensten erste Hinweise auf eine geheimdienstliche Eignung der Antragsteller. Oft genug werden dann Reise- oder Aussiedlungsgenehmigung von nachrichtendienstlicher Zusammenarbeit abhängig gemacht.

Auch wenn Bürger der DDR in die Bundesrepublik übersiedeln, wird das MfS in jedem Einzelfall an den Genehmigungsverfahren beteiligt: Die Abteilung »Innere Angelegenheiten« beim Rat des Kreises, der Stadt oder des Stadtbezirks unterrichtet als Annahme- und erste Instanz für Übersiedlungsanträge die Kreisdienststelle des MfS, dessen Vertreter im übrigen auch in der sogenanntenKreiskommission sitzen, die über mögliche Übersiedlungen entscheidet.

Indes: Nicht jeder ist grundsätzlich für künftige Mitarbeit interessant. Von einer großen Mehrzahl wissen die MfS-Werber, daß von denen nie was kommt, selbst bei Zustimmung nicht und noch nicht einmal, wenn unter Druck geworben wurde. Was freilich immer verlangt wird, ist die verbindliche Zusage, während des Notaufnahmeverfahrens im Westen den MfS-Kontakt zu verschweigen.

So werden unter Aussiedlern ›Kundschafter im Westen‹ – sozialistische Schönmalerei für gewöhnliche Spione – aufgebaut, die gleich nach ihrem Umzug in die Freiheit tätig werden, soweit möglich. Doch so werden auch Perspektivagenten in unserer Gesellschaft implantiert: Spione, die sich – mitunter nach anfänglicher Ruhephase – über Jahre hinweg selbst (und natürlich wo möglich unter tätiger Mithilfe von MfS-Kontaktern) in Spitzenstellungen von Wirtschaft, Industrie, Forschung, Lehre, Behörden, Politik manövrieren und nicht selten überhaupt erst nach Erreichen einer bestimmten Position für ihren alten Auftraggeber und Wegbegleiter MfS wirksam werden. Auch ›Schläfer‹ sind unter ihnen, Spione, die jahrelang ›abgeschaltet‹ waren und dann in gewissen aktuellen Situationen aktiviert werden.

Viele angeworbene Perspektivagenten haben zunächst nur unbedeutendere Aufträge zu erfüllen. So sind Informationen aus dem persönlichen beruflichen Umfeld zu beschaffen, politische oder wissenschaftliche Themen sowie Stimmungsbilder und Charakteristiken auszuarbeiten, Personen und Objekte abzuklären und Kontakte zu pflegen. Je nach ihrer vorgesehenen späteren Verwendung sollen sie auch in einem angesehenen Verein, einer Gesellschaft oder in einer Partei Mitglied werden.

Angesichts der Schwierigkeiten, Personen mit qualifizierten Zugängen als Agenten zu gewinnen, bemühen sich die gegnerischen Nachrichtendienste seit Jahren intensiv darum, geheime Mitarbeiter anzuwerben, deren berufliche Ausbildung für die Zukunft interessante Zugänge erwarten läßt. Im Sprachgebrauch der kommunistischen Geheimdienste werden sie als Perspektivkandidaten bezeichnet.

Schüler und Studenten und unter ihnen wiederum angehende Juristen und Naturwissenschaftler stehen im Vordergrund des Interesses. Sie sollen zunächst ihr Studium erfolgreich abschließen und dann in Stellen des öffentlichen Dienstes und von Parteien aufsteigen oder in einflußreichen Positionen der Wirtschaft und Industrie tätig werden.

Angeworbene Studenten erhalten während ihres Studiums

bzw. ihrer Ausbildung finanzielle Zuwendungen in Höhe von 200 bis 500 Mark als ›Studienbeihilfe‹.

Zusätzlich werden kostenlose Urlaubsaufenthalte in Aussicht gestellt und Erfolgsprämien versprochen, wenn das Ziel der Perspektivplanung erreicht wird. Daneben werden auch Genehmigungen von Reiseanträgen zu Verwandten in der DDR und Reiseerleichterungen zugesagt.

In seinem *Jahresbericht 1984* schildert das BfV den Ablauf:

> »Bis zum eigentlichen Einsatz können Jahre vergehen. Die gegnerischen ND-Offiziere streben deshalb nach einer erfolgreichen Anwerbung zumeist eine schriftliche Verpflichtung in Form eines Vertrages an. Diese Verträge regeln die gegenseitigen Rechte und Pflichten, so zum Beispiel das Recht des Perspektivkandidaten auf finanzielle und sonstige Unterstützung und seine Pflichten, zum Beispiel die Ausbildung möglichst gut abzuschließen, eine Anstellung in einem vom gegnerischen Nachrichtendienst genannten Zielobjekt anzustreben und dann für diesen tätig zu werden.
>
> Nach den Angaben des früheren MfS-Offiziers Stiller ist die Hauptverwaltung Aufklärung des MfS an einer schriftlichen Verpflichtung vor allem bei jungen Perspektivkandidaten interessiert. Sie hat die Erfahrung gemacht, daß eine Reihe von Studenten sich ihr Studium durch das MfS finanzieren ließen, einer späteren nachrichtendienstlichen Mitarbeit aber ausweichen wollten. Für diesen Fall braucht das MfS ein Druckmittel in Form einer schriftlichen Verpflichtung. Die vom MfS angeworbenen ›Perspektivkandidaten‹ treffen sich in regelmäßigen Abständen mit ihren Führungsoffizieren in der DDR oder in Berlin (Ost), oder sie werden von Instrukteuren oder Kurieren aus der DDR in der Bundesrepublik Deutschland aufgesucht.
>
> Das MfS berücksichtigt in besonderen Einzelfällen, daß Reisen in den kommunistischen Machtbereich Risiken mit sich bringen. So wurden vor einigen Jahren einem Jurastu-

denten Reisen in die DDR verboten, um ihn für die vorgesehene Verwendung in einem Bundesministerium sicherheitsmäßig nicht zu belasten. Angehörige des KGB führen ihre Treffs mit den Perspektivagenten regelmäßig im Bundesgebiet und in anderen westlichen Ländern, wie beispielsweise in Österreich oder den Beneluxstaaten, durch.

Fazit: Erwirbt der Perspektivagent nach seinem Studium einen seinen Kenntnissen und seiner Qualifikation entsprechenden Zugang, dann zahlen sich für den gegnerischen Nachrichtendienst das Warten und das investierte Geld aus. Der Verstrickte selbst sieht kaum eine Möglichkeit mehr, sich aus der nachrichtendienstlichen Verbindung zu lösen. Durch die meist mehrjährige Verbindung zu einem gegnerischen Nachrichtendienst ist ihm bewußt, daß er sich bereits strafbar gemacht hat und damit erpreßbar geworden ist. Kontaktpersonen zu Angehörigen gegnerischer Nachrichtendienste sollten jedoch wissen, daß die Verfassungsschutzbehörden bei der Offenbarung einer nachrichtendienstlichen Verbindung nicht verpflichtet sind, die Strafverfolgungsbehörden zu unterichten.«

Perspektivagenten unter den Aussiedlern aus der DDR sind eine Minderheit. Aber es gibt sie. Die Perversion des Sozialismus besteht dabei darin, auf solche Weise die Deutschen aus der DDR nach ihrer Aussiedlung in die ersehnte Freiheit der Bundesrepublik zu beargwöhnten Deutschen zweiter Klasse zu diskriminieren – Mißtrauen wird mitausgesiedelt!

Notaufnahmelager Gießen, Frühjahr 1984: Frisch aus der DDR gekommen, stehen Hunderte Schlange – an der Essensausgabe, an der Geldausgabe, an der Formularausgabe. Das Hilfspersonal ist »am Rande der physischen Überforderung«. Und immer neue Scharen treffen ein, einmal kamen 500 an einem einzigen Tag.

Kontrollpunkt Invalidenstraße: Am Übergang von Ost- nach West-Berlin ungewohnte Bilder – Wartburgs aus der

Dr. Bert Rombach

DDR mit hochbeladenen Dachgepäckträgern wie bei Türken auf der Heimreise, ganze Familien drin. Das Aufnahmelager Marienfelde erwartet sie – da stehen die Betten inzwischen im Speisesaal.

Bis Mitte April 1984 übersiedelten zirka 15 000 in die Bundesrepublik. Und da kommen welche, die früher nie eine Chance gehabt hätten: hochqualifizierte Facharbeiter mit Familie und schulpflichtigen Kindern; Akademiker im besten Alter, Ärzte, Wissenschaftler, Studenten und Freiberufler. Bonn rätselt über die plötzliche Ausreisetoleranz.

Unter den professionellen Beobachtern der Ost-Szene ist ein Mann, dem diese Situation Kopfzerbrechen bereitet: Dr. Bert Rombach, seit Dezember 1983 neuer Chef der Abteilung IV (Spionageabwehr) BfV. Ihn und sein Amt bringt Ost-Berlins neue Politik in eine Zwickmühle. Denn Rombach und seine Männer wissen, daß eine große Zahl der

Zuwanderer vor der Ausreise Kontakt zum MfS in Ost-Berlin hatte, weil jeder Aussiedlungsantrag vom MfS geprüft wird. Westliche Abwehrexperten schätzen, daß etwa 90 Prozent aller Ausreisenden auf diese Weise ins MfS-Visier geraten. So war denn auch bei der legendären Ausreisewelle 1984 zu erwarten, daß der MfS-Hauptaufklärer, Generaloberst Markus Wolf, diese Chance nutzte.

Früher mußten eingeschleuste Agenten mit einer neuen, falschen Identität, einer ›Legende‹ getarnt werden; jetzt können sie sich unter einer Flut von Übersiedlern verstecken und ganz legal in die Bundesrepublik einreisen. Allerdings liegt den Verfassungsschützern die Diskriminierung von Tausenden Neu-Westdeutschen fern, die damals kamen. Denn natürlich ist der weit überwiegende Teil der Zuwanderer nicht bereit, sich vom MfS für eine Spionagetätigkeit in der Bundesrepublik mißbrauchen zu lassen.

»Tatsächlich offenbaren viele gleich bei ihrer Ankunft, daß sie vor der Übersiedlung vom MfS angesprochen worden sind«, sagte Rombach im Gespräch mit dem Autor. »Sie geben an: ›Anders hätte ich die Ausreisebewilligung nie bekommen.‹« Der damalige Verfassungsschutzpräsident Heribert Hellenbroich: »Wir wissen sehr gut, daß die große Mehrzahl der Zuwanderer loyal ist und glücklich darüber, dem Sozialismus entkommen zu sein. Sie wollen nichts weiter, als hier in Frieden und Freiheit leben. Es passiert ja auch keinem was, der gleich zum BfV kommt und seinen früheren MfS-Kontakt offenbart. Vielmehr kann er sich dadurch sogar eine Art Zuverlässigkeitsstempel für seine Zukunft im Westen holen.«

Am gefährlichsten wird die Minderheit derer eingestuft, die bereits vor der Ausbildung lange Zeit und aus Überzeugung in der DDR – beispielsweise am Arbeitsplatz – fürs MfS gespitzelt haben und die nun in nachrichtendienstlichem Auftrag zu uns kommen. Anders ist es bei denen, die erst – wie Ruth Schöttler – im Rahmen ihrer Einreisebemühungen Kontakt zum MfS hatten und noch nicht mit konkretem nachrichtendienstlichem Auftrag in die Bundesrepublik eingereist sind. Rombach: »Bei denen geht Markus Wolf davon aus: Wir haben Zeit, wir können warten. Den Leuten wird gesagt: ›Du brauchst dich nicht zu melden, wenn du mal zu Besuch wieder rüberkommst – wir erfahren das sowieso. Wir kommen dann auf dich zu.‹«

Im Kölner Abwehrchef hat Markus Wolf – seit Jahren von geheimdienstlichen Niederlagen gebeutelt – seinen gefährlichsten Gegenspieler. Rombach, promovierter Jurist, hat seine Arbeit von der Pike auf gelernt – von 1968 bis 1973 in der Abteilung, deren Chef er jetzt ist. Beste Voraussetzung also, um den Agenten, Spionen und Saboteuren auf die Spur zu kommen, die mit den DDR-Ausreisern eingeschleust werden. Hauptgefahr von ihnen droht Wirtschaft und Wissenschaft. »Unter den Übersiedlern sind sehr viele hochqualifizierte junge Leute, die in Wirtschaftsunternehmen und an Hochschulen gute Chancen haben«, beobachten die Kölner immer wieder.

Wo die Top-Agenten des MfS nicht selbst aktiv werden können, werben sie unverdächtige Mitarbeiter an. In den Anbahnungsversuchen liegen industrielle Berufe mit 18,7 Prozent ganz vorn (Studenten und Schüler als potentielle Langzeitspione machen 8,8 Prozent der Werbungsbemühungen aus). Immerhin versprach jeder fünfte Angesprochene seine Mitarbeit.

Das Versprechen wurde in der Regel unter Druck oder Angst abgegeben. Daneben aber gibt es eine Vielfalt von Wegen in die Spionage – beinahe jeder steigt anders ein. Da sind die sogenannten Selbstanbieter. Fälle, in denen Bundesbürger von sich aus kommunistischen Staaten ihre Mitarbeit andienen. Ihre Motive: persönliche Schwierigkeiten, Verschuldung, Mißerfolge im Beruf, auch Abenteuerlust.

Andere suchen ›Asyl‹ in der Sowjetunion und wollen mit Spionagedienstleistung Entgegenkommen erkaufen. Oder die DDR wird als Zuflucht gewährt – registriert der *Verfassungsschutzbericht 1984:*

»Jahr für Jahr sehen Bewohner der Bundesrepublik Deutschland in der Übersiedlung in die DDR einen Ausweg aus persönlichen und beruflichen Schwierigkeiten. Anhaltende Arbeitslosigkeit beispielsweise oder etwa hohe Schulden veranlassen Bundesbürger zu diesem Schritt. Die Betroffenen suchen einen neuen, unbelasteten Start. Diese Hoffnung erweist sich jedoch – wie bei den ›Selbstanbietern‹ – meist als trügerisch.
Die Organe der DDR reagieren auf solche Übersiedlungswünsche normalerweise zunächst durchaus entgegenkommend. Die Betroffenen werden gewöhnlich im ›Zentralen Aufnahmeheim Zepernick‹ bei Röntgental in der Nähe von Potsdam unterbracht, wo sie sich meist mehrere Wochen aufhalten. Man fordert sie auf, einen Antrag auf Erwerb der DDR-Staatsbürgerschaft zu stellen, wodurch bei den Übersiedlungswilligen der Eindruck eines formal korrekten Verfahrens erweckt wird.
Den nächsten Schritten stehen sie deshalb nahezu arglos gegenüber. Zur weiteren Prüfung des Antrags müssen sie einen lückenlosen und detaillierten Lebenslauf fertigen, ferner Angaben über Verwandte und Bekannte in der Bundesrepublik Deutschland und der DDR machen. Diese schriftlichen Unterlagen bilden die Grundlage für die in der Folgezeit praktisch täglich stattfindenden Befragungen durch Angehörige des MfS.
Ziel dieser Befragungen ist es, Möglichkeiten eines operativen Einsatzes des Übersiedlungswilligen selbst zu prüfen und Hinweise auf nachrichtendienstliche interessante Personen aus einem Umfeld zu erlangen, an deren Anbahnung er mitwirken könnte. Ergeben sich derartige Ansatzpunkte nicht, so schöpfen die MfS-Befrager zumindest alles auch nur im weitesten Sinne verwertbare Wissen ab. Bei der Befragung jüngerer Männer etwa gilt ihr Hauptaugenmerk eventuellen Militärdienstzeiten, hier insbesondere der Ausrüstung der Truppe sowie der Fertigung von Charakteristiken ehemaliger Vorgesetzter.

Der Wert der auf diese Weise erlangten Informationen hat auf das Übersiedlungsbegehren jedoch insgesamt wenig Einfluß. Selbst Kandidaten, die ihren ›Einstand‹ durch die freiwillige Preisgabe nicht unbedeutenden militärischen Wissens zu verbessern suchen, werden nach Abschluß der intensiven Befragung wieder in den Westen abgeschoben. Typisch hierfür ist der Fall H:

H., ein vierundzwanzigjähriger Stabsunteroffizier der Bundeswehr, war leidenschaftlicher Geldautomatenspieler. Um sein Hobby finanzieren zu können, hatte er Bankkredite in Höhe von insgesamt 20 000 Mark aufgenommen und zusätzlich aus der von ihm verwalteten Rechnungsführerkasse seiner Kompanie etwa 1500 Mark unterschlagen.

Nachdem er wegen offenstehender Rechnungsbeträge mehrmals gemahnt worden war und eine Rechnungsprüfung fürchten mußte, faßte er den Entschluß, sich in die DDR abzusetzen. Er entnahm der Kompaniekasse weitere 800 Mark und brachte Dienstsiegel, Truppenausweise und teilweise geheimhaltungsbedürftige dienstliche Unterlagen an sich. Damit fuhr er noch am selben Tag in die DDR und stellte sich den Behörden.

Man sicherte ihm zu, daß er in der DDR bleiben könne, und brachte ihn in das ›Zentrale Aufnahmeheim Zepernick‹.

In den ersten zwei Wochen wurde er nahezu täglich befragt und fertigte auftragsgemäß umfangreiche Beschreibungen ihm bekannter militärischer Objekte sowie Charakteristiken anderer Soldaten. Nachdem ihm bestätigt worden war, daß er in der DDR bleiben und in Leipzig eine Tätigkeit als Buchhalter aufnehmen könne, wurde ihm wenig später eröffnet, daß er in den Westen zurückkehren müsse. Begründet wurde dies mit seinem Vorleben und damit, daß er für die DDR ein Sicherheitsrisiko darstelle.

Ausgestattet mit einer ›Starthilfe‹ von 100 Mark mußte H.

nach Schweden ausreisen. Erfolglos beantragte er dort politisches Asyl und ließ sich – vor die Wahl gestellt, entweder in die Bundesrepublik Deutschland oder in die DDR zurückkehren zu müssen – in das Bundesgebiet abschieben. Am 12. August 1983 verurteilte ihn das OLG Celle wegen Fahnenflucht in Tateinheit mit geheimdienstlicher Agententätigkeit und Verletzung von Dienstgeheimnissen zu einer Freiheitsstrafe von einem Jahr und drei Monaten.«

Dieser Herr H. hatte sich selbst gestellt – andere schnappt die Abwehr.
In jedem Selbstanbieter nämlich sehen gegnerische Nachrichtendienste grundsätzlich erst einmal einen Provokateur, der von westlichen Nachrichtendiensten gesteuert den eigenen Dienst unterwandern soll. Daher wird der Selbstanbieter zunächst überprüft. Bereits bei der ersten Befragung, die grundsätzlich durch einen Sicherheitsoffizier erfolgt, will man über ihn so viele Details wie möglich erfahren, über seine Persönlichkeit, seine Motivation und seine Zugangsmöglichkeiten. Nach diesem Gespräch wird der Selbstanbieter auf ein späteres Treffen vertröstet. Ein ›neutraler Ort‹ sowie eine Zeit für dieses Treffen werden festgelegt und die Treffmodalitäten besprochen.
Natürlich macht das Auffliegen (oder die erfolgreiche Flucht) von Ostagenten immer wieder spektakulär Schlagzeilen. Nur: Die mühsame Mosaikarbeit vor dem Erfolg der Fahnder und Verfassungsschützer muß ihrer Natur nach verdeckt, geheim bleiben. Daraus erklären sich auch die jährlich wechselnden Erfolgsbilanzen des BfV. Der frühere Verfassungsschutzpräsident Heribert Hellenbroich im Gespräch mit dem Autor: »Wir haben nicht weniger Erfolge, aber sie werden weniger sichtbar. Ich meine, das gehört sich auch so für eine Spionageabwehr. Außerdem sind manche Methoden, wie zum Beispiel die Rasterfahndung, inzwischen verbraucht. Der Gegner entwickelt sei-

nerseits neue Arbeitsweisen und wir neue Fahndungsmethoden. Das braucht Zeit.«
Die gewonnene Zeit wird genutzt, um das Umfeld und den Hintergrund von Gesprächspartnern zu klären. Dabei interessieren Wohnung, familiäre Verhältnisse, berufliche Tätigkeiten sowie Zugänge und Kontakte, die sich nachrichtendienstlich nutzen lassen. Entscheidend ist, ob sich die Angaben des Selbstanbieters bestätigen.
Auch das mitgebrachte oder das angebotene Material wird überprüft. Hierbei prüft man, ob das Material echt ist, welchen Wert die Informationen haben, ob sie den Zugangsmöglichkeiten des Selbstanbieters entsprechen. Fällt diese Überprüfung positiv aus, findet ein erster Treff an einem neutralen Ort statt. Die ersten Aufträge, die erteilt werden, betreffen bereits bekannte Sachverhalte oder solche, die durch andere Quellen bestätigt werden können. Erst danach wird eine konkrete nachrichtendienstliche Verwendung angestrebt, in deren Verlauf der Selbstanbieter jedoch ständig mit großem Mißtrauen und ständigen Überprüfungen rechnen muß.
Immerhin produzierte der Riesenapparat BfV mit Millionenaufwand eine Methode, die als die berühmte Rasterfahndung ein für alle Ostspione deckungsgleiches Muster offenbarte: eingeschleust unter falschem Namen und mit gefälschten Papieren, kaum vorzeigbares Vorleben in der DDR, mehrfacher Wohungswechsel zur Spurentilgung, Beschaffen echter Papiere durch absichtliche Beschädigung der falschen, besonderes Interesse an modernen Betriebstechniken, politischen Hintergründen oder militärischen Details sowie gute Fotoausrüstung; nicht selten auch war – bei Spitzel-Pärchen – eine Eheschließung in Skandinavien vorausgegangen, bisweilen sickerten DDR-Agenten gar aus Südafrika oder Australien ein.
Ihre Ziele, ihre Angriffsobjekte sind seit je die gleichen: Politik, Militär, Wirtschaft, Gegenspionage. Die Aufträge der politischen Spionage reichen dabei nach Erkenntnissen

des Bundesamtes für Verfassungsschutz von Regierungs- und Verwaltungsstellen des Bundes und der Länder über die politischen Parteien, Massenmedien, Gewerkschaften, und Vertretungen der Bundesrepublik im Ausland bis zu kleinen Kommunalbehörden.

Dagegen hilft denn – neben nachrichtendienstlicher Routine oder einem klassischen Fehlverhalten erfolgreicher Spione, ihrem Leichtsinn! – nichts besser als eine geschärfte Beobachtungsgabe. »Kataloge von Indikatoren (Hinweiszeichen) über spezifisch nachrichtendienstliches Verhalten« forderten schon vor Jahren die Autoren einer internen Denkschrift des BfV. Diese Kataloge sollen den Angehörigen aller Sicherheitsorgane, wie Kripo und Schutzpolizei, Grenzpolizei und Zoll, sowie den Sicherheitsbeauftragten von Behörden und Firmen helfen, spionageverdächtiges Verhalten zu erkennen. Öffentlichkeitsarbeit mit solchen Katalogen lehnen die Experten ab, »weil der gegnerische Dienst sofort die Arbeitsweise seiner Agenten umstellen würde«. Außerdem würden bei entsprechender Öffentlichkeitsarbeit zu viele ungerechtfertigte Verdächtigungen erfolgen und dem Denunzianten Tür und Tor geöffnet. Statt dessen wird ein zügigerer, umfassenderer und präziserer Informationsaustausch zwischen den Zentralstellen der Polizei und denen des Verfassungsschutzes gewünscht.

Denn die Gegner sind vielfältig. Zwar waren auch gegen Ende 1985 die Nachrichtendienste der DDR Hauptgegner der Nachrichtendienste der Bundesrepublik Deutschland. Doch auch die übrigen kommunistischen Länder spitzelten fleißig mit: Polen, die Sowjetunion, die ČSSR, Jugoslawien, Rumänien, Ungarn und Bulgarien. Die Zahl der aktiven unentdeckten Ostagenten schätzt Rombach auf 3000. (»Das ist eine griffige Zahl.«)

Nicht alle von ihnen sind auf das gefahrvolle Leben eines Konspirativen angewiesen, der in ständiger Angst vor Entdeckung lebt. Nicht wenige von ihnen leben ganz offiziell mitten unter uns – als Botschaftsangehörige und Mitglieder

von Handelsvertretungen oder Presseagenturen, in Legalen Residenturen. Spionagematerial, das einmal in eine solche Residentur gelandet ist, ist dem Abwehr-Zugriff dauerhaft entzogen: In Diplomatengepäck wandert es, von offenen Kurieren transportiert, hinter den Eisernen Vorhang.
Aber ausgerechnet »die DDR hat hier eine Vertretung in der Bundesrepublik, worüber ich und wir alle hier bisher nur wenig gelesen oder gehört haben«, meint Verfassungsschutz-Experte Hellenbroich. Das wenige: Im Rahmen der Ablösung des ›Personals der ersten Stunde‹ – jener Besatzung, die unmittelbar nach Einrichten der »Ständigen Vertretung der DDR in der Bundesrepublik Deutschland« in Bonns Godesberger Allee 18 ihren Dienst aufgenommen hatte – werden mehr und mehr meist jüngere und besonders linientreue Mitarbeiter eingesetzt. So arbeiten unbehelligt DDR-Staatsangehörige in der Vertretung, die vom Verfassungsschutz schon früher als MfS-Angehörige identifiziert werden konnten. Motto der Kölner Agentenjäger: »So haben wir sie wenigstens unter Kontrolle!«
Wie allerdings die Nachrichtendienste der DDR ihre Vertretung in Bonn als Legale Residentur nutzen, vermochte der Verfassungsschutz bislang nicht herauszufinden. Aber es ist ihm bekannt, daß die Mitarbeiter der DDR-Vertretung alle für sie legal erreichbaren Informationsquellen ausschöpfen – und dabei das übliche Maß legaler Informationsgewinnung kräftig überschreiten. Mit Sicherheit, so die Erkenntnis des BfV, fließen auf diesem Wege auch dem MfS wertvolle Nachrichten zu. Hellenbroich: »Die DDR-Spionage hat schließlich noch andere Möglichkeiten, ihre Agenten zu führen, abzufertigen, zu informieren und abzufragen.« Die Gründe: DDR-Spione können sich – anders als Russen oder Rumänen oder gar Chinesen – in der Bundesrepublik so unbefangen bewegen wie daheim – dank gleicher Sprache und gleichem Kulturkreis.
Da ist es für einen Gegner immer noch am sichersten, an Stelle eines mühsam in eine fremde Identität manipulierten

eigenen Mannes einen anzuwerben, der im Lande lebt, das er verraten soll.
Mausert sich so einer dann zum Spitzenspion, dehnt er schießlich sein Operationsgebiet ins westliche Ausland aus. Aber auch da schlägt – operativ und exekutiv allerdings auf vollständige Hilfe befreundeter Partnerdienste der ›Community‹ angewiesen – die Abwehr des BfV zu:

Clearwater Beach bei Tampa/US-Bundesstaat Florida, 4. April 1984, Schauplatz Holiday Inn. An der Bar lümmelt Ernst Ludwig Forbrich (47), Hotelgast aus »good old Germany«, wie er der blonden Suzie hinter der Theke erzählt. »Ich warte auf einen Freund«, fügt er hinzu.
Der Freund ist aber keiner. Forbrich glaubt an einen Oberstleutnant der US-Army, »hochverschuldet«, wie der Ami angegeben hatte, er »brauche dringend Geld«. Ein gemeinsamer Bekannter von der Air Force hatte die Begegnung vermittelt; der Deutsche behauptete, er könne Geld besorgen.
Forbrich sieht den Amerikaner nicht reinkommen, plötzlich steht dieser neben ihm: »You're arrested«, erklärt er und hält dem verdutzten Deutschen seinen FBI-Ausweis vor die Nase. »Come on, Spion!«
»Ich konnte gerade noch kassieren«, berichtete Suzie, »er hatte einen Egg-nogg, darauf war er schon am Abend vorher abgefahren . . .«
Kein kleines Licht, dieser Ernst Ludwig Forbrich. 1940 in Schlesien geboren, 1961 aus der Gegend von Zeitz/DDR über Westberlin in die Bundesrepublik geflohen. Er siedelte sich in Eisingen bei Göppingen an, wo er ab 1975 eine Tankstelle mit Reparaturhalle betrieb. Er war fleißig, bald kam ein schwunghafter Handel mit Gebrauchtwagen und Ersatzteilen hinzu. Forbrich war gelernter Kfz-Polsterer, der Beruf ist selten, er verdiente gut.
Zu seinem Kundenkreis gehörten zahlreiche in der Nähe stationierte US-Soldaten, auch höhere Offiziere. Forbrich

hatte ein Talent, sich Vertrauen zu verschaffen; die GIs und ihre Vorgesetzten mochten ihn. Daß er die Dokumente, die er sich beschaffte, die Informationen, die sie ihm anvertrauten, gegen Bezahlung an den militärischen Nachrichtendienst der DDR lieferte, ahnte keiner.

Seine privaten Beziehungen zu den Militärangehörigen hielt er auch noch aufrecht, als diese längst wieder daheim in den USA waren. Er besuchte sie sogar ziemlich häufig drüben. Schließlich hatte er guten Grund – ein Ex-Offizier der Army, der ihm schon seit 1972 geheime Dokumente gegen Cash verkauft hatte (und der 1974 in die Heimat versetzt worden war), belieferte ihn noch bis 1977 mit interessanten Unterlagen.

Ende 1982 erhielten die Verfassungsschützer auf sehr verschlungenen Wegen einen vagen Tip auf Forbrich – der Tip verdichtete sich zum Verdacht, der Verdacht erhärtete sich zur heißen Spur: Der Autohändler Forbrich war Spion. Endlich erfuhren die Abwehrleute – wieder auf Umwegen, diesmal aber handfest –, daß Forbrich Anfang 1984 in den USA ein Werbungsgespräch mit eben diesem »hochverschuldeten Oberstleutnant der Army« führen wolle. Amerikanische Sicherheitsbehörden wurden unterrichtet. Schlußszene: Holiday Inn.

In seinen Vernehmungen gab Forbrich zu, 1971 bei einem privaten Besuch in Cottbus/DDR vom Ost-Geheimdienst kontaktiert und verpflichtet worden zu sein.

Im August 1984 verurteilte das Bezirksgericht Tampa Ernst Ludwig Forbrich zu einer Freiheitsstrafe von 15 Jahren. In der Bundesrepublik wäre er mit weniger davongekommen – Amerikas Richter reagieren freilich empfindlicher auf Ost-Agenten als bundesdeutsche Gerichte. Und: Forbrich darf nicht hoffen, vor Ablauf der 15 Jahre freizukommen.

Es war das bittere Ende eines 13 Jahre währenden Perspektiv-Programms.

Kapitel 5

Kreml-Hit

Der metallicgrüne BMW mit dem Ebersberger Kennzeichen EBE – UU 71 war schon zweimal am Hotel Bristol in Salzburg vorbeigefahren, als sich schräg gegenüber eine Parklücke auftat. Das Auto rangierte ein, der Fahrer stieg aus, ein untersetzter Herr in hellem Anzug, und schlenderte in Richtung der nahen Salzach. Vor Erreichen der Fußgängerbrücke über den Fluß bog er links ab und betrat das Hotel Österreichischer Hof. Er schritt einmal durch die Halle, blickte kurz in die Bar, verließ das Hotel. Vor dem Eingang prallte er fast auf einen Passanten. Der entschuldigte sich wortreich, er hätte besser aufpassen müssen, und überhaupt: »So ein schwüles Sommerwetter macht mich ganz konfus, da kann das schon vorkommen.« Er sprach gut deutsch, doch mit hartem, fremdländischem Akzent.

»Bei uns in München nennt man das Föhn«, entgegnete der Mann aus dem BMW, »ich wohne zwar nicht in der Stadt, aber auf dem Land spürt man ihn auch, den Föhn.« Sie gingen auseinander, der Fremde mit dem Akzent zog artig den Hut.

Der Ebersberger querte den Fluß über den Fußgängersteig; der Ausländer gelangte auf der Autobrücke beim Hotel Stein hinüber in die Altstadt. Der eine schlenderte durch die Getreidegasse, der andere bummelte im Zickzack durch die Passagen der schmalbrüstigen Häuser mit den schicken Läden.

Im Café Tomaselli war Hochbetrieb, schließlich ist im Juli Hochsaison. Nach einigem Suchen fand der Ebersberger

einen freien Tisch in der oberen Etage. Das Kännchen Kaffee und das Glas Wasser dazu wurden gerade hingestellt, da fragte ein Herr höflich: »Verzeihen Sie, ist an Ihrem Tisch noch ein Platz frei?«
Er sprach gut deutsch, doch mit hartem, fremdländischem Akzent.
Der Mann aus Ebersberg nickte. Bald waren sie in ein angeregtes Gespräch vertieft, blätterten in Stadtplänen, breiteten bunte Touristikprospekte aus, zeigten einander Souvenirs. Sommergäste in Salzburg.
Lärmend stolperte eine japanische Gruppe treppauf, keiner nahm Notiz davon, auch nicht von der charakteristischen fernöstlichen Zwangshandlung, alles zu fotografieren. Daß in der Gruppe ein durchaus europäischer Typ mitzog, der gleichfalls fotografierte, fiel gar nicht auf.
Tags darauf im Wiener Domhotel. Ein Zimmer im zweiten Stockwerk. Der Mann mit dem harten Akzent sagte zu dem Ebersberger BMW-Fahrer: »Ich habe mir die Sachen angeschaut. Da sind noch Fragen. Zum Beispiel . . .«
»Fragen Sie«, meinte der andere. »Und vergessen Sie nicht wieder, die Recorder-Kassette zu wenden, wie beim letztenmal.«
»Bei den ›Design Datas for Environmental Control System‹ im MRCA habe ich Schwierigkeiten«, begann der Ausländer. »Kann ich mir denken«, bekam er zur Antwort. »Also das ist im ›Tornado‹-Volume fünf Strich dreizehn . . .«
Wieder mal wanderte an diesem Sommertag 1980 ein Konstruktionsdetail des Nato-Prunkstücks ›Tornado‹ ostwärts. Es lief schon lange so. Und es lief noch rund vier Jahre.
Schließlich, am 20. September 1984 um viertel nach sieben, klingelten drei eher unscheinbare Herren an der Tür des Reihenhauses Markomannenstraße 19 in Poing bei München. Sie kamen in brisanter Mission. Hausherr Manfred Rotsch öffnete und sagte, vom unangemeldeten Besuch zu so früher Stunde verblüffend wenig irritiert: »Ja, bitte?« Da hörte er die Festnahmeformel, in der von «geheimdienstli-

cher Tätigkeit« und von »Landesverrat« die Rede war, »Wir sollten die Unterhaltung drinnen fortsetzen«, drängten die Beamten vom Bundeskriminalamt (BKA), während sie eintraten.

Manfred Rotsch (60) stand am Ende eines langen Weges – Moskaus bester Mann in der Bundesrepublik war aufgeflogen.

Tags darauf eröffnete ihm der Ermittlungsrichter am Bundesgerichtshof, Gollwitzer, in Karlsruhe unter Aktenzeichen 6 BJs 103-84/II BGs212/84, daß er verhaftet sei »unter dem Verdacht, für den Geheimdienst einer fremden Macht eine geheimdienstliche Tätigkeit gegen die Bundesrepublik Deutschland ausgeübt zu haben, die auf der Mitteilung und Lieferung von Tatsachen, Gegenständen oder Erkenntnissen gerichtet war«.

Rotsch räumte zögernd erst mal ein: »Ich habe seit 1982 für den Osten gearbeitet.« Die Vernehmer aus Wiesbaden – das BKA hatte seine erfahrensten Verhörspezialisten geschickt – hakten nach. Der Spion gab zu: »Ich war KGB-Agent seit 1967.« Die Staatsschützer glaubten es besser zu wissen. Und endlich gestand Rotsch: »Ja, ich stehe im Dienst des KGB seit 1953.«

Der Mann, den Rotsch im Wiener Domhotel getroffen hatte, der Mann in Salzburg – er war einer von mehreren Führungsoffizieren gewesen, die der sowjetische Geheimdienst KGB (Komitjet Gosudarstwjennoj Bjesopasnosti = Komitee für Staatssicherheit) für die Abschöpfung und Anleitung Rotschs eingesetzt hatte.

Wer immer mit Problemen des politischen, militärischen, wirtschaftlichen oder wissenschaftlichen Wettlaufs zwischen Ost und West befaßt ist, wer begreifen möchte oder muß, mit welchem Einsatz Moskau seine Stellung und seinen Einfluß in der Welt ausbauen will, der ist mit dem KGB konfrontiert. Das Hauptquartier dieser größten Spionageorganisation der Welt besteht aus neun sogenannten Verwaltungen, von den fünf Hauptverwaltungen, die in Dienste

Manfred Rotsch

und Dienststellen und Abteilungen geordnet sind. Die Erste Hauptverwaltung führt KGB-Operationen im Ausland durch; die Zweite Hauptverwaltung ist für Spionageabwehr und die Kontrolle der Zivilbevölkerung in der Sowjetunion zuständig; die Hauptverwaltung Grenztruppen (ohne Kennzahl) verwaltet die KGB-Truppen, Eliteregimenter, welche die Grenzen der UdSSR bewachen; die Fünfte Hauptverwaltung hat die Aufgabe, ideologisches Abweichlertum zu unterdrücken; die Achte Hauptverwaltung belauscht ausländischen Funkverkehr und sucht ihn zu entschlüsseln. Einige kleinere unabhängige Verwaltungen sind mit Sonderaufgaben betraut.

Für diesen Moloch hatte sich Manfred Rotsch einspannen lassen, bis er in die westdeutsche Abwehrfalle ging.

Fang und Geständnis schlugen in der Öffentlichkeit, in Bonn, in der Industrie und bei den befreundeten Nato-Staaten wie eine Bombe ein. Denn dieser Diplom-Ingenieur Rotsch hatte 16 Jahre lang beim größten deutschen Rüstungs- und Technologie-Multi Messerschmitt-Bölkow-Blohm (MBB) in Ottobrunn vor den Toren Münchens gearbeitet. Rotschs Arbeitgeber aber ist für seine Auftraggeber aus Moskau und für Geheimdienste in aller Welt eine Erste Adresse unter rund 300 Betrieben der Waffenbranche in Westdeutschland. Mit 37 000 Beschäftigten (Umsatz 1983 im Bereich Wehrtechnik: 1,8 Milliarden Mark) ist MBB führend in Militärtechnik.

So viel Größe lockt natürlich ›stille Teilhaber‹ an Know-how und Forschung an. Militärtechnik und -technologie aus Ottobrunn stehen folglich auch an der Spitze der Wunschlisten der KGB-»Fachverwaltung für Wirtschaft und Technik«. Der Sowjetspion Manfred Rotsch war der erfolgreichste bisher bekannt gewordene Agent im Herzen der bundesdeutschen Rüstungsindustrie. Der Diplom-Ingenieur stand in führender Stellung im sicherheitsempfindlichsten Ressort des Konzerns: im »Unternehmensbereich UL-Luftfahrt.« Als stellvertretender Hauptabteilungsleiter »wußte er alles«, so ein hoher Staatsschützer, »und er konnte alles einsehen, alles machen«. Nicht nur da, steht inzwischen fest. Rotsch verriet neben Hunderten kleinerer Details und Projekte:

- die Konstruktionspläne des gesamten Tornado-Projekts einschließlich Details der dazugehörenden Prüfgeräte für das Mehrzweckkampfflugzeug (Stückpreis: 82,1 Millionen Mark);
- alle Konstruktionsdetails der Panzerabwehrraketen Milan und Hot, an deren Entwicklung Frankreichs Rüstungsindustrie beteiligt ist;
- den jeweils aktuellen Stand der elektroniktechnischen Zusammenarbeit mit Frankreich am Waffensystem der Luft-Boden-Rakete RPF;
- die Konstruktionsdetails der Kommandozentrale von Spacelab, in dem auch bundesdeutsche Astronauten im All arbeiteten;
- technische Merkmale und Eigenschaften des NASA-Raumtransporters Space Shuttle (im Haftbefehl ausgewiesen);
- Konstruktionspläne und Baubeschreibungen des Sonnensatelliten Helios, der in US-Auftrag entwickelt wird, sowie des Forschungssatelliten Heos (beide im Haftbefehl ausgewiesen).

Halbe Sachen, fanden die Ermittler heraus, waren die Sache Rotschs gewiß nicht. Moskaus bester Mann in der Zentrale des Ottobrunner Rüstungs- und Raumfahrtriesen bediente den Kreml aus eigenem Kenntnisstand beinahe lückenlos:

- Als Leiter der MBB-Abteilung »FE (Festigkeit) 232, Zelle I« oblag ihm »gemeinsam mit drei weiteren Konstruktionsabteilungen die Entwicklung Zelle des MRCA-Projekts ›Tornado‹« (BKA-Protokoll). Die Unterbringung von Systemen und Versorgungsleitungen, die Aufhängung der Tanks, die Wing-Box (der Flügelkasten des Schwenkflüglers), der Simulator Gun-Fore Body für Schießversuche des Tornado, die komplette geheim eingestufte Rumpf-Mittelteil-Konstruktion: Moskau kennt alle verwundbaren Stellen des doppeltschallschnellen Nato-Kampfflugzeugs.

- »Während der Zeit seiner Tätigkeit im MRCA-Programm nahm der Beschuldigte an zahlreichen Besprechungen und Meetings teil und führte Dienstreisen zu den beteiligten Partnerfirmen in Großbritannien und Italien durch«, ermittelten die BKA-Experten. Noch Jahre später bekam er alle Sitzungsprotokolle; 1970 war er drei Wochen lang bei der US-Flugzeugfirma Grumman in New York, um Konstruktionsprobleme des Tornado zu lösen. Bis zuletzt, bis 1984, blieb Rotsch als informierter Abteilungsleiter am Tornado-Ball. Ausbeute für den KGB: 32 MRCA-Akten.
- Konstruktionsunterlagen über »Flugkörper mit mehr als 600 Kilometer Reichweite, bei MBB möglicherweise mit Frankreich« mußte er für den KGB beschaffen – das fanden die Ermittler auf einem von vielen hundert ›Auftragszetteln‹, die Rotsch daheim versteckt hatte. Unter Asservaten-Nummer 1.1.2 findet sich ein Hinweis, wonach auch der Technologie-Multi Dornier Rotsch-geschädigt ist: »Mini-RPV (unbemannte Flugkörper): Anwendung, Truppenanwendung, Spec. für Ausrüstung, TW. MBB/Dornier.«
- Schließlich richtete Rotsch unermeßlichen Schaden nicht nur als Technologie-Spion der Spitzenklasse an – nebenbei bespitzelte er einen MBB-Abteilungsleiter für »Vorprojekte«, über den er Adresse, Bürolage, Gehalt, Charakterzüge, »Ansprechbarkeit wo und wie« und »welche Vorsichten, was ist zu berücksichtigen« ans KGB weitergab, sowie sieben andere MBB-Mitarbeiter (von denen einer inzwischen bei der Raumfahrtorganisation ESA landete). Für den roten Superspion gab es keine Tabus – und keine Freunde.

Den schlimmsten Schaden freilich richtete Rotsch für ein riesiges Zukunftsprojekt an. Er besorgte den T-Männern des

KGB den lückenlosen, neuesten Stand der Planung, Entwicklung und der technischen Vorgaben für den Tornado-Nachfolger Jäger '90 einschließlich der Studien für die »Neue Aerodynamik« des Flugzeugs, für die Weiterentwicklung der ausfallsicheren, elektrischen Steuerung und ihres rechnergestützten Flugregelungssystems, dazu Pläne für eine Analyse von zerstörungsfreien neuen Prüfverfahren an Zelle und Teilen.
Ein hoher Staatsschützer, der inzwischen einen Gesamtüberblick hat, resümierte sarkastisch: »Den Jäger '90 können wir praktisch wegschmeißen; die können jetzt in Ottobrunn gleich mit der Planung des Jägers '97 beginnen!« Und der Parlamentarische Staatssekretär im Bundesinnenministerium, Carl-Dieter Spranger, urteilte: »Der Fall Rotsch zeigt, in welchem Umfang das KGB bei uns tätig ist und welche irreparablen Schäden, die sich in Milliarden Mark messen lassen, der Sicherheit unseres Staates und unserer Wirtschaft zugefügt werden. Die Sicherheitsbehörden unseres Staates werden jetzt ernsthaft überlegen, ob in Zukunft zusätzlich und ergänzend zu den Routineüberprüfungen der gefährdeten Personen Rüstungsprojekte noch wirksamer geschützt werden können, damit Schaden durch Spionage abgewendet wird.«

Mit einer besonderen Taktik wählt das KGB solche Wissenschafts- und Technologiespione aus. Der Vizepräsident des Bundesamtes für Verfassungsschutz Dr. Stefan Pelny erklärt sie so: »Technische Erfahrungsberichte, Konstruktionszeichnungen und Versuchsprotokolle bedürfen häufig der fachkundigen Erläuterung, um für den gegnerischen Aufklärungsdienst vollständig verwertbar zu sein. Das kann nur ein mit der Materie Vertrauter übernehmen, der unter Umständen auch den Wert der beschafften Informationen besser beurteilen kann als seine ›Kollegen‹ im Osten« – Merkmale, die wie maßgeschneidert auf Rotsch passen.
Hatte sich der anfangs in den Vernehmungen spröde bis

sperrig gezeigt, so zeigten die dauernden Verhöre und die Einsamkeit der Haft doch Wirkung. Beobachteten die Ermittler: »Nach seiner Festnahme am 20. September war er zuerst sehr zugeknöpft. Inzwischen ist er kooperativer, jetzt erzählt er schon Dinge, ohne daß wir danach fragen müssen.« Bei den Verhörspezialisten vom BKA verstärkt sich der Eindruck, »daß Rotsch auch nicht – wie etwa Guillaume – einmal ausgetauscht oder in die DDR abgeschoben werden will«.

Moskaus Mann bei MBB gestand – mit einem ›Tomaselli‹-Foto geschockt –, daß in die Kontakte zwischen ihm und seinen Agentenführern auch KGB-Residenten aus der Sowjetbotschaft in Wien eingeschaltet waren. Rotsch: »Was ich lieferte, mußte ich im Gespräch fachlich kommentieren , auf Besonderheiten hinweisen, technologische Zusammenhänge erklären. Meine Gesprächspartner waren meist gut orientierte Wissenschaftler und Techniker«, für die der KGB eine eigene Abteilung unterhält.

Diese ›Verwaltung‹, die zweitgrößte Dienststelle der Ersten Hauptverwaltung, ist verantwortlich für das Sammeln wissenschaftlicher und technologischer Erkenntnisse sowie für den Diebstahl von Spitzentechnologien aller Bereiche. Die Mehrzahl ihrer Offiziere sind als Naturwissenschaftler oder Techniker ausgebildet; bevor sie in der konspirativen Kunst der Spionage unterwiesen werden und Sprachen lernen, durchlaufen sie eine Praxis im akademischen oder technischen Bereich. Viele erwerben in dieser Zeit den Doktortitel.

In einem Forschungsinstitut der »Verwaltung T«, nahe dem Bjelorussischen Bahnhof in Moskau, analysieren Hunderte von Wissenschaftlern und Übersetzern die Datenflut, die von den Residenturen in westlichen Industriestaaten geliefert wird.

Offiziere von »T«, dazu ganze Heerscharen von Abkommandierten, werden in allen sowjetischen Ministerien und Organisationen untergebracht, die sich mit Naturwissenschaft und Technik befassen. Sie sitzen aber auch in Organisationen, die regelmäßig mit ausländischen Naturwissenschaftlern Kontakt haben. Besucht eine Sowjetdelegation einen wissenschaftlichen Kongreß im Ausland, ist immer ein Offizier von »T« dabei.

Die »Verwaltung T« analysiert und definiert in Abstimmung mit dem Staatsausschuß für Naturwissenschaft und Technik, mit der Akademie der Wissenschaften den nationalen Bedarf. Mit den Spezialisten des Militärgeheimdienstes GRU (Glawnoje Raswediwatelnoje Uprawljenie = Hauptnachrichtenverwaltung des Generalstabs) werden Erfahrungen getauscht; GRU hat sogar eigene ›Wunschlisten‹, nach denen die Kollegen vom KGB auch gezielt spionieren (oder stehlen) lassen.

Die »T«-Verwaltung läßt nach einem Gesamtplan arbeiten und spionieren: So müssen Führungsoffiziere etwa in der Bundesrepublik den einen Fragenkomplex betreuen und ausspähen lassen; Führungsoffiziere in den USA einen anderen, spezifischen; Führungsoffiziere in England einen dritten und so fort. Antworten, Ergebnisse, Daten werden in der Zentrale gesammelt und ausgewertet. Zusammengefaßt ergeben sie oft Lösungen zu Problemen, an denen Sowjetwissenschaftler und -techniker gescheitert waren.

In bestimmten Fällen werden entsprechend diesen Erkenntnissen ganze Fabriken errichtet, indem sich »T«-Agenten die Teile dazu in mehreren Ländern besorgen.

Agenten dieser »Verwaltung T« (im Außendienst: Gruppe X) bilden einen beträchtlichen Teil des Personals von KGB-Residenturen in Industriestaaten; sie finden sich auch unter Angehörigen der Botschaften, Konsulate, Handelsmissionen, Nachrichtenagenturen. In der Regel sind sie schwerer zu enttarnen als andere KGB-Agentenführer, weil sie Wissenschaftler und Techniker sind und tatsächlich als wissenschaftliche Berater, Angehörige von Handelsmissionen oder beispielsweise Aeroflot-Angestellte arbeiten.

Bei Rotsch jedenfalls schöpften die »T«-Männer aus dem

vollen. Und das ging jahrelang gut, weil dieser Mann so gar nicht ins Bild vom gerissenen Supermann der Spionage paßt, für den es keine Geheimnisse, keine verschlossenen Panzerschränke, keine Hindernisse gibt.
Auf ihn passen vielmehr andere, realistischere Merkmale erfolgreicher Superspione. Für seine Freunde und für seine Kollegen, für Nachbarn und Verwandte war Manfred Rotsch das Urbild eines Biedermannes: Besitzer eines Reihenhauses, das er im November 1968 in Poing vor München für zirka 150 000 Mark gekauft hatte; Blumenzüchter – ein Erbe von Vater Eduard, der Gärtner war; Weintrinker, der aber auch Bier nicht verschmähte; in der Schachabteilung des »Turn- und Sportvereins Poing« einer von den besseren Spielern; sportlicher Fahrer jenes metallicgrünen BMW, mit dem er in Salzburg und Wien war; Mitglied in der CSU; und überhaupt: ein jovialer Typ, dieser rüstige Sechziger.

Ähnlich unauffällige Daten gelten für die Karriere des Mannes aus dem Mittelstand der leitenden Angestellten. Am 19. Juni 1924 in Bockau auf Aussig in der heutigen ČSSR geboren, Schule, dann – ein zunächst ungeklärtes Kapitel im Leben des Top-Agenten – kurz noch Soldat und in Gefangenschaft, danach, von 1948 bis 1952, das Ingenieur-Studium an der TH Dresden. Ihn faszinierte alles, was flog – seinen ersten Job hatte er folglich beim DDR-»Flugzeugbau Pirna«. 1954 lockte ihn der goldene Westen; Manfred Rotsch zog am 18. Mai zu seinen Eltern nach Bischofsheim. Zu dieser Zeit stand er längst im Dienst des KGB, das dem begabten Studenten seine fachliche Weiterbildung finanzierte. Ein Kollege von der TH, der für das MfS in der DDR spitzelte, hatte ihn bereits 1953 geworben; 1954 traten die Russen an den Jung-Ingenieur mit dem Flugzeugfaible, den sie schon in Gefangenschaft getippt hatten, heran. Im April 1954 unterschrieb er eine Erklärung, mit der er sich verpflichtete, »als Späher für den Frieden« zu arbeiten – dreißig Jahre hielt er sich daran.

Unmittelbar nach dieser Verpflichtung wurde er mehrere Tage nachrichtendienstlich geschult und auf seinen Einsatz in der Bundesrepublik Deutschland vorbereitet. Die Schulung umfaßte Fertigen und Entwickeln latent geschriebener Briefe, Anlegen von Toten Briefkästen, konspiratives Verhalten bei Treffs und Dokumentenfotografie. Erste Treffs nach der Übersiedlung fanden in Frankfurt/Main, Ost-Berlin, Brüssel und Rom statt. Er wurde aufgefordert, Unterlagen von seinem Arbeitsplatz zu fotografieren und Tote Briefkästen zur Übergabe der Filme anzulegen.
Zu Beginn seiner Tätigkeit erhielt er neben Treffaufforderungen auch Global- und Daueraufträge in Briefen mit latenter Schrift zugesandt (Berichte über berufliche und persönliche Entwicklung, Tätigkeitsbeschreibungen), die er auf die gleiche Weise an Deckadressen erledigte. Für die Dokumentenfotografie benutzte Rotsch – wie er es als Agentenlehrling gelernt hatte – ein von ihm selbst konstruiertes Stativ.
Im Herbst 1962 erhielt er in Ost-Berlin eine weitere nachrichtendienstliche Schulung. Ihm wurde erklärt, wie Mikrate aufgefunden und entwickelt werden, die in der Verklebung von Briefumschlägen versteckt sind. Eine weitere Ausbildung betraf das Abhören und Entschlüsseln von Radiotelegrammen. In Zukunft sollte er zu einer bestimmten Zeit einen bestimmten Sender abhören.
Ab Frühjahr 1963 fanden Treffs überwiegend in Österreich statt. Trefforte waren immer markante Punkte, wobei der Beschuldigte von einer vereinbarten Stelle aus zunächst eine Kontrollstrecke zu durchlaufen hatte – etwa von Salzburgs Österreichischem Hof zum Café Tomaselli. Für den Fall, daß er einen Treffpartner noch nicht kannte, war vereinbart worden, daß ihn der Partner mit einer Parole ansprechen und er eine bestimmte Antwort geben sollte – »bei uns nennt man das Föhn«, beispielsweise.
Rotsch verfügte über verschiedene Deckadressen in Ost-Berlin und über eine in Wien. Für Informationsübermittlun-

gen in beide Richtungen war folgende Vereinbarung getroffen worden: Befanden sich keine versteckten Informationen im Brief, wurde der Monat mit der Datumsangabe ausgeschrieben (etwa 04. Mai 1976), enthielt er versteckte Informationen, so wurde das Datum des Monats lediglich in Zahlen geschrieben (04. 5. 1976).
Die sogenannten Nachrichtendienstlichen Hilfsmittel im Führungs- und Meldeweg sind in ihrer Mehrzahl klassisch, nicht selten seit Jahrtausenden bewährt; moderne Technik, Techniken und Technologien ergänzen und erweitern sie ununterbrochen. Denn Spionagetätigkeit steht und fällt damit, daß konspirativ beschaffte Informationen und Materialien an den Auftraggeber übersandt werden können und daß dieser seinerseits den Agenten durch die Übermittlung neuer Anweisungen steuern kann.

In einer präzisen Aufstellung beschreibt das BfV diese Mittel:

> *Transport-Container:* »Der sog. Container, bei dem es sich äußerlich um einen handelsüblichen Gebrauchsgegenstand (Aktenkoffer, Feuerlöscher, Aschenbecher, Feuerzeug, Batterie oder Schraubenzieher) handelt, wird in vielfacher Weise eingesetzt.
> Versierte Techniker haben den Gegenstand so bearbeitet, daß im Innneren ein Hohlraum zur Aufnahme von Materialien entsteht. Je nach Größe können auf diese Weise zum Beispiel Chiffrierunterlagen, Geldscheine, Kameras oder Falschausweise versteckt transportiert werden. Bei Containern, die zum ständigen Gebrauch bestimmt sind, wird viel Sorgfalt auf den Verschlußmechanismus gelegt; dabei darf der Gebrauchswert durch den eingearbeiteten Hohlraum (= Versteck) nicht eingeschränkt werden. Außerdem darf der Container, sollte er in unbefugte Hände gelangen, nicht ohne weiteres zu öffnen sein. Dieses wird dadurch erreicht, daß beispielsweise versteckte Zuhaltungen angebracht werden, die nur auf

unübliche Art entriegelt werden können. Deshalb werden Schrauben mit Linksgewinde verwendet, die auch als Nieten, Beschläge oder ähnliches getarnt sind. In Ausnahmefällen werden besondere Sicherungen eingebaut, die bei unbefugter Öffnung des Containers das eingelegte Geheimmaterial zerstören (Auslösen eines Blitzlichtes, um Filmmaterial zu belichten).
Seit Ende der 70er Jahre die Röntgenkontrolle von Gepäckstücken eingeführt wurde, werden Agenten bei Flugreisen mit Containern einer neuen Generation ausgestattet. Anstelle der bisherigen Metallverschlüsse werden nunmehr röntgensichere Klett-, Adhäsions- oder Kunststoffverschlüsse verwendet.
Neben Containern, die ständig im Gebrauch sind, gibt es für den einmaligen Transport von ND-Materialien auch sogenannte Einweg-Container. Sie müssen beschädigt oder unbrauchbar gemacht werden, wenn sie geleert werden sollen und sind – laut Weisung der Führungsstelle – anschließend sofort zu vernichten. Bekanntgeworden sind in diesem Zusammenhang Bücher, Spraydosen, Cremetuben, Spielzeuge, Zigarettenschachteln.«
Geheimschrift: »Für die Mitteilung von Berichten und Meldungen an die Führungsstelle (Meldeweg) nutzen Agenten auch heute noch das Geheimschriftverfahren. Die klassische Methode der Verwendung von ›unsichtbarer Tinte‹ wurde durch weiterentwickelte Techniken nahezu vollständig ersetzt. Die Nachrichtendienste statten ihre Agenten heute mit einem chemisch präparierten Kontaktpapier aus , das äußerlich nicht als solches zu erkennen ist. Als Kontaktpapier eignen sich bedruckte und unbedruckte Papiersorten, etwa Prospekte, normales Schreibpapier und Linienblätter. Es wird wie Kohlepapier zwischen zwei Bögen gelegt und paust die vom Agenten auf das obere Blatt geschriebene Mitteilung für das menschliche Auge unsichtbar auf das untere Blatt durch. Über diese geheime Mitteilung auf dem unteren Blatt

schreibt der Agent dann noch mit normalem Schreibmaterial einen unverfänglichen Text, um den nachrichtendienstlichen Hintergrund zu verdecken. Der Empfänger kennt die chemische Reagenz, mit der die Geheimschrift lesbar gemacht werden kann.«

Mikrate: »Um Agenten geheime Nachrichten, Weisungen oder Aufträge zukommen zu lassen (Führungsweg), benutzt die Führungsstelle auch sogenannte Mikrate; das sind dünne, durchsichtige Filmplättchen von weniger als einem Millimeter Durchmesser. Sie werden mit Hilfe einer Spezialkamera und eines besonders feinkörnigen Films gefertigt. Der für den Agenten bestimmte Geheimtext wird zunächst von einer Vorlage abfotografiert. Anschließend wird der Film durch eine besondere chemische Behandlung so präpariert, daß er lichtunempfindlich wird und ein glasklares Aussehen erhält. Mit bloßem Auge ist das so behandelte Filmplättchen nicht zu erkennen.

Das Mikrat gelangt zu dem Agenten auf dem Postwege, nachdem es vorher an vereinbarter Stelle versteckt angebracht wurde. Es kann beispielsweise unter der Briefmarke, in der Verklebung des Briefumschlages, in einem bestimmten Buchstaben des Textes, oder in den zunächst gespaltenen, dann aber wieder verklebten Schichten einer Ansichtskarte verborgen sein. Der Agent erkennt an bestimmten, vorher vereinbarten Signalen im Brief (der Monatsname ist nicht ausgeschrieben oder der Ortsname in der Anschrift unterstrichen), daß ein Mikrat eingelegt ist. Mit handelsüblicher konzentrierter Papierentwicklerflüssigkeit betupft er die vereinbarte Stelle des Briefes und spült das Mikrat heraus. Nach wenigen Minuten ist es entwikkelt, und die geheime Mitteilung wird in dunkler Schrift sichtbar. Mit Hilfe einer Speziallupe oder eines einfachen Mikroskops mit etwa 100facher Vergrößerung kann er die Nachricht lesen. Anschließend werden Brief und Mikrat verbrannt, um alle Spuren zu verwischen.«

Funk: »Auch Funk ist ein unpersönlicher, schneller und

sicherer Verbindungsweg. Agenten, die von ihrer Führungsstelle über einseitigen Funkverkehr (Zentrale – Agent;« sogenannter A-2-Verkehr) Anweisungen erhalten, sind mit einem handelsüblichen Rundfunkgerät und Schlüsselunterlagen ausgerüstet. Sie empfangen zu den vorher festgelegten Programmzeiten von ihren Funkzentralen gesprochene oder gemorste verschlüsselte Funksprüche, die in Fünfer-Gruppen abgesetzt werden. Die Funksprüche beinhalten Aufträge, Treffabsprachen oder Bestätigungen. Für die Entschlüsselung ist der Agent im Besitz einer Schlüsseltabelle, unter Umständen von Code-Tabellen, die zur Verkürzung des Klartextes bestimmt sind, sowie von Schlüsselstreifen oder Schlüsselblock mit Fünfer-Gruppen, dem sogenannten ›Individuellen Zahlenwurm‹ (I-Wurm). Bei der Entschlüsselung werden die Fünfer-Gruppen des I-Wurms von den Fünfer-Gruppen des Funkspruchs substrahiert. Das Ergebnis ist der Zahlen-Zwischentext, der mit der Schlüsseltabelle (in Verbindung mit den Code-Tabellen) in den Klartext umgesetzt wird. Die für die Entschlüsselung verbrauchten Fünfer-Gruppen des Entschlüsselungsstreifens sind abzuschneiden und zu vernichten.«

So mit perfektem Rüstzeug versehen, hatte Rotsch als künftiger Meisterspion treffliche Perspektiven.
Flugs nahm der gute Techniker in Westdeutschland erste berufliche Hürden, kam bis Mai 1955 bei der Aufzugfirma Stör in Offenbach unter. Im Juli darauf ergriff er die Chance, wieder in den Flugzeugbau zu wechseln – bis Ende 1964 arbeitete er sich durch alle drei Heinkel-Werke; im Dezember dieses Jahres landete der Flugzeugbauer bei Junkers in Speyer. Als dieser Traditionsbetrieb der Luftfahrt 1968 durch den Münchener Multi MBB übernommen wurde, war Manfred Rotsch am Ziel seiner Wünsche: als Ingenieur in der angesehensten Waffenschmiede der Bundesrepublik, beim renommiertesten Unternehmen der

Luft- und Raumfahrt Deutschlands, in der größten Denkfabrik.
Jetzt wurde der KGB-Spion für seine Führungsoffiziere zum Top-Agenten. Bald war er eine so ergiebig sprudelnde Quelle, daß er nur noch mit Moskauer Agentenführern der obersten Schicht verkehrte. In regelmäßigen Abständen, durchschnittlich fünfmal im Jahr, traf er seine sowjetischen Kontaktleute (Rotsch: »Sie sprachen ausgezeichnet Deutsch«) zu Auftrags- und Technikbesprechungen in Salzburg, Bad Ischl, Wien, Bischofshofen und – selten und nur anfangs, als er zu MBB gekommen war – in München. Dabei übergab er sein Material, das er mit einer umfangreichen und sehr guten Fotoausrüstung (darunter eine Practica aus der DDR) daheim ablichtete. Mitunter versteckte er es auch in Toten Briefkästen an Abfallbehältern bei den Autobahnraststätten zwischen Salzburg und München, so zum Beispiel bei Vaterstetten am Autobahnring Ost. Der »hochkarätige Einzelgänger«, wie er von Abwehrexperten eingeschätzt wird, mußte mit seinem Ingenieurgehalt von knapp 8000 Mark nicht knausern; seine KGB-Vorgesetzten löhnten das Spitzenmaterial mit Spitzenprämien; ein Teil des Geldes wurde wie üblich im Osten auf ein Sparkonto eingezahlt.
»Einen Fehler machte er erst, als das BfV ihn schon im Fadenkreuz hatte«, berichtet ein Staatsschützer. »Durch systematische Ermittlungen (allerdings nach einem fremden Hinweis) war ihm die Abwehr auf die Schliche gekommen.« Über ein Jahr lang lief die Jagd, die der Leiter der Abteilung IV (Spionageabwehr) im BfV, Dr. Bert Rombach, intensiv mit einem ausgesuchten Team leitete. Monatelang wurde Rotsch beschattet, immer in Abständen, mal sechs Wochen lang, mal vier, immer rund um die Uhr. Auch im Orts- und Wohnbereich wurde observiert: zehn Wochen lang kontrollierten Staatsschützer seine Post, hörten sein Telefon ab. BfV-Ex-Präsident Heribert Hellenbroich im Gespräch mit dem Autor: »In einem solchen Fall sind alle gesetzlich

erlaubten nachrichtendienstlichen Mittel angezeigt.« Endlich, an dem bewußten Donnerstag im September 1984, ließ Spionenjäger Rombach die Falle zuschnappen.
Die Schnapper selbst kamen in Amtshilfe. Denn zwar war seit 29. September 1950 das »Gesetz über die Zusammenarbeit des Bundes und der Länder in Angelegenheiten des Verfassungsschutzes« in Kraft. Aufgabe des neuen Geheimdienstes nach Paragraph 3: Die »Sammlung und Auswertung von Auskünften, Nachrichten und sonstigen Unterlagen über Bestrebungen, die eine Aufhebung, Änderung oder Störung der verfassungsmäßigen Ordnung ... zum Ziele haben.« Doch in dem Gesetz steht auch: »Polizeiliche Befugnisse oder Kontrollbefugnisse stehen dem Bundesamt für Verfassungsschutz nicht zu.«
»Ich halte das für eine gute, etablierte Praxis, keine solche Befugnisse zu haben. Diese Praxis muß auch schwierigen Zeiten standhalten können«, betont der gegenwärtige Kölner Präsident Holger Pfahls.
Die Befugnis freilich, »nachrichtendienstliche Mittel anzuwenden«, wurde erst am 7. August 1972 in das Gesetz hineingeschrieben. Und mit diesen Mitteln war ja Rotsch – wie andere – schließlich zur Strecke gebracht worden.
In Staatsschutzbehörden und bei Verteidigungspolitikern wurde nach den ersten Vernehmungstagen eine besorgniserregende Zwischenbilanz gezogen: »Militärstrategisch, also auf Rüstung, Waffen, Planung bezogen, hat Manfred Rotsch nicht nur den Ist-Stand verraten, sondern auch die Zukunft.« Forderte CDU-MdB und Mitglied im Verteidigungsausschuß Willy Wimmer: »Wenn Rüstungsbetriebe keine Konsequenzen daraus ziehen, daß schon vor Jahren ein Ingenieur die ›Tornado‹-Triebwerkspläne an die Russen verraten konnte, dann müssen sie eben unter militärische Vormundschaft gestellt werden.«
Vom Ausmaß des Rotsch-Verrats schockiert, bildeten Vertreter des Bundesinnenministeriums, des Wirtschafts- und Verteidigungsministeriums sowie des Forschungsressorts im

Frühjahr 1985 eine Arbeitsgruppe, die erste Konsequenzen aus dem Fall zog. Ihre *Vorschläge zur Verbesserung des Geheimschutzes* gingen als ›Kabinettsache‹ (Aktenzeichen: IS4-620 051-2/3) ans Kanzleramt. Unter Ziffer 2.3 wird empfohlen, schärfere Sicherheitsbestimmungen in der Industrie einzuführen:
»Das sogenannte Schlüsselpersonal, das der höheren Überprüfungsart (Karteiüberprüfung mit Sicherheitsermittlungen) unterliegt, wird in Anlehnung an die Praxis im Behördenbereich neu definiert.« Künftig sollen so erheblich mehr Leute zu diesem »Schlüsselpersonal« mit Zugang zu »streng geheimen«, »geheimen« und »vertraulichen« Unterlagen gehören.
Ebenfalls in Anlehnung an die Behördenpraxis sollen Wiederholungsüberprüfungen im Abstand von fünf Jahren, Karteiüberprüfungen mit Sicherheitsermittlungen alle zehn Jahre stattfinden. Sicherheitsbeauftragten in Industrie und Wirtschaft soll Personalakten-Einsicht gewährt werden. Verfassungsschützer und Sicherheitsbeauftragte müßten enger kooperieren. Das Kabinett nahm die Empfehlungen »zustimmend zur Kenntnis«.

Drei Jahrzehnte lang hatte der Ingenieur sein unheilvolles Werk betrieben. Schon bei Junkers, 20 Jahre vor seiner Enttarnung und Festnahme, war er nach »Überprüfung durch den Bundesminister für Wirtschaft zum Umgang mit Verschlußsachen bis zum VS-Grad ›Geheim‹ ermächtigt« worden. Seither war er nie mehr einem Sicherheits-Check unterworfen gewesen.
Damals hatte die Überprüfung »keine Bedenken« ergeben. Und noch am 28. Juni 1984, als der MBB-Spion bereits observiert wurde, spuckte das bundesdeutsche Geheimdienst-Computersystem NADIS aus: »Keine Hinweise außer Aktenzeichen Karteiüberprüfung 1965.«
Wie konnte also der Fall Rotsch überhaupt passieren? Eine Antwort darauf zeichnete sich in der Sitzung des Verteidi-

gungsausschusses am 4. Oktober 1984 ab, in der eine erste Bilanz der Affäre gezogen wurde – und sie schreckte die Parlamentarier auf. Denn für die Sicherheit und den Geheimschutz in Industrie und Wirtschaft ist das Bundesministerium für Wirtschaft verantwortlich. Wichtigkeit, Zeitpunkt und Ablauf von Sicherheitsüberprüfungen und sicherheitsbegleitenden Maßnahmen in der empfindlichen Rüstungsindustrie werden nämlich nicht von den Experten der Spionageabwehr und -bekämpfung bestimmt, sondern von Juristen, von Volks- oder Betriebswirten.
In einem vertraulichen Arbeitspapier hat das Kölner Bundesamt für Verfassungsschutz festgehalten: Das Referat V/W 7 im BfV, das 1980 auf besonderen Wunsch des Wirtschaftsministeriums eigens für Wiederholungsüberprüfungen eingerichtet worden war, mußte am 7. Oktober 1983 wieder aufgelöst werden. Grund: Vom Wirtschaftsministerium kamen zuwenig Anträge für diese Stelle.
Hohe Beamte des BfV erklärten schon im Herbst 1984 in einer geheimen Sitzung im Bundesministerium des Innern: »Die jüngsten Erfahrungen haben gezeigt, daß die Verantwortung für Sicherheit in der Rüstungsindustrie neu überdacht werden sollte. Diese Aufgaben müssen ihrer Natur nach vom Bundesinnenministerium und damit von den dort für Spionageabwehr und -bekämpfung zuständigen Behörden verantwortlich wahrgenommen werden.« Denn das Bundesinnenministerium ist die nationale Sicherheitsbehörde – nicht das Wirtschaftsministerium.

Zum Innenressort gehört der Verfassungsschutz. Dort sitzen die Profis der Abwehr: Bert Rombach und seine Männer aus der ›Vier‹. Sie waren es, die den Meisterspion Manfred Rotsch zur Strecke brachten.

Kapitel 6

Morgengaben

Es war ein ungleiches Männerpaar, das da am sandigen Ufer des kleinen Sees zwischen hohen Kiefern spazierte: der eine groß, schlank, blond; dick und stämmig der andere, dunklere Typ mit der Brille. »Also, mein Lieber«, sagte der Blonde mit einem leichten Hallenser Klang in der Stimme, »das war ja in der Tat recht interessant, was Sie mir über fälschungssichere Personalausweise erzählt haben. Ganz ehrlich, mein Bester –«, er blickte den Kleineren an, »ich wußte das natürlich schon. Aber ich wollte unser bestes Stück von drüben mal persönlich kennenlernen.«
Der Dicke lachte leise. ›Der spricht fast wie der Genscher‹, dachte er und erwiderte: »Herr Vogel, es war mir ein Vergnügen, dem Leiter des Sektors WT der HVA zu begegnen. Wir brauchen uns nichts vorzumachen.«
General Horst Vogel, im Sommer 1985 54 Jahre alt, blieb stehen. Als Chef der Operativ-Abteilungen XIII bis XV des Sektors »Wissenschaft und Technik« (WT) innerhalb der Hauptverwaltung Aufklärung (HVA) des Ost-Berliner Spionageministeriums MfS interessierte ihn jeder, der sein Wissen über den nachrichtendienstlichen Gegner im Westen wesentlich erweitern konnte. Und dieser Mann, mit dem er spazierenging, konnte das wahrlich. ›Was hat ihn zu uns getrieben‹, sann Vogel, ›wo liegen seine Motive? Ideologische können es nicht sein. Ein simpler Verräter in Kurzschlußreaktion? Und Reaktion worauf?‹
Vogel schaute auf die Dächer des kleinen Ortes Teupitz südöstlich von Berlin, sein Blick ging über den See, ver-

harrte am hohen Drahtzaun, der eine Kolonie geduckter Datschen umgab, wanderte endlich zu seinem Gesprächspartner. »Herr Tiedge«, meinte er, »wir werden uns dennoch beruflich noch öfter über den Weg laufen. Jetzt muß ich Sie erst mal wieder meinen Kollegen von der Sechs überlassen.«

Die »Sechs« ist die Abteilung VI der HVA. Sie untersteht einem Oberst Irmscher. Ihre Aufgabe liegt in der Ausbildung und Einschleusung von MfS-Spionen in die Bundesrepublik.

Doch Irmscher kam erst anderntags. So setzte Hansjoachim Tiedge, der 48jährige Star-Flüchtling aus dem Westen, seine Gespräche mit einem Oberstleutnant der Abteilung IX (Gegenspionage) und einem namenlosen Zivilisten – wohl aus der Personalverwaltung – fort.

»Wir waren gestern beim 14. Mai '79 stehengeblieben«, begann der Offizier. »Wie ging's weiter?«

»Am 15. Mai 1979, einem Dienstag, trat ich meine Arbeit als Referatsleiter IV B 2 unter Gruppenleiter Wörle* an«, erzählte Tiedge. »Mein Aufgabenbereich war Abwehr Politische Spionage.«

Der Offizier unterbrach: »Ab 14. Mai '80 war aber dann Webster Ihr Gruppenleiter?«

Tiedge: »Ja, und im März '81 kam Nachmann.«

»War Hellenbroich damals noch Abteilungsleiter IV?« wollte der Oberstleutnant wissen.

Tiedge verneinte. »Nee, ab März '80 war das Dr. von Hoegen. Bardenhever war damals Vizepräsident . . .«

». . . und Dr. Richard Meier der Präsident«, warf der Zivilist ein.

»Lernen Sie Daten auswendig?« fragte Tiedge lächelnd. »Sie wissen alles, was?«

Wie aus einem Munde sagten die zwei, die ihn befragten:

---

* Der Offizier nannte jeweils Deck- bzw. Klarnamen. Die Namen dieses Dialogs sind verfälscht.

»Wir haben lediglich ein gutes Gedächtnis. So wie Sie, Herr Tiedge. Und da wir inzwischen diesem Urteil über Sie in der Westpresse mit Einschränkungen vertrauen – und weil wir es jetzt selber beurteilen können –, wissen wir, daß Sie ein ganz exzellentes Erinnerungsvermögen haben. Weiter, bitte.«

Zusätzliche Wahrnehmung der Geschäfte des Referatsleiters IV B 6 (Zentralstelle DDR-Nachrichtendienste). Abteilungsleiterwechsel. Kollegenversetzungen, die seine Arbeit berührten. Tiedge erzählte seinen ganzen Lebenslauf, beruflich und privat, redete vom Tod seiner Frau, von Schwierigkeiten mit den Kindern. Sprach über Vorgesetzte achtungsvoll, über andere kritisch. Der Namenlose und der Oberstleutnant hörten zu, fragten, notierten, registrierten. Tonbandgeräte liefen. Es ging seit Tagen so. Es würde Monate so weitergehen, Tiedge rechnete mit zwei Jahren weiterer Befragungen. Russen vom KGB würden hinzustoßen, Kollegen aus Polen, vom tschechoslowakischen Geheimdienst StB. Er würde alles erzählen, was er wußte. Alles. Und es war ihm klar, welchen Schaden er damit anrichtete. Hansjoachim Tiedge löste den sensationellsten Abwehrskandal in der Geschichte der Bundesrepublik aus, seit 1963 im BND der Leiter der »Gegenspionage Sowjetunion‹ als Kreml-Agent entlarvt worden war.

Der ehemalige Präsident des BfV Dr. Richard Meier befürchtete nach dem Überwechseln des hochrangigen Spionenjägers Tiedge im August 1985, daß die Kölner Spionageabwehr Jahre brauchen wird, um sich nach dem Frontwechsel dieses Spitzenbeamten in die DDR neu zu organisieren. Meier: »Die wirkliche Gefahr besteht darin, daß er unser Vorgehen verraten kann, unsere Methoden, wie wir arbeiten. Und die Reorganisation wird einige Jahre dauern.«

Damit liegt der gediente Abwehrprofi wohl richtig. In einem Punkt aber irrte Meier: Tiedge könne vermutlich keine Agenten der Bundesrepublik in der DDR in Gefahr

bringen, da er ihre Identität nicht kenne, sagte er noch im August gleich nach der Tiedge-Flucht.
Da hatte aber Tiedge die brisanteste seiner Morgengaben, die ihn in Ost-Berlin zum Star machten, schon abgeliefert – den Namen von einem der effizientesten Agenten, die in den letzten Jahren für das BfV in der DDR saßen: ein Mann aus Cottbus in Mitteldeutschland, ein Mittvierziger, seine Frau Ende dreißig. Seit neun Jahren hatte er für die Bundesrepublik gearbeitet; 1976 hatte er sich unter dem späteren BfV-Präsidenten Heribert Hellenbroich, damals noch Abwehr-Chef, selbst angeboten. Er erhielt den Decknamen »Schneider”.
Er berichtete dem Verfassungsschutz direkt aus dem Zentrum der Macht in Pankow. Der Mann war ein hoher Kultusfunktionär der kommunistischen SED. Regelmäßig lieferte er Interna aus den engsten Parteizirkeln und aus der Regierung nach Köln. Von Mitgliedern des Bonner parlamentarischen Untersuchungsausschusses zum Fall Tiedge verlautete: »Die engen persönlichen Kontakte zu Honecker machten ihn zu einer unschätzbaren Quelle für uns. Die Frau saß sozusagen im Wohnzimmer Honeckers –.« Sie war jahrelang eine vertraute Freundin der Honecker-Ehefrau Margot, Ministerin für Volksbildung.
Damit hatte auch die DDR ihren Guillaume. Und weil der Agent zugleich Mitarbeiter des MfS war, konnte er als Doppelagent bis zu Tiedges Flucht unentdeckt bleiben.
Die MfS-Tätigkeit und der hohe Funktionärsstatus erlaubten dem Paar durchschnittlich zwei Westreisen jährlich. Tiedge, der den Mann führte, traf ihn des öfteren selbst in verschiedenen Großstädten der Bundesrepublik. Die ganze Operation lief unter dem Tarnnamen »Schneiderwerkstatt«.

Tiedge, das As – was für ein Mensch ist so einer? Der Regierungsdirektor Hansjoachim Tiedge ist ein Mann mit zwei Gesichtern. Das eine, offizielle paßt zu dem hohen Beamten im Kölner Bundesamt für Verfassungsschutz.

Fachlich angesehen, mit einem beneidenswerten Gedächtnis für Namen, Daten, Fakten, Zahlen, Vorgänge gesegnet. Ruhig bei Streß, mit Ideen, ein engagierter Vorgesetzter in der Abteilung IV, der Abwehr, des Hauses. Einer, den man auf Zusammenkünften von Profis der internationalen Geheimdienstszene gut vorzeigen konnte.

Seit August sitzt der Regierungsdirektor Tiedge in Ost-Berlin. Und seither enthüllt sich seine andere Persönlichkeit. Die eines Alkoholikers, dem die Töchter entglitten, der Haus und Garten verkommen ließ. Der sich in Kneipen betrank, wo jeder ihn kannte und wußte, welch ein hohes Tier dieser Mann war, der sich locker 20 Pils und dazu noch etliche Aquavits genehmigte.

So stellt sich der Mensch Hansjoachim Tiedge dar. Der Sohn eines Bankangestellten stammt aus Berlin. 1957 machte er in Frankfurt sein Abitur, studierte Jura, bestand 1966 das große juristische Staatsexamen. In dieses Jahr fallen zwei entscheidende Stationen seines bis dahin eher kleinen Lebens: 1966 heiratete er Ute, eine Lehrerin, und trat in die Dienste des Kölner Amtes.

Der damalige BfV-Präsident Hubert Schrübbers lobte den jungen Mann in sein Haus: »Juristen«, sagte er, »können alles.« Dieses Urteil war die beste Basis für eine ordentliche Karriere. Erinnert sich der damalige Vize Werner Smoydzin an diese Zeit: »Assessoren liefen bei Schrübbers einfach so durch« – ohne Eignungstest und -prüfung.

Tiedge begann am 15. September 1966 in der Abwehrabteilung, die in einem unscheinbaren Bürohaus, 15 Autominuten vom Hauptquartier in der Barthelstraße 75, arbeitet. Sein Büro lag in der 5. Etage des sechsstöckigen elektronisch gesicherten Gebäudes.

Als Dr. Richard Meier 1976 vom BND ins Kölner Amt als Präsident zurückkehrte, versetzte er Tiedge (Deckname Tappert) in die Abteilung V (Geheimschutz). Tiedge blieb dort bis 1979 und glänzte durch Expertisen: So im Fall des Sowjet-Überläufers Jewgenij Runge, mit dem ihm der CIA

Hans-Joachim Tiedge

eine Begegnung in den USA vermittelte. Er lernte Schwächen und Stärken des Gegners kennen und erkennen – aber auch die des eigenen Hauses. Dennoch: Meier mochte ihn nicht.

Inzwischen war die Tiedge-Familie um drei Töchter gewachsen. 1971 hatte sich der Verfassungsschützer in Köln-Neubrück einen kleinen Bungalow für 130 000 Mark gekauft (der heute mit 220 000 Mark belastet ist). Er galt was, als er in die wichtigste Abteilung des Amtes, ›die römisch Vier‹ der Abwehr, zurückkehrte. Bald war er bekannt für seine Art zu arbeiten: Er bevorzugte die »reaktive Abwehr«, die schlagartige Gegenmaßnahme, stürzte sich auf operativen Außendienst: möglichst dicht am Gegner, ständig unterwegs. Er wußte immer alles – und bereitwillig wurde ihm auch immer alles gesagt, was lief. »Die rein methodische Abwehr war nicht sein Stil«, erzählte ein Kollege. »Aber er hatte Erfolge, weil er sich auch später als Gruppenleiter für nichts zu schade war.«

So ein Gruppenleiter ist ein mächtiger Mann im BfV, besonders in der Abteilung IV. Eine Gruppe hat über 100 Mitarbeiter, Observationsteams nicht mitgerechnet. Sie ist bei der Abwehr als »Gruppe Nachrichtendienste DDR« in vier Referate unterteilt: Politik; Militär und Wirtschaft; Analyse (auch: Regime-Kenntnisse); Zuwanderer. Informationen bezieht ein Gruppenleiter – so eben auch Tiedge – immer ganz direkt und sozusagen live.

Da Tiedge schon 1967 in den operativen Bereich der DDR-Gruppe gekommen war, brachte er ausgiebig Erfahrung mit, als er (nach dem Abstecher in den Geheimschutz zwischen 1976 und 1979) endlich im Januar 1982 selber Gruppenleiter unter Amtschef Meier, dessen Vize Heribert Hellenbroich und Abwehr-Abteilungsleiter Werner Müller wurde.

Er kannte beinahe alles und fast jeden in diesem großen Haus. Er wußte um die Strukturen, die Hierarchien. Er rechnete sich als operativ arbeitender Spionenjäger und Fallführer zur Elite der Geheimdienstprofis.

Klar, daß dieser Profi auch das brisanteste Stück Technik im Haus kannte: NADIS, das Nachrichtendienstliche Informationssystem, die Computer-Datenbank-Anlage des BfV.

Was MfS und andere Geheimdienste der Warschauer-Pakt-Staaten darüber noch nicht wußten – seit Tiedges Auftauchen in Ost-Berlin wissen sie es. Im operativen Bereich der DDR-Gruppe bei der Abwehr, zu der Tiedge gestoßen war, profitierte er ständig von diesen Computererkenntnissen und -analysen.

Unterdessen hatte der Niedergang des Menschen Hansjoachim Tiedge längst begonnen: er trank. Sein Hang, beinahe hündisch die Gunst von Vorgesetzten zu suchen, war nicht selten grotesk. Für Meier-Vorgänger Günter Nollau fuhr der geschätzte Experte Tiedge auch schon mal – zwischen zwei Einsatzfahrten – einen Eimer selbstgemachte Marmelade zur Präsidenten-Tochter. Beim kühlen Meier lief so was nicht.

Ein letzter großer Schicksalsschlag mußte die Wende zum Bösen im privaten und beruflichen Leben des Regierungsdirektors vollendet haben: Seine Frau Ute fiel einem mysteriösen Haushaltsunfall zum Opfer. Sie sei am 16. Juli 1982 beim Putzen im Bad von unten mit dem Hinterkopf gegen das Waschbecken gestoßen, klagte Tiedge. Doch er war betrunken, und so ließ er sie erst mal liegen. Als sie endlich ins Krankenhaus gebracht wurde, starb sie.

Kollegen Tiedges fanden bei einer Sicherheitsermittlung 1983 heraus: Ute Tiedge hatte ebenfalls getrunken. Es hatte auch immer wieder Prügeleien zwischen den Ehepartnern gegeben. Vor allem aber: Niemand traute Nicht-Hausfrau-Tiedge zu, daß sie geputzt habe, am wenigsten im Bad.

Seit langem schon hatten die Nachbarn im BfV gegen das Treiben bei Tiedges protestiert. Die Töchter – Martina, im Sommer ’85 eben 15, Claudia (17) Andrea (18) – gingen eigene Wege.

Nicht anders der Vater. Seine Lieblingskneipen Merheimer Hof, Im Heidestüffge und Jägerhof wurden wechselweise zum zweiten Zuhause. War er blank, liehen ihm die Wirte was (im Merheimer Hof mußte er sich wegen 1100 Mark Schulden peinlich mahnen lassen).
Die Vorgesetzten begannen in ihm ein Sicherheitsrisiko zu sehen.
Der Personalchef des Bundesamtes für Verfassungsschutz, Christoph Grünig, hatte jedoch nach eigenen Angaben nichts von Sicherheitsbedenken gegen Hansjoachim Tiedge gewußt. Vor dem Spionageausschuß des Bundestages begründete Grünig, der seit 19 Jahren für Personalfragen zuständig ist, dies am 17. Januar 1986 damit, daß die Amtsführung – Präsident Heribert Hellenbroich und Vizepräsident Stefan Pelny – solche Bedenken erst dann an die von ihm geleitete Zentralabteilung weitergibt, wenn sie sich diese zu eigen gemacht hat. Das zuständige Sicherheitsreferat, das über solche Fragen wacht, unterstehe der Leitung des Verfassungsschutzamtes unmittelbar.
Obwohl ihm mehrere SPD-Abgeordnete im Zweiten Untersuchungsausschuß vorhielten, in Köln hätten es die Spatzen von den Dächern gepfiffen, daß Tiedge trank, und dies sei in der Behörde ein »offenes Geheimnis« gewesen, versicherte Grünig, vor dem Verschwinden Tiedges weder dienstlich noch außerdienstlich Hinweise auf einen Alkoholmißbrauch oder auf Schulden erhalten zu haben. Von Alkoholproblemen sei ihm vor dem 20. August 1985, als im Verfassungsschutzamt befürchtet worden sei, »daß der Beamte uns verlassen hat«, auch nicht durch Gerüchte etwas zu Ohren gekommen. Der Entzug des Führerscheins von Tiedge sei der Behörde von der zuständigen Staatsanwaltschaft nicht mitgeteilt worden.
Grünig berichtete weiter von drei Pfändungs- und Überweisungsbeschlüssen mit Forderungen an Tiedge in einem Gesamtwert von rund 600 Mark, die der Zentralabteilung im Laufe des August 1985 zugegangen seien. Diese Größenord-

nung habe nicht auf finanzielle Schwierigkeiten, sondern eher auf eine »gewisse Saumseligkeit« hingedeutet. Grünig sagte, es sei üblich, daß Pfändungsbeschlüsse »laufend kommen«. Dies sei keine Spezialität des Verfassungsschutzamtes, sondern spiele sich auch bei anderen Ämtern ab. Solche Forderungen würden Teil der Personalakten.

Abwehrchef Dr. Bert Rombach wollte ihn weg haben, versetzen, stillegen. Präsident Hellenbroich sperrte sich. »Ich würde bei einem vergleichbaren Sachverhalt jederzeit wieder so entscheiden. Bei einem Geheimdienst ist es nun mal leider so, daß die gesamten Sachzusammenhänge nicht öffentlich auf den Tisch gelegt werden können«, erklärte Hellenbroich sein Handeln in einer ARD-Fernseh-Diskussion mit dem Autor. Auch Rombachs Vorgänger, Dr. Rudolf von Hoegen, heute Vize des Militärischen Abschirm-Dienstes (MAD), hatte starke Bedenken gegen Tiedge angemeldet.

Inzwischen liegen Motive der Hellenbroichschen Handlungsweise nahe (und der für Nachrichtendienste zuständigen Parlamentarischen Kontroll-Kommission PKK sind sie seit langem bekannt): Tiedge, der hochverschuldete Trinker, Tiedge, das Sicherheitsrisiko, mußte im Amt gehalten werden, weil er in einer Kurzschlußhandlung den Agenten im Dunstkreis Honeckers hätte auffliegen lassen können. Für Ende 1985 nämlich war geplant, ihn mit seiner Frau – die gleichfalls immer schon in den Westen wollte – aus der DDR in die Bundesrepublik zu holen. Ihre Versorgung, ihr Auskommen, ihre Legenden, ihre neue Existenz – alles war bereits geregelt. Nach gelungener Ausschleusung hätte auch Tiedge – von dessen Eskapaden der neue Kölner Amtschef Holger Pfahls kurz nach Amtsübernahme durch den Abwehr-Abteilungsleiter Rombach informiert worden war – versetzt werden können.

Dem hatte übrigens eine Erbtante im Lauf der Jahre 150 000 Mark zugesteckt – Tiedges Briefmarkensammlung war ein kostspieliges Hobby –, hatten sich doch über 30 000 Mark

Schulden angesammelt. 2500 Mark netto blieben ihm monatlich (von 4900 Gehalt netto). 2400 Mark mußte er an Hypothekenzinsen zahlen. Es reichte nicht. Dem Regierungsdirektor wurde zuletzt das Telefon gesperrt. Er blieb die Hundesteuer schuldig.

Wurde er in dieser Phase vom Ost-Berliner Ministerium für Staatssicherheit erpreßt? War er mit dem düsteren Tod seiner Frau schon früher genötigt worden?

Der Hamburger Verfassungsschutzchef Christian Lochte hat Zweifel daran geäußert, daß der Abwehrbeamte Hansjoachim Tiedge während seiner Amtszeit als Spion für den Osten tätig war. In einem Interview sagte Lochte, Tiedge habe noch im Jahre 1981 maßgeblich an einer Abwehroperation in Hamburg gearbeitet, die bei einer versuchten Anwerbung zur Festnahme eines Agenten des sowjetischen Geheimdienstes KGB geführt habe. Damals, so folgerte Lochte, könne Tiedge wohl kaum ein Spion gewesen sein.

Also war der Abwehrbeamte doch kein ›Maulwurf‹? Sicher ist: In seinem Job ließ Tiedge nicht locker. »Operativ arbeiten«, trieb er sich selber an. »Fälle 'machen'!« Ein attraktiver Mann für einen gegnerischen Nachrichtendienst wie das MfS. Auf Empfängen seiner eigenen ›Szene‹ war er ein selbstbewußt und sicher auftretender Gast, der kaum trank, manierlich speiste (während er privat wie ein Vielfraß schlang).

Noch vor seinem Verrat traf er bei einem Abschiedsempfang für den Bonner Verbindungsoffizier eines französischen Geheimdienstes mit den Chefs des CIA sowie der britischen Dienste MI-5 und MI-6 zusammen. Fasziniert lauschten Kollegen von der Konkurrenz, wenn er berichtete: »So habe ich Atomspion Reiner Fülle und andere aus der DDR zurück in den Westen geschleust!« – eine streng geheime und teure BND-Route, die nun wohl nie mehr angewendet werden kann. (Immerhin konnten noch Ende August 1985 BND und BfV in Rückrufaktionen eine erhebliche Anzahl von Mitarbeitern aus der DDR lotsen.)

Das Ende der Existenz des Verfassungsschützers Tiedge kam plötzlich. Schon am Freitag, den 16. August 1985, war er nicht zum Dienst erschienen. Mitarbeiter hörten von den Töchtern: »Wir wissen auch nicht, wo der Papa ist.« In den Kneipen war er nicht, das ließ sich rasch ermitteln. Hatte er einen Treff mit einem Mann vom MfS? Am Montag, den 19. August, gab er ein letztes Zeichen an sein Amt: Er meldete sich bei seiner Sekretärin krank. Zugleich brach jeder Kontakt zwischen BfV und »Schneiders« ab.

Inzwischen steht fest: Der ›Kranke‹ (er litt an schwerer Diabetes, an Kreislaufbeschwerden, erhöhtem Blutdruck und Fettleibigkeit) hockte am Vortag noch bis nachmittags beim Skat im Merheimer Hof. Vom Wirt lieh er sich 200 Mark, dann ließ er sich »in normal betrunkenem Zustand« (Aussage des Taxifahrers, der seinen Gast kannte) von Neubrück zu einer Straßenbahnhaltestelle fahren. Hier, um 16.40 Uhr, verlor sich vorerst seine Spur. Staatsschützer fanden ihn auch nicht auf den Passagierlisten einer der Luftlinien, die nach West-Berlin fliegen. Sie prüften erfolglos alle Verbindungswege nach Ost-Berlin. Der Profi hatte jede Fährte verwischt.

»Selbstmord«! raunten die Kollegen. »Abwesenheit im Suff« unkten Zyniker. Als endlich am 23. August vormittags aus der DDR die Meldung kam: »BRD-Abwehrchef Tiedge bittet um Asyl«, wirkte diese Nachricht nach einer Woche Spionagepanik in Bonn wie eine Explosion.

Kaum war der Abwehr-Gruppenleiter in Ost-Berlin aufgetaucht, begann in der völlig verstörten Bundeshauptstadt neben reichlich späten Ansätzen zu einer ersten Schadensbegrenzung das entnervende Raten: Hatte Tiedge sein Doppelspiel schon länger getrieben? Verzweifelt sammelten die Staatsschützer Indizien dagegen. Da tickerte eine neue Agentur-Meldung aus Ost-Berlin in die Redaktionen: »Von Anfang 1984 bis Juni 1985 wurden in der DDR 168

Spione aus der BRD festgenommen!« druckten Ost-Zeitungen am 23. August auf ihren Titelseiten.
Die Meldung kann ein Signal nach Köln gewesen sein: 'Wir haben noch mehr im Visier!' – so »Schneider«, den das der geflüchtete Verfassungsschützer ans Messer geliefert hatte. Er muß bei Veröffentlichung der Ost-Berliner Nachrichtenagenturmeldung bereits enttarnt und observiert worden sein.
Die hohe Zahl paßt exakt zu Erkenntnissen, wonach der Aufklärungsjob des BfV und des BND in der DDR in den letzten Jahren ständig gefährlicher wurde – es flogen mehr Mitarbeiter als früher auf, und Aufklärungs- sowie Abwehrerfolge waren längst nicht mehr so üppig wie noch Ende der siebziger Jahre.
Scheinbar logische Folge: Wenn der Kopf der Abwehr gegen die DDR, Tiedge, bei der Enttarnung von Westagenten hinter dem Eisernen Vorhang seine Hand im Spiel hatte, dann könnte auch nur er die während der letzten vier Wochen verschwundenen DDR-Spionagesekretärinnen Lüneburg und Richter sowie den Bundeswehrboten Betzing gewarnt und zur Flucht in die DDR angehalten haben. Oder war es eine Rückruf-Aktion/Ost?
Jedoch wurde inzwischen bekannt, daß »Schneider«, der auch die Vertriebenen-Sekretärin Ursula Richter und ihren Freund Lorenz Betzing noch als MfS/BfV-Doppelagent geführt hatte, ihnen ihre Flucht in die DDR durch eine Warnung ermöglichte (von der er freilich das BfV informierte).
Denn neben seinen Vorgesetzten war Hansjoachim Tiedge der einzige, der – gleichfalls von »Schneider« aus der DDR informiert – wußte, daß eben die Sekretärin im Bund der Vertriebenen, Else Ursula Richter (52), für Ost-Berlin arbeitete. Zwei Jahre lang wurde sie überwacht, um ihre Kontaktleute zu erkennen. Die Quelle in Ost-Berlin – also das DDR-Ehepaar – mußte unbedingt geschützt werden. Tiedge jedenfalls war nicht der Warner.

Dann war ihm aber nicht nur die Gefahr für sie bewußt. Dann kann er auch nicht die Daten zur Legende – dem gefälschten Lebenslauf mit echtem Hintergrund, der ersten Überprüfungen standhält – der Frau gekannt haben. Diese Legende forschten Staatsschützer erst nach dem Abtauchen von zwei weiteren Ostagentinnen aus:
Die Chefsekretärin des Bundeswirtschaftsministers Martin Bangemann, Sonja Lüneburg (60), war mit den Personalien der Berliner Friseuse Sonja Lydia Lüneburg, geborene Goesch, 1967 in der Bundesrepublik aufgetaucht und hatte ihre verhängnisvolle Karriere in der FDP und schließlich sogar als Chefsekretärin des Bundeswirtschaftsministers gemacht.

Ähnlich war die Einschleusung der MfS-Agentin Ursula Richter (52) im Jahr 1964 verlaufen, die ihren Weg bis in die Zentrale des Bundes der Vertriebenen als Sekretärin ging. Bis sie sich dann nach Tiedges Verschwinden – trotz Behinderung durch Beinprothese, was ihr Entkommen besonders peinlich für ihre Jäger machte – hinter den Eisernen Vorhang absetzen konnte.
Doch seit Beginn der Diskussion um fälschungssichere Personalausweise und schon vor Tiedges Flucht hatte das MfS erkannt, daß sein ›Schleusen‹-System und die Versorgung von Spionen mit Falschdokumenten künftig unter erschwerten Bedingungen funktionieren müßten. Prompt registrierte Bonns Staatsschutz, daß auch die Bundesdruckerei in West-Berlin Zielobjekt gegnerischer Angriffe und Aufklärung wurde. Ein Bericht des Bundesamtes für Verfassungsschutz:

> »Grund hierfür ist, daß totalgefälschte bundesdeutsche Identitätspapiere ein wichtiges Hilfsmittel im Führungs- und Verbindungswesen gegnerischer Nachrichtendienste darstellen. Ohne die Kenntnis der chemischen Beschaffenheit des neuen Ausweismaterials, der Drucktechnik und anderer technischer Details müßten sie deshalb bei Einführung der neuen Ausweise nachhaltige Störungen

der nachrichtendienstlichen Verbindungsaufnahme in Kauf nehmen. Seit geraumer Zeit bemühen sich deshalb gegnerische Nachrichtendienste, Bedienstete der Bundesdruckerei, bei denen ungeachtet ihrer tatsächlichen Funktion ein qualifizierter Zugang vermutet wird, anzubahnen.«

In diesem Zusammenhang interessiert einfach alles – und Tiedges WT-Gesprächspartner General Vogel war nicht von ungefähr so gut informiert: Im Zusammenhang mit der im Juni 1984 erfolgten Festnahme eines Beamten einer oberen Bundesbehörde wurde bereits bekannt, daß dem MfS mehrere Veröffentlichungen des Bundesministers des Innern zu dem Thema »Fälschungssicherer Personalausweis« sowie eine Broschüre über ein Ausweislesegerät geliefert worden war.
Die Öffentlichkeit war also Spionen-Fluchten beinahe schon gewohnt, als der Freund Ursula Richters in die Versenkung ging: Lorenz Betzing (54), Bote im Verwaltungsamt der Bundeswehr (Abteilung ZA 1/6; Gehalt 2500 Mark) in Bonn, mit Sicherheitsstufe I. Früher hat er als Monteur einer Fahrstuhlfirma im Bundeshaus gearbeitet, im Konrad-Adenauer-Haus und im Regierungsbunker für Ernstfälle an der Ahr. Von 1970 bis 1977 war er polizeilich bei Frau Richter gemeldet. Und er ging einem interessanten Nebenerwerb nach: Betzing betrieb eine Auskunftei. Sie erlaubte unauffällige Recherchen, deckte Neugier ab. Im großen Abtauchen verschwand auch er.
Tiedge kennt die Fälle. »Der weiß alles, alles!« stöhnte ein Beamter aus dem engeren Zirkel um Bundesinnenminister Friedrich Zimmermann. Tiedges Wissen in Umrissen:

- Namen, Adressen, Reiselegenden aller V-Leute in der Bundesrepublik, die gegen die DDR arbeiten (Reisende; Kaufleute mit Ostkontakten; Mitglieder in gesamtdeutschen Organisationen).

- Alle BfV-Residenten, umgedrehte Doppelagenten und V-Leute in der DDR, dazu ihre Lebensumstände, Aufenthaltsorte.
- Alle Büros und konspirativen Wohnungen, die das BfV sowie die Landesämter für Verfassungsschutz in der Bundesrepublik unterhalten; außerdem alle getarnten Filialbüros.
- Alle geheimen Telefonnummern und Fernschreibnummern sowie Verschlüsselungssysteme (Telefon- und Notizbuch nahm Tiedge mit).
- Alle Orte geheimer Treffs in der Bundesrepublik und in der DDR: Lokale, Parks, Museen, Zoos.
- Alle sechs Rasterfahndungs-Methoden, die es beim BfV gibt.
- Das System der ›Flugplatzbeobachtung‹: Merkmale, nach denen Spionage-Verdächtige auf Flughäfen erkannt, beschattet und am Zielort ›weitergereicht‹ werden.
- Klar- und Decknamen, Lebensumstände, Wohnorte, Gewohnheiten aller Observanten und operativ tätigen Mitarbeiter seiner Abteilung IV sowie vieler Kollegen anderer Abteilungen.
- Alle nachrichtendienstlichen Mittel, die neuesten Techniken (obwohl Kollegen ihm vorwarfen, daß er sich nicht um Neuheiten kümmere), er kennt die Stellen, an denen sie legal eingesetzt werden, ohne daß es der Öffentlichkeit bekannt wird.
- Alle G-10-Maßnahmen zur Überwachung des Post- und Telefonverkehrs von Spionage-Verdächtigen.
- Alle Kennzeichen der Dienst- und Observationsfahrzeuge des BfV, wo sie zugelassen sind und werden, welche Typen.
- Alle Meldeämter, mit denen Decknamen-Ausweise abgesprochen werden.

Und was Tiedge zur Zeitbombe macht: Er kann jeden Bundesbürger von Ost-Berlin aus wahllos der Spionage für das MfS verdächtigen und durch die damit ausgelösten

Ermittlungsverfahren wahllos – oder gezielt! – Karrieren zerstören.
Die Folgen sind katastrophal, die Konsequenzen auf politischem und nachrichtendienstlichem Gebiet nicht absehbar. Nachrichtendienstlich bedeutet das: Tausende von Fällen, die der Verräter in 19 Jahren bearbeitete, müssen rückwärts aufgerollt werden. Jedes Blatt Papier, das seine Unterschrift, seine Kürzel trägt, ist auf Schwachstellen aufzuklopfen. Hunderte von Mitarbeitern des Verfassungsschutzes sind ›verbrannt‹, können nicht mehr im Außendienst arbeiten, dürfen nicht mehr hoffen, unerkannt im Auto durch die DDR nach Berlin zu fahren. Organisationsstrukturen des Amtes müssen grundlegend verändert, Mitarbeiter versetzt, Posten verschoben werden. Das Verhältnis zu befreundeten Diensten ist empfindlich gestört, Vertrauen verspielt.

Als erste Konsequenz aus den Spionagefällen kündigte der Parlamentarische Staatssekretär im Bundesinnenministerium, Carl-Dieter Spranger, schärfere Sicherheitsrichtlinien an. Der CSU-Politiker: »Bei der Novellierung des Verfassungsschutzgesetzes wird das Verfahren der Sicherheitsüberprüfung gestrafft und verschärft. Dann können alle Anhaltspunkte für Spionage intensiv verfolgt werden, unter anderem durch Überprüfung der Melderegister.« Er räumte indes ein, daß es keinen »absoluten Schutz« gegen Spionage in Schlüsselpositionen gebe.
Dramatische Folgen aber auch in der Politik. Trat die Opposition im Fall der Bangeman-Sekretärin Sonja Lüneburg noch leise, so war sie nun geradezu verpflichtet, aufzustampfen. Sie mußte Köpfe fordern – und es rollten Köpfe. Heribert Hellenbroich, als neuer Mann an der Spitze des BND in Pullach eben erst eingeführt, strauchelte über seine jüngste, eben noch so glanzvoll erscheinende Vergangenheit. (Ein hoher Beamter aus dem Bundeskanzleramt machte freilich den Verfasser noch in der letzten Augustwoche 1985 vorsorglich auf unerwünschte Konsequenzen eines Hellen-

broich-Sturzes aufmerksam: »Irgendein Rücktritt wäre jetzt nur ein weiterer Skalp für den Osten.«)

Doch der Skalp wurde geliefert, und die Umstände dieses Offizier-Opfers im Bonner Polit-Schach mit lebenden Figuren sind umstritten:

Bonn, Donnerstag der 29. August 1985, 16 Uhr. Der Staatssekretär im Bundeskanzleramt, Professor Waldemar Schrekkenberger, überreichte dem Präsidenten des Bundesnachrichtendienstes (BND) Heribert Hellenbroich die Urkunde, mit der der BND-Chef in den einstweiligen Ruhestand versetzt wird. Ein Händedruck, ein paar unverbindliche Worte.

Der Dienstwagen des BND, ein Audi 100, bringt den Ex-Präsidenten heim nach Thenhoven bei Köln in die Bruchstraße 11.

Zwei Stunden später saß der Autor mit seinem Kollegen, dem Bonner *Quick*-Korrespondenten Paul Limbach, dem frischen 48jährigen Frühpensionär Hellenbroich im Wohnzimmer seines Hauses gegenüber. An den Wänden hängen wertvolle alte Geigen, Chagall-Lithographien, das Blatt einer alten Partitur. Der Hausherr trug noch den hellgrauen Sommeranzug, in dem er bei Schreckenberger war (»Dunkelblau wäre ja wohl unangemessen gewesen«, sagte er); die Wollkrawatte baumelte über der Lehne eines Stuhls.

Hellenbroich trank einen herzhaften Schluck Bier aus dem Steinkrug. Als Beamter, sagte er, nehme er die Entscheidung des Bundeskanzlers hin. »Aber ich billige sie nicht.« Zweieinviertel Jahre war er Präsident des Bundesamtes für Verfassungsschutz (BfV) in Köln, knapp vier Wochen lang Chef des BND. Er fühlte sich jetzt gleichwohl nicht »der Politik geopfert«. Doch der innere Zwang, über die wahren Hintergründe seiner Entlassung und der Umstände, die dazu führten, schweigen zu müssen, war in diesen Augenblicken beinahe körperlich greifbar.

Während wir sprachen, läutete immer wieder das Telefon. »Nein«, sagte dann Ehefrau Gisela,« jetzt bitte nicht. Er ruft

Heribert Hellenbroich

zurück. Ja, er fühlt sich okay.« Kollegen und Nachbarn brachten Blumen vorbei. Der scharfe schwarze Rottweiler Cello meldete jeden am Gartentor mit Gebell.
Tagesschau. Gleich zu Beginn sagte ARD-Sprecher Werner Veigel: »Der Präsident des Bundesnachrichtendienstes, Heribert Hellenbroich, wurde heute in den einstweiligen Ruhestand versetzt . . .« Sohn Markus (14) hockte fast gelangweilt am Tisch. Die anmutige Tochter Sabina (20) schaute still durch die Tür. Der Älteste, Mathematikstudent Stefan (22), war nicht zu Hause.
Links oben auf dem Bildschirm erschien ein Hellenbroich-Foto, daneben das seines designierten Nachfolgers im Pullacher Amt, Hans-Georg Wieck. Die Familie schwieg.
Was immer in diesen ersten Stunden und Tagen nach dem Sturz des Mächtigen über ihn gesagt und geschrieben wurde – es las sich wie ein Nachruf, klang nekrolog, obwohl er für die Profis in seinem Gewerbe längst nicht ›gestorben‹ war.
In diesem Gewerbe der geheimen Nachrichtendienste hatte Heribert Hellenbroich zusammen mit dem Vorgänger Richard Meier das BfV zum schlagkräftigsten Instrument unserer Sicherheitsbehörden entwickelt. Bevor er 1981 Vize und 1983 Präsident des Amtes wurde, war er selber auch noch als Leiter jener Abteilung IV, aus der Tiedge in die DDR entschwand, operativ gewesen. Er gehörte mit Meier zu den Vätern der gefürchteten Rasterfahndung-Systeme. Darin verfingen sich seit 1976 über 400 rote Spione.
Die Behörde genoß Ansehen. Aber es fördert Arbeitsfreude und Renommee nicht eben, wenn dieses Amt seit seiner Gründung 1952 von immer neuen Skandalen erschüttert wird – und immer fanden sie ganz oben statt:

- 1954: Präsident Dr. Otto John tauchte als Überläufer in Ost-Berlin auf. Er war zwei Jahre BfV-Chef. Ein gutes Jahr später kehrte er zurück – vier Jahre Haft.
- 1972: Präsident Hubert Schrübbers stolperte über Enthüllungen aus seiner Nazi-Vergangenheit und mußte zurücktreten. Er war immerhin 17 Jahre lang im Amt.

- 1975: Präsident Günther Nollau wurden Versäumnisse in der Affäre um Kanzler-Spion Guillaume angelastet – Rücktritt. Er stand drei Jahre an der Spitze des BfV.
- 1982: Präsident Dr. Richard Meier verursachte einen schweren Autounfall in Österreich, bei dem seine Begleiterin starb. Er war sieben Jahre BfV-Chef, als Innenminister Friedrich Zimmermann ihn schaßte.
- 1985: Heribert Hellenbroich, kaum vier Wochen neuer Präsident des Bundesnachrichtendienstes (BND) in Pullach bei München und zuvor zwei Jahre, zwei Monate und 15 Tage lang BfV-Präsident, wurde aus den bekannten aktuellen Gründen in den einstweiligen Ruhestand versetzt.

Kein halbes Jahr später, unter dem Eindruck der ›Morgengabe‹-Tragödie des durch Tiedge enttarnten Doppelagenten in der DDR, meinte der ehemalige Bundesinnenminister und BfV-Dienstherr Gerhart Baum: »Wäre Hellenbroich in Köln geblieben, hätte Tiedge seine wichtigste Bezugsperson nicht verloren. Die Kurzschlußreaktion, die zum Überlauf geführt hatte, wäre wohl nicht eingetreten. Ich habe es auch nicht für notwendig angesehen, Herrn Hellenbroich wegen seines Verhaltens im Fall Tiedge – auch wenn er Fehler gemacht hat – zu entlassen.«

Das sah nicht nur Zimmermann enger. Bonns regierende Politiker glaubten, mit der Entlassung Hellenbroichs die Affäre um den nach Ost-Berlin übergelaufenen Hansjoachim Tiedge beendet zu haben. Doch so einfach war das nicht. Entweder hatte Innenminister Friedrich Zimmermann zweieinviertel Jahre lang mit Hellenbroich einen unprofessionellen Versager im Amt des BfV gehalten – dann lag das politische Verschulden bei ihm als Dienstherrn. Oder er ließ einen Spitzenbeamten die politische Verantwortung für eine eigenwillige, riskante und letztlich falsche Einzelentscheidung tragen: die Entscheidung, den hochverschuldeten Alkoholiker Tiedge – ein klares Sicherheitsrisiko – im Amt zu halten.

Die Opposition forderte Zimmermanns Rücktritt. Sie warf ihm vor, er habe in seiner dreijährigen Amtszeit als Minister Hellenbroich nur ein einziges Mal die Chance zu einem Gespräch unter vier Augen gegeben. Er habe Fürsorge- und Aufsichtspflicht gleichermaßen verletzt. Zimmermann aber mochte sich nicht äußern, redete nur vor den Mitgliedern der PKK – so: »Was die personellen Konsequenzen angeht, so haben Sie gesehen, daß der Herr Bundespräsident auf Vorschlag des Herrn Bundeskanzlers den kürzlich ernannten Präsidenten des Bundesnachrichtendienstes in den einstweiligen Ruhestand versetzt hat. Präsident Hellenbroich trägt die Verantwortung als ehemaliger Amtschef des BfV für amtsinterne Entscheidungen im Fall Tiedge. Entscheidungen, die er in eigener Abwägung getroffen hat. Wie der Herr Bundeskanzler bei dieser Gelegenheit öffentlich hat mitteilen lassen, schmälert dies nicht die Verdienste, die Präsident Hellenbroich sich in langjähriger Tätigkeit erworben hat.«

Und: »Zu weiteren personellen Konsequenzen in meinem Zuständigkeitsbereich habe ich bisher keine Veranlassung gesehen, da Präsident Hellenbroich die volle Verantwortung für die im Fall T. getroffenen Entscheidungen und auch dafür übernommen hat, daß der zuständige Minister oder das Bundesministerium des Innern nicht unterrichtet wurden.«

Als Folge des Tiedge-Skandals waren aber auch Einzelheiten aus dem Innenleben des Kölner Geheimdienstes an die geschockte Öffentlichkeit gedrungen, die das hohe Amt nicht gerade in strahlendem Licht zeigte. So war Tiedge beileibe nicht der einzige, der frohen Trinkgelagen zugetan gewesen ist (inzwischen wurde offen über rund 30 weitere Trinker unter den etwa 2500 Mitarbeitern des BfV spekuliert).

Er war auch nicht der einzige und erste, der östlicher Versuchung im Amt erlag: Schon am 6. April 1984 war ein

39jähriger Obersekretär frisch vom Verfassungsschutz-Schreibtisch weg festgenommen worden. Weil den geschiedenen Mann über 20 000 Mark Schulden drückten, hatte er Material aus seinem Arbeitsgebiet dem MfS angeboten. BfV-Agenten ließen ihn auffliegen.
Sogenannte Männerfreundschaften als erpressungsintensives Sicherheitsrisiko? Da wurde schon mal ein Auge zugedrückt. Und ein trautes Verhältnis zu sorgenden Kolleginnen? Tiedge führte auch das vor.
»Ich hab ein Herz für ihn gehabt«, gestand BfV-Mitarbeiterin Hanne Widder-Fritz,* eine schlanke Mittvierzigerin, im Gespräch mit Reportern. Sie war bis zuletzt seine Freundin. »Ich wollte ihn unbedingt von den Alkoholproblemen losbekommen. Im Amt hat sich ja niemand um ihn gekümmert.«
Die schicke Frau mit dem schlohweißen Pony über strahlendblauen Augen hatte das Vertrauen des haltlosen Trinkers: »Zuletzt ist er noch in der Nähe meiner Wohnung gesehen worden. Wahrscheinlich hat er nicht gewagt zu klingeln. Er war ja so kaputt . . .«
Jetzt sitzt dieser ›kaputte Typ‹ in Ost-Berlin beim Gegner, vor dem er uns schützen sollte. Die Befragungs- und Vernehmungsspezialisten des DDR-Spionage-»Ministeriums für Staatssicherheit« in der Normannenstraße schöpfen in Teupitz, in Ost-Berlin und in einem Dutzend anderer MfS-Büros kreuz und quer im anderen Deutschland sein Wissen ab – und sie schöpfen aus dem vollen. Aus dem, was er schon verriet und was er noch auspacken wird, läßt sich schließen, was unser geheimer Nachrichtendienst BfV überhaupt noch wert ist.
Schon am 8. Mai 1967, kein Jahr nach seinem Eintritt ins BfV, hatte der damalige Abwehr-Abteilungsleiter und spätere Präsident Dr. Richard Meier in die Personalakte geschrieben: »Tiedge zeigt überdurchschnittliche Leistun-

* Name wurde geändert

gen.« Er kam über das Referat IV B 4 (Beschaffung und Auswertung von Erkenntnissen über Sowjet-Spionage) als Leiter zum Referat V B 2 (Sicherheitsüberprüfungen im Rahmen von Einbürgerungen). 1981 und 1982 war er mit der »zusätzlichen Wahrnehmung der Geschäfte des Referatsleiters IV B 6« (Zentralstelle DDR-Nachrichtendienste) betraut. Beurteilungsnote: gut.

Staatsschützer faßten in einer Art Schadensermittlung zusammen: »Es muß davon ausgegangen werden, daß Tiedge von 1966 bis heute 817 nachrichtendienstliche Operationen gegen gegnerische Nachrichtendienste bekanntgeworden sind. Davon sind 707 Operationen noch nicht abgeschlossen.« Sie alle kennt jetzt das MfS.

Dann war da noch jener DDR-Bürger, der drüben fürs BfV gearbeitet hat. Tiedge weiß alles über ihn. Anders als beamtete Agenten hat er keine Chance, sich abzusetzen.

In seinen Abwehrmethoden war unser wichtigster Geheimdienst erst einmal bis zu seiner Neustrukturierung funktionsgebremst. Die Ermittler kamen zu dem Schluß: »Ein Verrat der methodischen Erkenntnisse der Verfassungsschutzbehörden ermöglicht es gegnerischen Nachrichtendiensten nicht nur, den Kenntnisstand der Spionageabwehr der Bundesrepublik zu erfahren, sondern offenbart ihnen auch die Abwehrstrategien und -maßnahmen.«

Partnerdienste in Österreich, in den Beneluxstaaten, in Frankreich und in der Schweiz sind mitgeschädigt. Operationen des US-Geheimdienstes CIA wurden offenbar. Konsequenz: »Als gravierend muß die Aussage des Verbindungsoffiziers eines befreundeten Dienstes angesehen werden, daß seine Zentrale das BfV bereits von empfindlichen Informationen abgeschnitten hat.«

Holger Pfahls jedoch, der Neue im Chefzimmer an der Kölner Barthestraße, ließ sofort seinen Abwehrchef Rombach in die USA fliegen, um den Verbündeten und Freunden Situation und Ausmaß zu verdeutlichen. Rombach gewann die Erkenntnis, daß die Ansehens-Beschädigung nicht so

stark war wie befürchtet. Und inzwischen erwehrt sich CIA eigener Pannen und Skandale.
Erfolge, gewiß – doch ein schwacher Trost für das BfV. Nachdem die Verfassungsschützer feststellen mußten, daß sie im Notfall falscher Entscheidungen von Politikern keine Rückendeckung erwarten dürfen, sind Motivation und Risikobereitschaft angeknackst. Initiative ist gefährlich geworden. Doch Einsatzfreude, Mut zum Risiko und kühle, emotionslose Phantasie sind wichtig im sensiblen Bereich der Geheimdienste. Heribert Hellenbroich: »Wenn dieser Zustand so anhält, wird er zum Risiko für den Dienst. Dann wagt keiner mehr etwas. Ein Nachrichtendienst, der im Mißerfolg allein gelassen wird, verkümmert zur Verwaltungsbehörde.«
Am 4. Oktober 1985 konstituierte sich, auf Initiative der SPD, ein Spionage-Untersuchungsausschuß zum Fall Tiedge. In dem Gremium sollte von Bundestagsabgeordneten unter anderem geklärt werden, welchen Kenntnisstand Innenminister Zimmermann jeweils zu welchem Zeitpunkt der Spionagefälle des Sommers 1985 hatte. Außerdem wollen die Sozialdemokraten Aufschluß darüber erlangen, welche Entscheidungen Zimmermann getroffen hat – oder unterlassen. (Pikantes ›Abfallprodukt‹ im Ausschuß: BfV-Vize Dr. Pelny wußte von Anfragen des Innen-Staatssekretärs Spranger zu berichten, der von den Abwehr-Männern Erkenntnisse über den »terroristischen Background« von Grünen-Abgeordneten forderte und an den CDU-Bundestagsabgeordneten Jürgen Todenhöfer weitergab.)
Schwierige Zeiten für Fragesteller wie Gefragte. Allerdings: Der Ruf nach mehr Informationen über die Tätigkeit der teuren Dienste kommt zur Unzeit. »Die Zone geheimer Staatstätigkeit stößt sich naturgemäß mit der einem demokratischen Staatswesen entsprechenden Forderung nach Transparenz«, räumte zwar auch der Bonner CDU-Parlamentarier Friedrich Vogel ein. Aber: »Wer die Arbeit der Dienste transparent machen will, könnte sie abschaffen.«

Militärischer Abschirmdienst (MAD)

Kapitel 1

Schnitzeljagd

Bundeswehrmanöver »Wehrhafte Löwen«, September 1983. Ein endloser Konvoi schwerer Lastwagen rollt mit Tempo 90 über die Autobahn 45 in Richtung Wetzlar. Manche Wagen sind mit Tarnnetzen behangen, andere erdbeschmutzt, alle im fahlen Oliv der Heeresstreitkräfte. Die Fahrer sind rücksichtsvoll, sie lassen zwischen Gruppen von je vier oder fünf Fahrzeugen eine Lücke, in die ein überholender Personenwagen einscheren kann, wenn er selbst von einem schnelleren überholt wird. Es klappt gut, alle spielen mit.

Zwei Reporter – einer für Text, einer für Fotos – sind unterwegs zu einer Manöverstory. Zügig fahren sie links an der Kolonne vorbei – der Fotograf am Steuer –, als von hinten ein Porsche blinkt. »Laß ihn vorbei«, sagte der Schreiber zum Bildreporter, und der sucht eine Lücke zwischen den Militär-Brummis. Drei Wagen voraus scheint eine zu sein, doch als sie einscheren wollen, ist da schon einer drin. Ein ungewaschener Opel, Grundfarbe grün wie ein alter Laubfrosch, sehr unauffällig.

»Ist der vor uns hergefahren?« fragte der Fotograf. »Ich hab' den nicht gesehen, der muß schon länger in dieser Lücke sein. Kann der nicht schneller, oder warum schleicht der mit?« Sie sind gerade halb vorbei, da schaut der rechts sitzende Texter sich um und sieht das Kennzeichen des anderen. Es ist stark verschmutzt, wie absichtlich beschmiert – und es zeigt das Hammer-und-Sichel-Symbol der Sowjetunion sowie Wortbruchstücke unter dem Lehm: »Military M . . .« und eine unleserliche Zahl.

»Mensch«, sagt der Textreporter, »die sind von der Sowjetischen Militärmission! Die spitzeln!«
Im Fotografen regt sich die Jagdlust. »Die schießen wir ab«, knurrt er, »wir fotografieren die Russen, los!« Aus diesem Vorhaben entwickelt sich in der nächsten Viertelstunde ein lebensgefährliches Unterfangen.
Erst mal müssen die beiden die Plätze tauschen. Der Fotograf muß auf den rechten Sitz. 'Soll der Porsche warten', denkt der Reporter am Steuer und steigt aufs Gas. Der Wagen rauscht ab, der ärgerliche Porschemann hinterher, die Russen haben nichts mitgekriegt.
Die wilde Jagd geht über vier, fünf Kilometer, der Texter hat inzwischen auf Anweisung seines Kollegen eine Kamera vom Rücksitz geangelt und das vom Fotografen angegebene Objektiv aufgeschraubt. Sie liegt nun griffbereit auf dem Brett unter dem Handschuhfach.
Der Reporter quetscht sich durch eine Konvoilücke und schießt auf die Standpur. Schwingt die Beine über den Schaltknüppel, rutscht auf den Nebensitz, da ist der Texter schon um den Wagen herum und hüpft hinters Steuer. Noch im Anfahren legt er den Gurt an, da ruft der Kollege: »Da sind sie!« Die Russen ziehen zwischen zwei Lastern vorbei. Nach 200 Meter Spurt auf der Standspur läßt ihn ein Heeresfahrzeug auf die Fahrbahn. Blick in den Spiegel und gleich nach links weiter zum Überholen.
Sekunden später sind sie gleichauf mit den Russen. Die merken sofort, was gespielt werden soll – und der Fahrer zieht nach links. »Der donnert uns rein!« schreit der Fotograf. Der Texter hält stur Richtung. Der Russe hupt, blinkt links raus. Die Reporter bleiben dran. Ganz leicht bumst der Russe gegen die rechte Seite des Reporterautos, wie eine Warnung. Den Journalisten sträuben sich die Haare. Doch sie geben nicht nach. Die Motorkamera des Fotografen schießt Bild an Bild, er wechselt das Objektiv, nimmt statt Tele ein Zoom.
Einer der Russen hält vom Rücksitz her eine Ledermappe

neben den Kopf des Fahrers, alle vier Sowjets wenden ihre Gesichter ab. Der SMM-Chauffeur hat jetzt kein Seitengefühl mehr und macht einen Schlenker, wird langsamer. Jetzt hupt der Fahrer im Bundeswehr-Lkw protestierend. Er hat wohl auch was gemerkt und macht nun den Sowjets Dampf, indem er dicht auffährt. Ein Russe fotografiert jetzt die Journalisten.

Hinter den Reportern hat sich eine wütende Schlange gebildet. Sie geben nach und fahren rascher. Reifen kreischen hinter ihnen, Bremsen, Hupen: Der Russe ist unmittelbar ausgeschert und hängt jetzt hinter den zwei Journalisten; bei der Aktion hat er die ganze Schlange gebremst.

Da ist zirka 20 Kilometer vor dem Gambacher Kreuz der Kopf des Heereskonvois in Sicht. Der Reporter bleibt auf dem Gas, er fährt an die 180. Er zieht jetzt nach rechts, rast vor der Militärkolonne her, die Russen im Nacken, vor sich freie Fahrt. Und mit einem Mal schiebt sich der froschfarbene Opel langsam auf gleiche Höhe. Setzt sich behutsam auf Türhöhe, Millimeter sind zwischen den Fahrzeugen. Rechts ist die Leitplanke. Der Textreporter sieht sich immer weiter dagegengedrängelt. Er weiß auch, wie heikel die in der Redaktion reagieren, wenn man einen Leihwagen zerbeult.

Ein blaues Schild zeigt 200 Meter voraus eine Parkbucht an. Der Journalist bleibt auf dem Gas – und als die Einfahrt zum Parkplatz bereits in Sicht ist, tritt er nach einem Blick in den Rückspiegel, der ihm sagt, daß hinter ihm keiner zum Notbremsen gezwungen wird, zweimal im Intervall voll auf die Bremse. Der Russe merkt das erst, als er schon nicht mehr in die Einfahrt biegen kann. Er versucht es noch. Mit blockierenden Rädern rutscht der Reporterwagen auf die Höhe der Einmündung, der Fahrer hat die Räder nach rechts eingeschlagen, das Fahrzeug schiebt geradeaus. Er läßt die Bremse los und gehorsam rollt der Wagen nach rechts, ohne weitere Lenkbewegung.

Die Russen haben es nicht mehr geschafft. Aber sie bleiben

noch 200 Meter hinter der Parkbuchtausfahrt mehr als eine halbe Stunde lang stehen; sie warten wohl, daß die Reporter wiederkommen. Die jedoch verschnaufen erstmal und wischen sich den Schweiß von der Stirn. Es ist, geben sie später zu, auch ein wenig Angstschweiß dabei. Danach informieren sie den MAD.

Die Fotos waren gestochen scharf. Die Sowjets fanden ihre Porträts eine Woche drauf in einer Illustrierten wieder. So schöne Fotos von sich hatten sie wohl noch nie gesehen – aber auch so ungern noch nie zuvor.

Oft nehmen sich die Zwischenfälle mit Vertretern der Sowjetischen Militär-Mission aus wie Begegnungen der dritten Art, unheimlich und finster. Der Militärische Abschirmdienst (MAD) der Deutschen Bundeswehr registriert Unfälle, Querfeldein-Verfolgungsjagden durch militärische Sperrzonen, Russen, die – von Feldjägern (die nicht exekutiv eingreifen dürfen; das dürfen nur britische, amerikanische oder französische Militärpolizisten) oder deutscher Polizei gestellt – sich viele Stunden lang störrisch im Auto einsperrten, bis sie nachgeben mußten und ausstiegen.

Die drei sowjetischen Militärmissionen in der Bundesrepublik genießen – ein Überbleibsel aus der Besatzungszeit – eingeschränkte diplomatische Rechte. Ihre Arbeit: Beobachtung der amerikanischen, englischen und französischen Truppen auf Bundesgebiet. Die Mitglieder der SMM sehen die Grenzen ihrer Rechte allerdings keineswegs so eng, wie es von ihnen verlangt wird. Obwohl es ihnen untersagt ist, treiben sie sich mit Vorliebe in ›Ständigen Militärischen Sperrgebieten‹ oder in der Umgebung von Flugplätzen und Radarstationen herum.

An dieser Stelle nun ist der Hinweis angezeigt, daß Amerikaner, Engländer und Franzosen ihrerseits Militärmissionen unterhalten, die – von Sowjets mißtrauisch beäugt und observiert – ihre Schnitzeljagd-ähnlichen Touren durch die DDR unternehmen. Beide Seiten kennen die Besatzungsmacht-Problematik ihrer Militärmissionen im geteilten Deutschland. Die Missionen dokumentieren zugleich den Anspruch der Siegermächte auf ihre Verantwortung für die ganze Nation. In stillschweigendem Einvernehmen treiben sie so eine Form autorisierter Spionage. Die Aufklärungs- und Späherfahrten der Missionen geben Sowjets wie westlichen Partnern (oder, wenn man so will, Gegenspielern), also auch Briten und Franzosen – die gleichfalls solche am 7. April 1947 als Kontrollsysteme über das besiegte Deutschland in den vier Besatzungszonen beschlossene Missionen installierten – das Gefühl, ein bißchen mehr über das zu wissen, was die andere Seite tut und hat.

Amerikaner, Briten und Franzosen residieren in Potsdam. Die Sowjets unterhalten ihre Missionen in Frankfurt am Main (für die frühere US-Besatzungszone), im westfälischen Bünde (für das Gebiet britischer Stationierungstruppen) und in Baden-Baden (zuständig für die ehemalige französische Zone). Der Personalstand beträgt in der Regel 21 Offiziere und 25 militärische Hilfskräfte. Alle arbeiten für den sowjetischen Militärgeheimdienst GRU.

Freilich gehen die russischen Spähtrupps auf Bundesgebiet ungleich dreister vor als westalliierte in der DDR. Bis zu 250 operative Einsatzfahrten jährlich führen sie mit ihren grünbraunen Opel- und Mercedes-Limousinen durch, deren gelbe Kennzeichen mit kleinem Hammer-und-Sichel-Emblem auf rotem Grund sie oft durch Schmutz unkenntlich machen.

Obwohl Uniform vorgeschrieben ist, tragen sie meist Zivil oder legen die Jacken ab. Ihre ledernen Uniformjacken sind wie zivile Kleidungsstücke geschneidert (schließlich kann keiner einer fremden Armee uniforme Modevorschriften diktieren), und die Schulterstücke sind so winzig gehalten, daß sie eher wie ein Schmuckstückchen wirken denn wie eine Achselklappe. Die runden Schirmmützen der Roten Armee tragen sie grundsätzlich nie.

Oft sind sie drei Tage lang unterwegs, am liebsten nachts –

und dann mit kaputter Kennzeichenbeleuchtung. Ziel sind Objekte der militärischen Infrastrukur der Nato, Kasernenanlagen, Nachrichten-Übermittlungs- und Versorgungseinrichtungen, Truppenübungsplätze und Raketenstellungen, allerdings auch wichtige zivile Objekte wie Rüstungs- und Energieversorgungsunternehmen. Foto- und Filmapparate sind immer im Spiel. Tonbandaufzeichnungen werden gemacht, topographische Skizzen angefertigt.

Nichts anderes tun Amerikaner, Engländer und Franzosen in der DDR. Jedoch: »Die SMM-Offiziere treten zunehmend offensiver und aggressiver auf«, erzählte ein MAD-Offizier im Gespräch mit dem Verfasser. Und ein hoher Polizeibeamter beobachtete solch ein zunehmend harsches und anmaßendes Benehmen auch »besonders gegenüber deutscher Polizei, aber auch gegenüber alliierten Wach- und Kontrollorganen. Wenn sie in einem Sperrbezirk mehrfach aufgefordert werden, sich zu entfernen, fotografieren sie erst mal unbeeindruckt und unbeirrt weiter.«

So provozieren sie auch immer wieder Zwischenfälle und verstoßen gegen die Spielregeln. Der MAD listete auf:

- Als eine deutsche Funkstreife SMM-Spione beim Kernkraftwerk Obrigheim stellte, bewarfen diese die Polizisten mit Steinen und Ästen.
- Den MfS-Agenten Rainer Fülle schmuggelten sie im Januar 1979 in einer Holzkiste in die DDR.
- Nachdem französische Militärpolizei ein SMM-Team in einem Sperrgebiet bei Baden ertappt hatte, schlossen sich die Russen 19 Stunden lang in ihrem Auto ein.
- Im Juli 1984 stahl der Leiter der SMM Baden-Baden, Kapitän zur See Jurij Smolenzew, während einer Erkundungsfahrt in Calw einen Stapel Zeitungen von einem Kiosk. Nie wurde geklärt, wofür. Im August lösten ihn die Sowjets ab.
- Am 20. März 1985 erwischte US-Militärpolizei drei SMM-Späher beim Fotografieren einer amerikanischen Stellung in der Nähe von Hof im deutlich gekennzeich-

neten militärischen Sperrbezirk. Höflich eskortierten die Amerikaner die ungebetenen Gäste zurück zur Autobahn (vier Tage später revanchierten sich die Sowjets und erschossen bei Ludwigslust in Mecklenburg/DDR den US-Major Arthur Donald Nicholson, der von der Potsdamer US-Militärmission zu einer Tour gestartet war).
Bei Zwischenfällen solcher Art ist der MAD allerdings auf alliierte Hilfe angewiesen. Führung wie Ausführende des Militärischen Abschirmdienstes sind sich darüber klar, was die militärische Abwehr – wie alle bundesdeutschen Nachrichtendienste – nicht sein kann und nicht sein darf:

- keine militärische Kriminalpolizei.
- kein Hilfsorgan der Strafverfolgungsbehörden, kein Organ der Disziplinarvorgesetzten oder Kommandeure und Dienststellenleiter und
- keine mit Verhaftungs- und Durchsuchungsrecht ausgestattete Polizeitruppe.

»Weil wir das alles nicht sind«, sagte ein MAD-Oberstleutnant dem Autor, »überschätzen wir uns eben auch nicht. Eher unterschätzen wir unsere Möglichkeiten. Und gemessen an dem, war wir tun müssen, sind wir nämlich zu schwach. Wir können gerade das bewältigen, was unserer Stärke entspricht. Dabei wissen wir, daß die Ausbildung der Führungsoffiziere auf der Gegenseite ständig verbessert wird und daß sie Geldmittel einsetzt, die wir einfach nicht haben. Hinzu kommt, daß die Qualität der Gegner steigt.«
Daß sich der MAD gar politisch übernehmen, überschätzen könnte, verneint der Offizier entschieden: »Wir sind kein Staat im Staate, keine Armee in der Armee!«
Allerdings wird seit Jahren und begründet ein Gesetz gefordert, das Arbeit und Institution des MAD klar regelt. Die sozialliberale Koalition mochte sich dazu nicht durchringen. Erst die Bonner ›Wende‹ bescherte einen Entwurf dazu. Mitte Januar 1986 setzten sich in Bonn die Parteivorsitzen-

den Helmut Kohl (CDU), Franz Josef Strauß (CSU) und Martin Bangemann (FDP) zusammen und beschlossen im Rahmen eines Pakets von sieben Sicherheitsgesetzen einen Entwurf für den Militärischen Abschirmdienst:
Zum erstenmal wird damit eine umfassende gesetzliche Grundlage geschaffen, deren Einzelheiten den Befugnissen des Verfassungsschutzes für die militärischen Bedürfnisse nachgebildet sind. Außerdem enthält das Gesetz eine präzise Aufgabenabgrenzung zu den Verfassungsschutzbehörden des Bundes und der Länder. Im Klartext heißt das, daß der MAD im Bereich der Bundeswehr die gleichen Befugnisse erhält wie das Bundesamt für Verfassungsschutz. Das bedeutet, daß der MAD befugt wird, personenbezogene Daten zu erheben und zu verarbeiten. Für ihn wird es außerdem das Recht geben, zum Schutz und zur Erhaltung der Einsatzbereitschaft der Streitkräfte Daten von öffentlichen Stellen zu bekommen – was indessen noch präzisester Definition bedarf; bereits im Frühahr 1984 war der MAD mit einer bekanntgewordenen Liste personenbezogener Daten unrühmlich aufgefallen.
Unabhängig davon bleibt der MAD dafür verantwortlich, alle Angriffe fremder Nachrichtendienste und linksextremistischer Kräfte – etwa KPD/ML oder KBW (Kommunistischer Bund Westdeutschland) und auch der terroristischen ›Roten Zellen‹ (RZ) – gegen die Bundeswehr abzuwehren und ihnen vorzubeugen. Die Schwerpunkte der MAD-Arbeit liegen folglich auf,

- Sicherheitsüberprüfungen für die Bundeswehr,
- Beratung und Unterstützung der Streitkräfte und der Bundeswehrverwaltung in Fragen personeller und materieller Sicherheit,
- Aufklärung von möglichen Spionage- und Sabotagefällen,
- Aufklärung von Fällen links- oder rechtsextremistischer Unterwanderung sowie
- Operationen gegen Spionage und Sabotage.

Der MAD ist damit für die Sicherheit von mehr als 700 000 Menschen zuständig: eine halbe Million Soldaten und nahezu 250 000 Zivilangestellte der Bundeswehr. Rund 6 000 Objekte – Kasernen, Flugplätze, Manövergelände, Übungsplätze, Munitionsdepots und andere militärische Einrichtungen – sind »sicherheitsempfindlich«, werden also überwacht und geschützt.

Seit seiner Gründung durch den späteren Gehlen-Nachfolger und BND-Präsidenten Generalleutnant a.D. Gerhard Wessel im Jahre 1956 hat der MAD zirka 5,5 Millionen Personen überprüft – im Jahr rund 200 000.

Unterwanderung, Sabotage und Zersetzung bringen dem MAD eine eigene, zusätzliche Problematik:

Zersetzer beispielsweise sind zumeist Linksextremisten. Seitdem die DDR-Funker vom ›Freiheitssender 904‹ und dem ›Deutschen Soldatensender‹ ihre Programme gegen die Bundeswehr einstellten, haben die Zersetzer ihre Funktion direkt in den Reihen von Bundesheer, -luftwaffe und -marine übernommen. Hier verteilen sie Zeitschriften und Broschüren; hier arbeiten sie mit Drohungen, beschmieren Kasernenwände mit kommunistischen Parolen und tragen Gewalt in Diskussionen. Bevorzugte Angriffsobjekte: wehrunlustige Soldaten. »Der Einfluß von Linksextremisten auf die Position des Vertrauensmannes der Mannschaften ist stark«, stellten MAD-Experten in einer Studie fest. »Oft sind Vertrauensleute zugleich Mitglieder oder Sympathisanten linksgerichteter Gruppen. Einem leichten Rückgang an orthodox-kommunistisch orientierten Vertrauensmännern stand bis zu Beginn der achtziger Jahre ein Zuwachs von Seiten der 'Neuen Linken' gegenüber.« Die Rechtsextremisten dagegen verloren an Boden.

Unsichere Kandidaten für Bundeswehrposten scheitern am Check für die mehr oder minder hohen Sicherheitsstufen. Die Ablehnungsgründe: Dienstvergehen oder Straftaten, ungeordnete Finanzen, Trunksucht, Verdacht auf nachrichtendienstliche Verstrickung (diese Reihenfolge ist zugleich statistische Rangfolge der Ablehnungsgründe).

Zentrale Führungsstelle des MAD war bis 1984 das »Amt für Sicherheit der Bundeswehr« (ASBw) in Köln, Brühler Straße 300; es wurde am 1. Oktober 1984 in MAD-Amt umbenannt und untersteht dem Verteidigungsministerium.

Amtschef des MAD und damit Leiter des kleinsten der drei deutschen Geheimdienste (rund 2000 Mitarbeiter) ist Brigadegeneral Hubertus Senff. Der Etat 1985: 4,8 Millionen Mark (wovon nur 4,52 Millionen ausgegeben wurden – Ergebnis: 1986 beträgt er 4,69 Millionen).

MAD-Vize ist ein bekannter Profi im nachrichtendienstlichen Geschäft: Dr. Rudolf von Hoegen, Ex-Verfassungsschützer. Von Köln aus gehen die Fäden zu den MAD-Gruppen in den Wehrbereichen Kiel, Hannover, Düsseldorf, Mainz, Stuttgart, München und Bonn. Weitere MAD-Stellen, die nach Erfordernissen der Bundeswehr stationiert sind (und teils nach Bedarf auch disloziert werden) unterstehen den Gruppen in den Wehrbereichen.

Darüber hinaus arbeiten bewegliche MAD-Trupps, die jederzeit an jedem Ort eingesetzt werden können. Die Arbeit dieser Trupps wird unterstützt durch Tips und Hinweise aus den Reihen der Bundeswehrangehörigen.

Denn auf der Gegenseite schläft keiner – immer wieder werden Soldaten von ausländischen Nachrichtendiensten in Versuchung geführt, werden mit Geld oder durch Erpressung dazu gebracht, militärische Pläne, Waffen, Truppenbewegungen, kleinste, unwichtig erscheinende Details weiterzugeben oder zu verraten.

Der frühere MAD-Chef Brigadegeneral Gerd-Helmut Komossa versicherte dem Autor: »Wir sind auf diese Tips angewiesen. Denn die, die wir schützen sollen, müssen mit uns zusammenarbeiten. Das tun sie in aller Regel auch.«

Gleichwohl sind es die ›guten alten Spione‹, welche die Abwehrleute am regsten in Trab halten.

Führend war und ist immer – unter dem wachsamen und

mißtrauischen Auge des Großen Bruders im Kreml – das »Ministerium für Staatssicherheit« (MfS) der DDR. Mit knapp 80 Prozent aller gegen die Bundeswehr gerichteten nachrichtendienstlichen Angriffe hält das MfS die Spitze in der Spionage-Statistik der Operationen aus Warschauer-Pakt-Staaten. Es folgen die ČSSR (mit über zehn Prozent) und deutlich dahinter Polen und die Sowjetunion (die natürlich von den MfS-Erkenntnissen profitiert).
Jedoch: »Die Dunkelziffer von Spionageaufträgen in Zusammenhang mit Reisen von Bundeswehrangehörigen in oder durch Länder des kommunistischen Machtbereichs steigt«, erkannte der MAD bereits vor Jahren.
Den Grund dafür nennt der MAD gleich mit: »Die der allgemeinen politischen Entwicklung wie den gezielten Entspannungsbemühungen angepaßte Liberalisierung der Reisebestimmungen für außerdienstliche Reisen von Bundeswehrangehörigen in und durch Länder des kommunistischen Machtbereichs.« Immerhin wiegelt der MAD in einem Bericht auch gleich ab: »Es ist anzunehmen, daß in den kommenden Jahren die Reisetätigkeit nur noch geringfügig steigt und sich in der Größenordnung zwischen 20 000 und 25 000 Reisen im Jahr einpendeln wird.«
Dennoch fühlte sich der frühere verteidigungspolitische Experte der CDU, der Wehrbeauftragte des Deutschen Bundestages Willi Weiskirch, zu der Überlegung veranlaßt: »Bundeswehrsoldaten sind Staatsbürger wie wir alle – nur eben in Uniform. Reisebeschränkungen können fragwürdig sein, weil sie in die persönliche Freiheit des einzelnen eingreifen. Aber es ist wirklich an der Zeit, sich dazu etwas einfallen zu lassen, etwa bessere Information des Reisenden vorher, intensivere Befragung nach der Rückkehr. Vielleicht führt das doch bei dem einen oder anderen zu der Frage: Reise ich nun, oder darf ich darauf verzichten?« Denn der Gegner ist erpicht auf Anspracheopfer, die noch dazu freiwillig kommen, und ohnedies ist er trefflich organisiert und blendend ausgebildet.

Die Überläuferin Britta Pascal* berichtete über ihre Schulung in der DDR: »Von einem Oberleutnant habe ich das Schreiben von Berichten gelernt. Ein Major bildete mich in Logistik, ein anderer Major in den Regeln der Konspiration aus. Im Verhalten bei einer Observation unterwies mich ein Oberleutnant. Hinzu kamen Grundlagen der Psychologie, Körpertraining, Fitness auch in der Abwehr eines Angreifers.«

Britta absolvierte ihre Kurse im Schulungsgebäude des MfS im anhaltischen Wolmirstedt. Von dort wurde sie versetzt zu den ›Schulungsbungalows‹ in Lindhorst. Sie paukte Marxismus-Leninismus; schließlich übte sie den Umgang mit Medikamenten, mit Schlafmitteln, Hemmungslösern, Anti-Alkohol-Kapseln.

Endlich wurde sie für gut befunden. Von der freien Mitarbeiterin sollte sie zum angestellten Spitzel aufsteigen, Gehalt 2000 Ostmark im Monat. In ›Republikflucht‹ sah sie ihren letzten Ausweg. Sie mißlang. Nach langer Haft wurde die schöne schwarze Britta abgeschoben. Sie lebt jetzt im Westen. »Der Alptraum MfS«, sagt sie, »liegt hinter mir.«

Britta war auch eine der ersten Quellen, die auf die Praxis der sogenannten Wohnstützpunkte des MfS aufmerksam machte.

Das MfS bemüht sich seit Jahren, den Aufenthalt seiner Mitarbeiter im Bundesgebiet unter sicheren, überprüfbaren Hintergrund zu stellen (zu legendieren, wie es im Slang der ›Community‹ westlicher Geheimdienste heißt). Dabei haben sich Wohnstützpunkte in der Nachbarschaft militärischer Anlagen als besonders geeignet erwiesen. Von ihnen aus operieren Spione dann gegen MAD-geschützte Ziele. Sie dienen außerdem Instrukteuren und Kurieren, die sich nur für kurze Zeit in der Bundesrepublik aufhalten sollen, als Unterkunft. Agenten, die für einen längeren Zeitraum eingesetzt sind, nutzen sie als Operationsbasis.

---

* Name wurde geändert.

Kennzeichnend für diese Methode ist, daß die Anmeldung des ›Mieters‹ als Wohnungsinhaber unterbleibt.
So kamen Abwehragenten einem ›Inoffiziellen Mitarbeiter‹ (IM) des MfS auf die Spur, der sich in der Nähe von Bundeswehreinrichtungen erst verdächtig gemacht hatte und dann beim Abschütteln der Schatten Fehler beging.
Er wurde festgenommen. Die Ermittlungen ergaben, daß er seit neun Jahren unter Falschidentität ein Verhältnis mit einer Frau in Hannover unterhielt (die wiederum ein Verhältnis mit einem Offizier der Panzertruppen hatte). In regelmäßigen Abständen von vier bis sechs Wochen tauchte der rote Casanova bei der Schönen an der Leine auf. Er blieb allgemein für zehn Tage, lebte mit ihr zusammen – der Herr Panzeroffizier war in diesen Perioden ausgeklinkt mit der Begründung »Mein Bruder ist so eifersüchtig!« –, ging tagsüber seinem erlernten Beruf als Spion nach – als Kurier auch –, nutzte die Wohnung als Ausgangsbasis und freute sich nächtens über die Abwechslungen, die auch schon James Bond nicht ermüdet hatten. Ging er in die DDR zurück, täuschte er Geschäftsreisen vor – dann kam der Panzermann zur Sache. Die Dame jedenfalls glaubte fest, in Intervallen mit einem erfolgreichen Geschäftsmann zusammen zu sein, dessen häufige Abwesenheiten berufsbedingt waren. So geschah es bis in den Wonnemonat Mai 1983. Der Herr sitzt noch. Die Dame hingegen steht seither weniger auf Vielmännerei.
Wohnstützpunkte, wenngleich schwer auffindbar, sind also auch nicht mehr der neueste Trick. Die Gegner, die durch den Eisernen Vorhang kommen, lassen sich immer neue Mittel einfallen – und die Abwehr, der MAD, die Verfassungsschützer, finden immer neue Gegenmittel.
So wird der Job immer schwieriger. »Die Hoffnung, daß der Warschauer Pakt als Folge der Verhandlungen über Entspannung und Abrüstung mit westlichen Staaten die Spionagetätigkeit verringern würde, erwies sich sehr schnell als trügerisch«, stellte der MAD in einer vertraulichen Studie

vor geraumer Zeit fest. »Die Arbeitsbedingungen hatten sich für die gegnerischen Nachrichtendienste gebessert – nicht zuletzt wegen der Reiseerleichterungen. Die Liberalisierung zwischen Ost und West ist von den kommunistischen Nachrichtendiensten gezielt ausgenutzt worden. Mit einem Nachlassen der Spionageaktivität kann auch in Zukunft nicht gerechnet werden.«
Es wird freilich denen ›von drüben‹ auch leichtgemacht. Und in einem demokratischen Gemeinwesen fällt exekutive Härte nicht selten auch mal schwer.

Herbst 1985, ein kalter, klarer Frühnovembertag. In München an der Isar probt ein Zug Pioniere den Übergang über den Fluß mit einem riesigen Schlauchboot, Vorgabe: »Der Motor ist ausgefallen.« Die Männer paddeln wie verzweifelt, ein Unteroffizier feuert sie mit gar nicht salonfähigen Kraftsprüchen an. Der Schauplatz des Minimanövers liegt direkt beim Hilton-Hotel am Tucherpark. Ein Zubringer aus der Innenstadt führt zum Mittleren Ring; unmittelbar vor einem Halteverbot parkt ein riesiger rumänischer Sattelschlepper. Das Fahrerhaus ist leer.
Der Fahrer steht auf der Isarböschung und schaut interessiert zu, wie sich die Jungs auf dem Wasser abhampeln. Setzt sich, macht Notizen. Geht näher ran, bleibt stehen, schreibt wieder was auf. Die Handvoll Soldaten am Ufer nimmt keine Notiz von ihm.
Währenddessen hält eine Funkstreife hinter dem Lastzug. »Was hat denn hier ein Rumäne zu parken?« fragt der Streifenführer seinen Kameraden. »Hier üben doch die Pioniere manchmal, die von Englschalking, ich war doch selber bei denen. Laß uns mal nachschauen.«
Er steigt aus und geht zum Fluß. Sein Beifahrer schlendert zum Sattelschlepper. Er probiert die linke Tür. Sie ist zu. Da hört er von drinnen ein Schnappen, wie wenn die andere Tür verriegelt würde, und zwar von innen. Er eilt auf die rechte Seite, hangelt sich an der Steigleiter hoch und blickt hinein.

Drinnen hockt der Beifahrer auf dem Boden und macht große Augen.
Als sich noch Entdecker und Entdeckter überrascht in die Augen sehen, kehrt der Streifenführer zurück. Den rumänischen Schlepperfahrer hat er gleich mitgebracht. »Ich hatte mir sowas gedacht«, sagt er.
Die zwei neugierigen Balkanier lassen eine langwierige Untersuchung von Ladung und Papieren über sich ergehen, mit Funkanfragen an die Zentrale, von dort Benachrichtigung des MAD, der noch zwei Leute vorbeischickt, welche die sehr verschlossenen Rumänen extra ins Gebet nehmen. Nach einer Stunde dürfen sie weiter. »Danke«, sagen die MAD-Männer zu den Gendarmen. »Na, ihr könnt ja auch nicht überall sein«, winken die ab.
Seit vielen Jahren sind Lkw-Späher, manchmal ganze Späh-Trupps bei allen großen Übungen der Bundeswehr dabei (und, wie das Münchener Exempel zeigt, wenn's der Zufall fügt, auch mal bei ganz kleinen). Schiffe aus dem Ostblock sind immer dann besonders häufig auf bundesdeutschen Wasserwegen zu finden, wenn in deren Umgebung Übungen angesagt sind.
Manche von ihnen fallen ungeniert durch übergroße Antennen auf, die anderen durch seltsame Fracht. Ein russischer Trucker-Geleitzug fuhr Torf aus einem Moor bei Moskau über viele tausend Kilometer in den Schwarzwald (wo das Brennzeug dann billiger verkauft wurde als deutscher Torf). DDR-Laster transportieren Bauschutt in die Bundesrepublik. Züge der ungarischen Hungarocamion liefern leere Kisten an aufgelassenen Speditionshöfen ab.
Die Arbeit dieser Trucker-Späher paßt kaum in einen Agenten-Thriller. Doch sie ist Ergänzung dessen, was Mädchen in Bonns Vorzimmern, Maulwürfe in Geheimdiensten, Nachrichtensatelliten über Vorgänge im Westen zu liefern in der Lage sind.
Jährlich durchqueren mehr als 300000 Ost-Lastzüge die Bundesrepublik. Bestimmte Warschauer-Pakt-Staaten ver-

langen von ihren Fernfahrern grundsätzlich Protokolle ihrer Westtouren und schärfen ihnen ein, alles, was auch nur andeutungsweise interessant und von Nutzen sein könnte, zu notieren und zu melden. Andere Fahrer wieder werden zu gezielten Spezialaufträgen eingesetzt. Unter diesen finden sich besonders viele aus der DDR; dabei spielt das alte und bekannte Handicap (oder, anders betrachtet, ein Vorteil) eine Rolle, daß nämlich Deutsche in Deutschland beim Spionieren weniger auffallen.

So spähen sie Kasernen aus, suchen Munitionslager, testen die Belastbarkeit von Brücken und Straßen, messen mittlere Wasserstände von Flüssen und Flußübergängen. Sie registrieren die Kapazitäten von Bahnhöfen, machen neue Antennen an Flughäfen aus. Frech halten sie an Manövergelände, fragen sogar dreist nach Reparaturzeiten für Panzerwagen, wenn einer eine Panne hat, loben schon mal Trefferquoten bei Schießübungen.

Bei Herbstmanövern unterstützen die kommunistischen Bruderstaaten ihre überlasteten Freunde von den SMM. Ostdeutsche Deutrans-Lkw treten dann vermehrt im Norden der Bundesrepublik auf, gemeinsam mit polnischen und sowjetischen Sowtrans; tschechoslowakische, bulgarische, ungarische und rumänische Lastkraftwagen konzentrieren sich auf den Süden der Republik.

Was sie heimbringen, gleicht den Mosaiksteinchen, aus denen auch die Analytiker und Auswerter unserer Nachrichtendienste ihre Lagebilder zusammensetzen: Klein- und Kleinstinformationen halten diese Bilder stets auf aktuellem Stand.

Die raffiniertesten Gegner der MAD-Abwehrmänner jedoch gehören zu einer 30 000-Mann-Sondereinheit der Sowjetarmee: der Speznaz, »Truppen für besondere Bestimmung«. Ihre Angehörigen sitzen am Steuer einer ganzen Flotte von roten Trucks. Sie kreuzen durch die ganze Bundesrepublik und inspizieren, als Trucker getarnt, ihre Einsatzgebiete im Ernstfall, um für Sabotage-Aktionen vorbereitet zu sein.

(Die DDR bildet ähnliche Einheiten beim Fallschirmjäger-Bataillon 40 in Lehnin bei Potsdam aus.)
Denn für den Ernstfall einer militärischen Auseinandersetzung ist präzise Kenntnis des mutmaßlichen Operationsgebietes der ersten Stunden – das Territorium beiderseits der deutsch-deutschen Grenze – überlebenswichtig. Was der Westen hier mit überlegener Elektronik, mit Satellitenaufklärung und Funküberwachung schafft, ergänzt der Osten durch die altmodische, aber immer noch bewährte ›Augenaufklärung‹.
Der MAD ist gegen diese Methoden nicht machtlos – er ist allerdings gemessen am Gegner hoffnungslos unterbesetzt. Und seine Experten sind allein mit Sicherung, Überprüfungen, Abwehr, Extremismus (und Bürokratie) überbeschäftigt, wobei sie vor allem der Traditionsgegner SMM in Atem hält.

Die Sowjet-Begegnung mit den Reportern blieb für die Journalisten folgenlos; gewiß werden die Russen gerüffelt worden sein von ihren Vorgesetzten, als die Bilder von ihnen erschienen (es gab auch schöne Fotos von Heck und Front des SMM-Opels; außerdem war erkennbar, daß die vier ihre Jacken verbotswidrig ausgezogen und die Mützen abgelegt hatten, um wie Zivilisten zu erscheinen). Begegnungen zwischen Abwehr-Offizieren des MAD und den legalen roten Spionen nehmen allerdings oft auch einen für die Jäger vom MAD unbefriedigenden Verlauf:
Oberleutnant Martin Lange* hatte es nicht besonders eilig. Gemütlich fuhr er in seinem VW Golf in Zivil auf der B 210 von Wilhelmshaven nach Jever.
Doch als ihn ein orangefarbener Ford Granada überholte, war er plötzlich wie elektrisiert: Das Kennzeichen des Ford trug links eine große 32, daneben kleiner die Sowjetfahne mit Hammer und Sichel und darunter deutlich lesbar die

* Name wurde geändert

Worte »Soviet Military Mission BAOR«. Das Fahrzeug gehörte zur sowjetischen Militärmission bei den britischen Truppen in Deutschland, Sitz Bünde.

Erst dachte der Oberleutnant Lange, die zwei Russen seien in Zivil; dann erkannte er den alten Russentrick – kleine Rangabzeichen, keine Mützen, die Lederjacken im Joppenschnitt. Immerhin stand fest: Die fuhren durch das ›Ständige militärische Sperrgebiet‹ Nr. 15, und das war für sie tabu.

Lange gab Gas und blieb dahinter. An einer Bushaltestelle stoppte er neben einem Telefonhäuschen, stürzte hinein und wählte eine Nummer. Dann gab er seine Beobachtung durch.

Martin Lange ist einer von rund 2500 Sicherheitsoffizieren der Bundeswehr. Er gehört zur Waffenschule 10 in Jever und ist für die Sicherheit seiner Einheit verantwortlich; dabei arbeitet er eng mit dem MAD zusammen.

Pech für die Russen, daß sie auf der B 210 ausgerechnet Lange in seinem Golf überholen mußten. Pech aber auch für den MAD – denn das Sowjetauto wurde zwar immer wieder gesichtet, aber die Russen waren fixer als ihre Verfolger. So schnell wie sie auftauchten, so schnell waren sie auch wieder verschwunden.

In Wilhelmshaven schnüffelten die SMM-Offiziere vor dem Marine-Arsenal, in Jever kreuzten sie dreist vor der Waffenschule auf. Ihre nächste Station war Wittmund. »Bei uns sind gerade zwei Russen am Tor vorbeigefahren, ganz langsam«, meldete ein Wachtposten vom dort stationierten Jagdgeschwader 71.

Längst war britische Militärpolizei alarmiert. Auch Streifenwagenbesatzungen der deutschen Polizei hatten sich an die Fersen der Russen gehängt. Da erhielt Lange, der mittlerweile von seinem Dienstzimmer aus die vergebliche Hatz über Funk und Telefon verfolgte, einen weiteren Anruf – diesmal aus Aurich: »Vor dem Stabsgebäude der 4. Luftwaffendivision hat etwa zwei Minuten lang ein orangefar-

bener Granada der SMM gehalten. Als der Posten hinlief, preschte der Wagen davon.«
Von Stund an ward er nicht mehr gesehen. Wenigstens für eine längere Zeit. Ein frustrierendes Erlebnis für den MAD und den Oberleutnant Lange. Die SMM-Russen gelten nämlich als überaus phantasievoll, rührig und einfallsreich, wenn es um die Erkundung von Sabotage- und Spionageobjekten sowie ums Entwischen geht. Und das mit diplomatischer Immunität.

»Eigene Aktivitäten gegenüber Angehörigen der SMM sind nur in Sperrgebieten und Schutzbereichen erlaubt. Werden Mitglieder der SMM hier angetroffen, so ist ihr Fahrzeug anzuhalten. Die für den Bereich zuständige Streitkraft« – also Engländer, Amerikaner, Franzosen – »ist zu informieren.«

So instruiert der *Sicherheitshinweis A* des MAD-Amtes unsere Soldaten im ›Bund‹, der seit 25. Juni 195 bis zur Kompanie-Ebene verteilt wird.
Laufen die offiziösen Sowjetspäher einem Bundeswehrsoldaten über den Weg, so muß er dies laut Dienstvorschrift (ZDv 10/6) melden. Dafür gibt es ein eigenes Formular, die sogenannte SMM-Taschenkarte.
Doch die Wachsamkeit unserer Soldaten läßt leider zu wünschen übrig. So klagen denn auch die Verfasser eines bundeswehrinternen Papiers:

»Obwohl in den letzten Jahren 1 000 000 SMM-Taschenkarten an Einheiten/Dienststellen der Bundeswehr und Bundeswehrverwaltung verteilt wurden, ist das Meldeergebnis aus diesem Zeitraum sowohl qualitativ als auch quantitativ nach wie vor nicht befriedigend. Nur jede 4. SMM-Meldung stammt von Bundeswehrangehörigen. Anders ausgedrückt: 75 Prozent aller eingehenden Meldungen kommen nicht aus dem Bundeswehr-Bereich.«

Wie kläglich die Situation ist, unterstreicht ein *Sicherheitshinweis A* vom 1. August 1979 (der noch aktuell ist):

Truppenübung in Norddeutschland. Der Manöververlauf bedingt die plötzliche Verlegung von etwa 100 Bundeswehrfahrzeugen: Lastwagen, Jeeps, Spezialtransporter. Der Konvoi ging über einen längeren Autobahnabschnitt. Mit von der Partie war ein Wagen der SMM.
Britische Soldaten, die sich an der Übung beteiligten, machten Meldung. Nur über die Zahl der Russen waren sich die Tommys nicht klar. Also fragte der englische Sicherheitsoffizier bei den deutschen Kameraden nach, ob die vielleicht Näheres wüßten. Ergebnis: Überraschung bei den Deutschen. Die hatten die Russen nicht einmal bemerkt.

Kapitel 2

Feindflug

Sommer 1981, Unruhen zwischen Warschau, Posen und Danzig, Beunruhigung in den Nato-Staaten. Würde die Rote Armee in Polen einmarschieren? Drohte 13 Jahre nach dem schrecklichen Ende des ›Prager Frühlings‹ ein ›Warschauer Sommer‹ mit Terror und Tränen, gesteuert aus Moskau?

Unter den im nordatlantischen Bündnis Alliierten reihte sich Konferenz an Konferenz, wurden Notfall- und Ernstfallpläne aktiviert, die für eine stufenweise Eskalation der Spannung abgestufte Reaktionen vorsahen.

Endlich Entwarnung. Die Nachrichtendienste der Nato-Partner hatten, jeder für sich und mit ihnen selbstverständlich der bundesdeutsche MAD, ihr Teil dazu beigetragen. Die Auswerter und Analytiker in den Stäben stützten sich auf die Meldungen, Beobachtungen und Erkenntnisse, welche ihnen von Aufklärung und Abwehr zur Verfügung gestellt worden waren. (Auch der BND hatte mitgehorcht und mitgeholfen.)

Die wesentlichen Erkenntnisse jedoch stammten in der brenzligen Situation dieses heißen polnischen Sommers nicht aus menschlichen Quellen, etwa von westlichen Agenten hinter dem Eisernen Vorhang oder in diplomatischen Vertretungen eines Warschauer-Pakt-Staates, sondern von modernen Himmelsspionen, Aufklärungs-Satelliten überwiegend der USA.

Andererseits hatten alle auch etwas von dem, was die Aufklärer der Bundeswehr registrierten: die Nato-Freunde in

England und in den USA, in Italien und Dänemark, Norwegen, Portugal, Belgien, Island, Kanada, Luxemburg und in den Niederlanden. Auch Franzosen, Griechen und Türken und Spanier profitieren. Schließlich zeigen sie sich auch in anderen Situationen, im Austausch sozusagen, erkenntlich. Meldungen gehen allerdings nicht an den MAD, sondern zuständigkeitshalber an Fü S II (Stabsabteilung II/Militärisches Nachrichtenwesen Bundeswehr mit sechs Einzelreferaten).

In diesem Sommer 1981 bereiste der Oberkommandierende des Warschauer Pakts, Marschall der Sowjetunion Viktor Kulikow, die an Polen grenzenden westlichen Militärbezirke der Sowjetunion, die ČSSR und die DDR. Die Nato wußte das – Erdsatelliten, Funkaufklärungsflugzeuge vom Typ RC-135 und Abhörstationen am Boden hatten einander ergänzende und bestätigende Informationen aus dem sowjetischen Funkverkehr aufgefangen und entschlüsselt.

Gleichzeitig war auch der von den Sowjets streng geheimgehaltene Eisenbahnzug des Generalstabes aus dem Leningrader Bahnhof in Moskau ausgelaufen, in die ČSSR und später in die DDR gefahren. Die im Zug vorhandene Nachrichtenübermittlungstechnik verriet durch ihre Ausstrahlungen stets seinen Standort. Erdsatelliten observierten und beobachteten ihn mit Fernsehkameras während der Fahrt.

Marschall Kulikow reiste hingegen mit seinem Flugzeug von einer Sowjetdivision zur anderen. Auf welchem Feldflugplatz er auch landete – aus dem Weltraum glotzte eine Satellitenkamera herab und identifizierte ihn an der Kragenstickerei und den großen goldenen Sternen plus umkränztem Hammer- und Sichel-Emblem auf den breiten Schulterstükken. Stieg der Marschall in ein Auto, um zum Divisionsgefechtsstand zu fahren, so spähte das Satellitenauge – auch durch Wolkengebirge hindurch – unbarmherzig auf Kulikows Geländewagen GAS-69A inmitten der Begleitfahrzeuge.

Die Satellitenkameras stellten die Einberufung sowjetischer

Reservisten ebenso fest wie das Anlegen von Depots. Doch die Auswerter vermochten auch aus ganz bestimmten Anzeichen zu erkennen, daß eine militärische Invasion Polens unwahrscheinlich war: Diese Anzeichen hingen möglicherweise mit der Erkenntnis zusammen, daß in Moskau nur die Mitglieder des Politbüros über Autotelefone verfügen. Ein US-Erdsatellit hörte Gespräche ab, die einzelne Politbüromitglieder untereinander auf den Fahrten zu Sitzungen führten. Nachdem später mal ein US-Journalist über die Politbüro-Plaudereien berichtet hatte, verstummten diese aufschlußreichen Auto-Telefongespräche.

Im ›rechtsfreien Gebiet‹ des Weltraums sind derartige Einblick- und Abhör-Observationen rechtlich keine Spionage. Im übrigen bedienen sich die nachrichtendienstlichen Gegner auf der anderen Seite der gleichen Mittel (allerdings, wie in Kapitel *Schnitzeljagd* beschrieben, mit der zusätzlichen Methode intensiv betriebener ›Augenaufklärung‹).

Wie unerhört genau sowjetische Geländekenntnisse von westdeutschem Territorium sind, fanden Nato-Strategien einmal mehr am 19. September 1984 bestätigt. An diesem Tag fingen Elektronik-Spezialisten Funksprüche der 3. sowjetischen Stoßarmee ab. Diese Eliteeinheit der Russen stand in der Letzlinger Heide bei Magdeburg im Manöver. Ihre 14. Panzerdivision übte den ›Einsatz in der Bundesrepublik‹. Sie simulierte, wie sie sechs Kilometer östlich vom Grenzstädtchen Hornburg aus der DDR heraus die Grenze zur Bundesrepublik überschreitet.

Eine andere Einheit trat 15 Kilometer südöstlich von Braunschweig zum ›Angriff‹ an. »Die Einheiten und Verbände erfüllten die nächste Aufgabe und bezogen den Abschnitt Hannover-Seesen«, hieß es in der abgefangenen ›Lagemeldung‹ vom 21. September 1984.

Noch am selben Tag sollte die 1. Abteilung der Panzerbrigade zehn Kilometer südlich Hannover, die 2. östlich Hildesheim und die 3. südlich Peine stehen. Bei ihrem gespielten Vormarsch nach Westen schienen die Sowjets zur Verblüffung der Nato-Abhörexperten »jeden Stein, jeden Strauch, jede Bodenunebenheit« zu kennen.

Im MAD gilt als sicher, daß solches Wissen mit solchen Manöverergebnissen auch der Arbeit von Tausenden Lkw- und Schiffs-Spionen zu danken ist. Willy Wimmer, Vorsitzender der Arbeitsgruppe Verteidigungspolitik der CDU/CSU-Bundestagsfraktion, ist nicht der einzige Politiker – und erst recht findet er Zustimmung unter Abwehr-Experten –, der nachrichtendienstliche Konsequenzen anmahnt: »Wenn unser Land auf dem Gebiet der Sicherheit wirklich dem Schweizer Käse gleicht, der nur durch seine Löcher zusammengehalten wird, schadet uns das in der Zusammenarbeit mit unseren Freunden.« Wimmer verlangt, die »deutschen Aufklärungsanstrengungen erheblich zu verstärken und ohne Rücksicht auf Ressortegoismen zu konzentrieren.« Das dort investierte Geld schütze uns »eher als manches milliardenschwere Beschaffungsprogramm für Panzer, Schiffe und Flugzeuge«.

Darüber darf kontrovers diskutiert werden, zumindest was die Beschaffungsprogramme angeht. So patrouillieren beispielsweise zu Nutz und Frommen von Bundeswehr und Nato – und natürlich Fü S II – See-Fernaufklärungsflugzeuge vom Typ Breguet-Atlantic regelmäßig den bundesdeutschen Luftraum an den Grenzen zu DDR und ČSSR ab, mitunter sogar täglich. Sie können bis zu zwölf Stunden lang in der Luft bleiben und 320 bis 650 km/h schnell fliegen. Ihre neueste Radarausstattung ermöglicht es ihnen, das Sehrohr eines getauchten U-Bootes aus 20 Seemeilen (36 Kilometer) Entfernung inmitten der Wasserwüste zu erkennen. Ihr Gerät für »elektronische Unterstützungsmaßnahmen« läßt sie nicht nur ein golden glimmendes Lichtpünktchen auf dem Radarschirm als Schiff erkennen, sondern sogar als Flugkörper-Zerstörer Krivak II oder als Schnellboot Osa II identifizieren.

Die Aufklärungsflüge heißen im ›Bund‹-Slang *Eastern*

Express, für Piloten und Besatzungen immer aufs neue ein spannendes Abenteuer mit hohem Nutzwert – wenn Wetter und Gegner mitspielen beim unkriegerischen ›Feindflug‹.

Briefing zu nachtschlafender Zeit. Crew 1 der 1. Staffel des Marinefliegergeschwaders 3 aus Nordholz wird informiert: »In der östlichen Ostsee sind Schiffe der sowjetischen Seestreitkräfte gemeldet worden. Classified as Klasma, Pevek and Urgaclass«, wechselt der Einsatzoffizier ins Englische. »Ihr Auftrag: aufklären.«

Graupel, Regen, Schneeschauer sind angesagt. Wolkenlöcher selten. Dafür Wind und Böen, Turbulenzen.

Kapitänleutnant Winkler hält Höhe bei 6000 Fuß, etwa 2000 Meter, da geht's rauh her. Geschwindigkeit 250 Knoten. Die 61+16 schüttelt, der Wetterbericht hat nicht gelogen. Schon beim Start gab es Schneeregen.

Der ›Tacco‹ (Taktischer Offizier) und der ›Nav‹ (Navigator) sitzen im Rumpf der Atlantic vor einer schier unübersichtlichen Fülle von Meßinstrumenten und Technik. Zwischen Moen und Bornholm treiben sich die Sowjets dann wirklich rum. Durch ein größeres Wolkenloch werden sie entdeckt, kein großer Verband, vier Schiffe Richtung Ost-Nord-Ost. Runter auf 500 Fuß, der Pilot drückt ziemlich steil, der Copilot liest den Altimeter ab, hinten werden die Optiken für die Fotoapparate justiert.

»Lucky Crew«, murmelt der Co, sie werden wohl mit acht Stunden Flug davonkommen diesmal.

Knapp 150 Fuß über dem kleinen Verband legt der Captain die zweimotorige Maschine in eine enge Linkskurve, Fliehkraft preßt die Männer in die Sitze. Man sieht die Russen raufschauen. Vierlingsgeschütze werden geschwenkt. »Drohgebärden«, wissen die Bundeswehrpiloten, echt schießen werden die roten Mariner nicht.

Zweiter Anflug. Die Peilgeräte suchen nach den sowjetischen Funkfrequenzen, wieder werden Fotos geschossen. Die Geschützrohre unten an Deck schwenken mit. Der

Tacco erzählt seelenruhig: »Ich bin mal auf einem Schnellboot Klasse 143 in der Ostsee mitgefahren, damals haben wir beim Fotografieren eines DDR-Minensuchers Kondor II die andern fast gerammt. Einem von denen gingen die Nerven durch. ›Haut ab, ihr Schweine‹, schrie der, ›sonst machen wir ernst!‹ und hat auf die Kanonen gezeigt. Da kam ich frisch aus Bad Ems, war meine zweite Fahrt.«
»Und wie dicht wart ihr dran?« fragt der Nav. »Ooch«, schätzt der Kamerad rückwirkend, »so um zehn, fünfzehn Meter –«
Fotos und Frequenzaufzeichnungen sowie Geschwindigkeits- und Marschrichtungsbeobachtungen sind im Kasten. Rückflug. Das Wetter wird schlechter, alle sind festgeschnallt; man hofft, daß es in 10000 Fuß ruhiger wird, wird's aber nicht. Karup in Dänemark, das sie führt, fragt nach der ETA, der Estimated Time of Arrival, das heißt: Wann seid ihr zurück?
Um 15.30 Uhr an diesem ungemütlichen Januartag 1984 ist die Atlantic 61+16 wieder daheim auf dem Horst, die Landung hat Copilot Kapitänleutnant Rossow gemacht. Er war mal Commander dieser Crew; zur Zeit bildet er Unteroffiziernachwuchs aus. Um seinen Flugschein zu behalten, muß er 70 Stunden jährlich fliegen – diesmal waren es neun.
Er kam »frisch aus Ems«, hatte der Tacco erzählt. Bad Ems – das hat Klang im Bund. Die Schule von Bad Ems ist einmalig in der Bundesrepublik. In einer Stabsgruppe stehen 16000 Bände einer Fachbibliothek, darunter Spezialkarten aus der Sowjetunion. Ein anderer Stab umfaßt eine Studiengruppe, die sich nur mit »Fremden Potentialen« (Konfrontations-Gruppen) beschäftigt. Zu diesem Stab gehören auch ein wissenschaftliches Team, die Technik-Gruppe und die Sprachenabteilung sowie das Archiv.
Jeder, der im MAD arbeitet, muß durch diese Schule (Leitung: Brigadegeneral Lochmann). Hier wird ihnen beigebracht, was das genau ist und wie es gemacht wird: Beob-

achten, Abschütteln; was ist eine Operative Maßnahme, wie funktionieren welche Konspirative Methoden?

In Lehrgängen lernen MAD-Geheimdiener, wie beispielsweise ein Verdächtiger unauffällig mit einer Kamera (in den Falten eines Taschentuchs oder in einer Zeitung verborgen) fotografiert wird. Oder wie man mit einem Tonbandgerät im Sakko Gespräche aufnimmt. Und wie man eine konspirative (unverdächtig getarnte) Wohnung (KW) nutzt. Zum täglichen Training gehören die Observierung, das Beschatten von Spionen, ebenso wie das Erkennen gefälschter Dokumente, der Umgang mit Geheimsendern und das Entschärfen von Briefbomben und -paketen.

»Offiziere wie Unteroffiziere erhalten einen dreimonatigen Grundlehrgang, dem sich später in Abständen ›nachrichtendienstliche Speziallehrgänge‹ anschließen« erklärt ein Kölner MAD-Sprecher. Ein Teil der Lehrgangsteilnehmer, sagt er, melde sich freiwillig, »aber es werden auch Soldaten – etwa Experten – zur Ausbildung aufgefordert.«

Die Liste der Lehrfächer liest sich wie aus einem Handbuch für angewandte Gegenspionage: Befragungs- und Vernehmungstechnik, konspirative Fotografie, Verfolgung eines Verdächtigen, Abschütteln eines Schattens sowie Rechtskunde und natürlich die klassischen Abwehrdisziplinen, wie sie sich Krimifans vorstellen: Schießen, Selbstverteidigung – Überleben.

Dabei machen praktische Übungen – nach Lehrgangstyp unterschiedlich bis zu 80 Prozent des ganzen Lehrgangsprogramms aus.

Wie zum Beispiel im folgenden Fall: Schweißtropfen rinnen über das bleiche Gesicht des blonden Unteroffiziers. »Ich hab' doch schon alles erzählt, was ich weiß«, stammelt er. »An den Vorwürfen ist kein wahres Wort!«

Der Vernehmer reagiert nicht. Kalt vertieft er sich in die Akte auf seinem Tisch. Dann: »Und warum haben Sie in Ihrer ersten Vernehmung schon zugegeben, daß Sie Geld für die Verschlußsache genommen haben?« Plötzlich, schnei-

dend: »Wache!« Und dann brüllend, so daß es den verängstigten Gefangenen hochreißt: »Abführen!«
Stiefel poltern, die Tür wird aufgerissen. »Der nächste«, ruft der Vernehmer. Der nächste MAD-›Lehrling‹ wird hereingeführt. Ausbildung der Agentenjäger in realistischer Härte. »Der macht dich auch fertig«, brummt der blonde Unteroffizier im Herausgehen seinem Nachfolger zu.
»Der Mann hat natürlich seine Prüfung nicht bestanden«, erklärt dazu der MAD-Oberstleutnant. »Wir bevorzugen die leiseren Methoden. Brüllen bringt nichts!«
Was sind das für Männer, die sozusagen als Soldaten einer Armee im Untergrund die Unverletzlichkeit der Bundeswehr gegenüber Spionen, Zersetzern, Saboteuren garantieren? Der MAD hat rund 2000 fest bedienstete Mitarbeiter, die Hälfte davon sind Zivilisten (unter ihnen zirka 300 Frauen). Hinzu kommen in den Truppenteilen und Teileinheiten 2500 nebenamtliche Sicherheitsbeauftragte. Hochspezialisierte Experten, Wissenschaftler und Techniker – beispielsweise Feuerwerker oder Funkfachleute – arbeiten zusammen mit Psychologen und Strategen. Sie alle sind hart im Geben wie im Nehmen.
»Wir arbeiten allerdings rein defensiv«, betont der MAD. »Wir bleiben im Lande; ›im Gegner‹« – wie es im ND-Jargon heißt –«, also hinter dem Eisernen Vorgang beispielsweise arbeiten wir nicht«.
Doch militärische Aufklärung wird erst perfekt, wenn sie zu neuen Waffensystemen, Strukturen, Ausbildungsmethoden, zu Manöverabläufen oder gar Angriffsabsichten Erkenntnisse nicht erst dann gewinnt, wenn sie aktuell sind. Denn, beispielsweise, Konstruktionszeichnungen oder Herstellungsverfahren, Leistungsdaten und Kapazitäten, Einsatzverfahren wie psychologische Lage, Operationspläne und Erfahrungen mit neuen Systemen lassen sich durch technische Aufklärungsmittel fast immer nur mit zeitlicher Verzögerung in Erfahrung bringen. Hier liegt das Handicap der Gegenspionage: Für die Beurteilung einer Feindlage sind alle

diese Erkenntnisse erst wertvoll, wenn sie so zeitgerecht bekannt werden, daß wirkungsvolle eigene Reaktionen möglich sind. Das Handicap wird keineswegs dadurch gemindert, daß zwischen Ost und West, daß zwischen den Machtblökken eine gewisse ›Signaltechnik‹ existiert: den Gegner über eigene militärische Möglichkeiten absichtlich in Kenntnis zu setzen, um ihn abzuschrecken. Nachrichtendienste spielen auch hier eine Rolle.
Spielten sie übrigens schon immer, auch in der alten deutschen »Abwehr«. Auf deren Tradition, zu beinah gleichen Teilen, fußen heute Bundesnachrichtendienst und MAD.
1921, im Reichswehrministerium, hieß Gegenspionage noch schlicht »Die Abwehr«. Unter Hitler wurde die Amtsgruppe »Auslandsnachrichten und Abwehr« daraus, schließlich der Canaris-Dienst »Ausland/Abwehr« im Oberkommando der Wehrmacht. Seine Schwerpunkte: Aktive Erkundung und geheimer Meldedienst; Spionageabwehr; Gegenspionage; Sabotage. Die Militär-Abwehr ging dann im Frühjahr 1944 im Sicherheitsdienst (SD) des Reichssicherheitshauptamtes (RSHA) auf – und entartete vom wirksamen Gegenspionage- und Aufklärungsinstrument zum Spitzeldienst Heinrichs Himmlers.
Die legendäre 12. Abteilung des Generalstabes im deutschen Heer vom Zweiten Weltkrieg aber war General Reinhard Gehlens Gruppe »Fremde Heere Ost«. Sie war ein selbständiger militärischer Frontnachrichtendienst. Gehlen gründete nach dem Krieg den späteren Bundesnachrichtendienst (BND).
Gehlens Nachfolger als BND-Präsident, Gerhard Wessel, baute 1956 den Militärischen Abschirmdienst MAD auf. Noch im Amt Blank hatte es eine Sicherheitsgruppe gegeben, die 1956 mit der sogenannten Vorprüfungsstelle (dem Amt, das alle künftigen Bewerber der neuen Bundeswehr überprüfte) vereinigt wurde. Schließlich wurde ihr – als eigenem militärischen Sicherheitsdienst – eine vor allem nach innen gerichtete Informations- und Schutzfunktion übertragen.

Heute ist der MAD Organ des MAD-Amtes; dieses wiederum untersteht der Fachaufsicht – außer durch den Staatssekretär im Verteidigungsministerium – durch das Referat 6 (Militärische Sicherheit) in dem sogenannten Fü S II (Unterabteilung II des Führungsstabes der Streitkräfte. Truppendienstlich untersteht das MAD-Amt dem Stellvertreter des Generalinspekteurs der Bundeswehr (StvGenInspBw), im besonderen Aufgabenbereich dem zuständigen Staatssekretär im Verteidigungsministerium Dr. Günter Ermisch. Das MAD-Amt ist in fünf Abteilungen gegliedert: Abteilung ZA (Zentrale Aufgaben), Abteilung I (Personelle Sicherheit), Abteilung II (Verfassungsfeindliche Kräfte), Abteilung III (Gegnerische Nachrichtendienste) und Abteilung IV (Technische Unterstützung).
In der Truppe sind militärische Sicherheit und militärisches Nachrichtenwesen zusammengefaßt in den G 2- und A 2-Stabsdienst (in der alten deutschen Wehrmacht Ic). Die Ziffer 2 bedeutet Sicherheit und Nachrichtenwesen; der Buchstabe die Zugehörigkeit des Offiziers oder Unteroffiziers zu Einheiten bis zur Brigadeebene. G ist das Kürzel für »Ground Staff Officer«, A bedeutet »Air Staff Officer« und/oder »Admiral Staff Officer«, S ist Kennbuchstabe eines »Special Staff Officers«. G/A/S 2-Bearbeiter sind in den Stäben und Einheiten zuständig für die Doppelfunktion Sicherheit-Nachrichtenwesen, werten aber nur aus, was als fertige Erkenntnis auf ihren Tisch kommt, sind also nicht Angehörige einer geheim-nachrichtendienstlichen Formation.
Die G 2- und S 2-Bearbeiter in den Stäben betreiben Aufklärung zur Nachrichtengewinnung. Diese Arbeit – und zwar die ›legale Abschöpfung‹ offener, mitunter aber auch vertraulicher Quellen – tun im Ausland die Militärattachés. Es ist, genaugenommen, sogar eine ihrer Hauptaufgaben.
Die Erkenntnisse, Analysen und Beurteilungen aller Bearbeiter, Sicherheitsbeauftragten und V-Leute finden in

periodischen Berichten mit folgenden Schwerpunkten Niederschlag:

- Wehrlage West (Milit. Nachrichtenwesen),
- Territoriale G 2-Lage (Milit. Nachrichtenwesen),
- Sicherheitshinweise (Aufgabe des MAD),
- Fachdienstliche Anweisungen (FA-MAD),
- Einzelhinweise zur territorialen G 2-Lage und
- INTREPs (Intelligence Reports; »Meldeformate«).

MAD-Gruppen haben einen Leiter und eine Führungsgruppe; ferner Kraftfahrzeug- und technische Staffeln; ihre Dezernate I und II sind für Spionageabwehr und Zersetzungsabwehr zuständig; das Dezernat III befaßt sich mit vorbeugenden Maßnahmen. Schließlich gibt es noch – für mobile Aufgaben – bewegliche MAD-Trupps, die beispielsweise observieren oder auch mal in einem anderen Wehrbereich Befragungen oder Recherchen anstellen.
Unterstützt wird die Aufklärungsarbeit von mannigfaltigen eigenen Geheimhaltungs- und Störmaßnahmen: Da wird Funkverkehr verschlüsselt abgewickelt, geheime Kommunikation läuft über Draht oder Kurier; Scheinstellungen sind auf fotografischen Aufnahmen von echten nicht mehr zu unterscheiden; gerichtete Störsender verhindern Mithören; elektronische Maßnahmen verursachen unkenntliche Radarbilder oder täuschen Objekte vor (schon im Zweiten Weltkrieg war der Wannsee durch künstliche Radarspiegel an anderer Stelle nachgebildet); spezielle Radar-Störsender verursachen das sogenannte Jamming – nebelbildhaftes Zusammenfallen der Radaranzeige.
Klar, daß der nachrichtendienstliche Gegner das alles auch hat; möglich, daß er technisch und technologisch hinter dem einem oder anderen Gerät, Einsatzmittel oder Späherwerkzeug herhinkt, über das die andere Seite verfügt (immerhin haben auch Tüftler ihre Planstellen in den Diensten, die in der Tat bisweilen Unikate von James-Bond-Zuschnitt basteln, wiewohl weniger filmreif).

Noch eines ist beiden Seiten gemeinsam: der Einsatz von Menschen in Situationen und bei Aufgaben, die nun mal Menschen mit ihren abstrakten Reaktionen und Phantasien voraussetzen und die sich einer programmierten Steuerung versagen.
Auf diesem Gebiet freilich ist der Gegner im Osten weit skrupelloser als westliche Abwehr in der Defensivarbeit.

Kapitel 3

Spionage-Rentner

»Ich wurde erpreßt«, sagte die junge Frau, die auf das Inserat mit der Lockzeile »Starfotograf sucht Modelle für Illustriertentitel« hereingefallen war. Mit Bildern in gewagten Nackedei-Posen wurde sie vom MfS zur Spionage gezwungen. Dem MAD waren von unbekannter Seite Vergrößerungen zugespielt worden. Der Abschirmdienst griff bei der Dame zu, der MfS-›Künstler‹ war weg. Zwei Jahre lang hatte das Mädel im Vorzimmer eines Truppenamts gespitzelt.

»Ich brauchte Geld«, gestand der Feldwebel, den in zweiter Ehe die Schulden aus der ersten drückten. Für 300 Mark monatlich gab er Stimmungsberichte aus seiner Einheit an einen KGB-Agenten; es waren auch Personaldaten von zwei höheren Vorgesetzten dabei. Nach einem Jahr trieb das Gewissen den Verräter zum zuständigen Sicherheitsoffizier. Der KGB-Kurier wurde geschnappt.

»Ich tat es aus Gesinnungsgründen«, prahlte der Rekrut nach neun Monaten Wehrpflichtdienst, als ihm Sabotage an mehreren Funkgeräten und einem Bergepanzer nachgewiesen werden konnte. Ein radikaler ›Friedensfreund‹, der hinter Gittern landete.

»Ich bin Offizier des Ministeriums für Staatssicherheit der Deutschen Demokratischen Republik«, schnarrte der Spion bei seiner Festnahme, als ihn ein MAD-Observationstrupp nach dem Leeren eines Toten Briefkastens mit Filmen von Blaupausen aus einem Rüstungsbetrieb erwischt hatte. Diese Offenheit ist unter MfS-Agenten häufig, sie schützt nicht vor Strafe, unterstreicht aber den ideologischen Stolz auf die sozialistische ›Kundschafter‹-Rolle.

Erpressung, Schulden, Verblendung, Ideologie und mitunter scheinbar fehlende Gründe – die Motive für Spionage sind vielgestaltig. Dabei verblüfft Abwehr-Profis wie Laien stets aufs neue, hinter welchen Biedermännern und -frauen sich ausgekochte, rücksichtslose und erfolgreiche Spione verbergen. Dem MAD ging sein fettester Fang der letzten Jahre am 1. August 1984 nach einer Jagd ins Netz, die fast zwölf Monate gedauert hatte.

München, Knappertsbuschstraße Nummer 4, dritte Etage. Das Namensschild an der Tür weist einen Wilhelm Reichenburg aus. Ein geachteter Mann bei seinen Nachbarn, dieser 63jährige Fregattenkapitän im Ruhestand, mit exzellenten Manieren. Einer von der Marine eben, bißchen was Besseres als einer von den Pionieren oder Grenadieren, er gab sich auch so, war dabei sehr kameradschaftlich bei Zusammenkünften des Bundeswehrverbandes.
Dies vor allem: Ein strammer Ostlandreiter war er, dieser Reichenburg, fast kalter Krieger. Einer, der von immer nur einem Feind als »der Russe« im verachtenden Singular redete, der liberale Freunde von der CSU spöttelnd in linke Ecken stellte, wenn sie – so widerfuhr es dem Autor – bei einem Bundeswehrempfang im Smalltalk von Entspannung sprachen. Dennoch galt er bei fast jedermann als wohl zu leiden.
An diesem 1. August nun will der Herr Fregattenkapitän a. D. seine Wohnung verlassen, als er unmittelbar vor der Tür drei Herren wahrnimmt. Zwei (von der Staatsschutzabteilung des Bundeskriminalamtes/BKA) stellen sich sofort links und rechts neben ihn, der dritte – Reichenburg kennt ihn, er ist von der MAD-Gruppe München – steht ihm gegenüber.
Er hört Wortfetzen von »Festnahme«, »Tätigkeit für einen

fremden Nachrichtendienst«, »Bitte, mitzukommen . . .« Er ist außerstande zu reagieren. Noch nicht einmal stammeln kann er. Er schluckt, stumm. Nach einer kleinen Ewigkeit ein schwächliches: »Was ist? Wer sind Sie?«
Da lesen sie ihm den Haftbefehl des Karlsruher Ermittlungsrichters vor. (Beim Zugriff, bei einer Verhaftung kann es geraten erscheinen, einen Mitarbeiter des veranlassenden Nachrichtendienstes als Sachverständigen – zum Beispiel bei Durchsuchung – beizuziehen.)
»Der war total von den Socken«, erzählt einer der beiden BKA-Männer später. »Für den war dies die vollkommene Überraschung.«
Für den MAD ein Jahr zuvor auch. Dort hatten Abwehrexperten nach dem Anfangsverdacht erst einmal die Vita des Herrn Kameraden von der Marine gecheckt. Von 1970 bis zu seiner Pensionierung 1978 gehörte der Offizier Reichenburg zum Wehrbereichskommando VI in München. Als sogenannter S 2-Offizier war er für Sicherheit und Abwehr zuständig. Darüber hinaus hatte er noch eine Sonderfunktion: Er hatte den Kontakt zum Bundesnachrichtendienst in Pullach bei München sowie zum Referat Fü S II 3 im Streitkräfte-Führungsstab zu halten, das sich mit der »Wehrlage Ost« befaßt.
Auch nach seiner Pensionierung hielt er enge Verbindung zum vertrauten Ambiente. Mit über 3000 Mark Pension lebte er nicht übel. Im wehrpolitischen Arbeitskreis der CSU traf er die alten Spezln wieder; auf Konferenzen in handverlesenem Kreis begegnete er Wörner, dem Verteidigungsminister, »machte sich an die Generäle, die Geheimnisträger ran« (so ein Bekannter des spionierenden Pensionärs). »Die Militärs sind da natürlich sehr, sehr offen«, erzählt ein hohes Tier aus dem Wehrbereichskommando, »die denken zu Recht, sie seien unter Freunden. Sicher, der hat da eine Menge Dinge gesehen und gehört, die geheim waren, keine Frage.«
Auch an Zubrot gebrach es dem Ruheständler nicht: Gute

Bekannte besorgten ihm gern Aufgaben als Sicherheitsberater namhafter Firmen – wo er, ganz klar, zuvörderst die Verschlußsachen zu inspizieren pflegte, um sie richtig klassifizieren zu können. Dankbar lohnten die Herren von der Industrie derlei Expertisen mit stattlichen Honoraren. Schließlich bediente sie da ein Fachmann, der in seiner aktiven Zeit Geheimnisträger der Stufe II bis »Streng geheim« gewesen ist.
Das streng Geheime hatte es ihm angetan. Darüber stolperte er auch. Er machte sich im Frühjahr 1980 an den gleichfalls pensionierten Heereskameraden Oberst Rudolf Rothe, einen ehrenwerten Soldaten, heran mit dem Versprechen, ihm für seine »Deutsche Gesellschaft für Sozialbeziehungen« (die sich hilfreich um geflüchtete Volksarmee-Angehörige aus der DDR kümmert) eine Geldquelle zu erschließen. Wirklich machte Reichenburg dem Obristen a. D. die Tür zu einem sogenannten Dr. Manfred Schneider auf, der spendabel mal 500 Mark, mal 2 500 für den Sozialverein lockermachte.
Bis schließlich die Nummer mit dem Lufthansa-Ticket nach Lissabon lief, wo der Herr Doktor in eine feine Villa in Estoril geladen hatte. Rothe reiste am 12. Mai 1983 an und verhandelte mit Dr. Schneider; endlich sah er eine Chance, sich für die Spenden mal erkenntlich zeigen zu können.
Was er denn tun könne, begehrte Rothe zu wissen. Tja, da sei so dies und jenes, hub der Doktor an, Wirtschaft interessiere ihn, Sicherheit – internationale, selbstverständlich – sei für ihn interessant. Er wurde konkret: »Die allgemeine Sicherheitslage in der Bundesrepublik liegt mir für meine wissenschaftlichen Arbeiten besonders am Herzen«, offenbarte er. »Können Sie mir darüber, lieber Oberst, nicht regelmäßig Informationen liefern?« Auch Infos zu Atombasen sowie zum Streit über die Nachrüstung seien willkommen: »Das alles laß ich mich gerne 1 200 Mark im Monat kosten.«
Rothe sagte freundlich, aber vage zu, schon fest entschlos-

sen, sich mit seinem Mißtrauen – wie es sich für einen gewissenhaften Soldaten nicht anders gehört – an den MAD zu wenden. Die Abwehr-Kameraden taten, was in solchen Fällen fast Routine ist: Rothe wurde fortan mit präpariertem Material versorgt, das er brav an Reichenburg weiterleitete, der es an Schneider schickte. Sechs Monate lang erhielt Rothe Geld dafür, dann blieb die Zuwendung aus. Gleichwohl lieferte der Oberst das vom MAD getürkte Spielmaterial weiter bis zum Frühjahr 1984 frei Haus, Reichenburg ahnte nichts.

Der Spionage-Rentier aber wurde längst observiert. In Amtshilfe hatten BND-Kollegen Fotos von ihm und Schneider bei konspirativen Treffs im Ausland geschossen. (Die zwei trafen sich ausgerechnet auf dem Castelo de São Jorge, einem beliebten Ausflugsziel bei Lissabon, von wo der eindrucksvolle Blick auf die Metropole ein gutes Fotomotiv hergibt; Reichenburgs Altherren-Windjacke war auf den Fotos gut zu erkennen.) Auch seine Post wurde gefilzt, sein Telefon abgehört. Der MAD hat darin Übung – jedoch: Was schlechte Erfahrungen bei Abhörpraxis angeht, so liegt der MAD vor anderen deutschen Diensten klar in Führung. 1978 stürzte gar Bundesverteidigungsminister Georg Leber (SPD) über eine Lausch-›Wanze‹, die ohne sein Wissen bei seiner (übrigens nachrichtendienstlich unschuldigen) Sekretärin gepflanzt worden war. Der Bonner *Quick*-Korrespondent Paul Limbach machte mit seinem Kollegen – dem Verfasser – die Affäre publik, der Minister nahm seinen Hut.

Im gleichen Jahr wurde der MAD-Gruppe München noch einmal ›Wanzen›-Willkür nachgesagt, allerdings nie schlüssig bewiesen: Ein Abhörgerät, mit dem 1976 der CSU-Vorsitzende Franz Josef Strauß belauscht worden war (die *Süddeutsche Zeitung* veröffentlichte das Telefonprotokoll seiner Unterhaltung mit *Bayernkurier*-Chefredakteur Wilfried Scharnagl auszuweise) soll aus MAD-Beständen entliehen gewesen sein.

Natürlich wird von Fall zu Fall auch rechtens belauscht. Ein Abhörexperte eines deutschen Nachrichtendienstes listet eine Reihe von Möglichkeiten auf, Telefongespräche mitzuhören:

- Sogenannte passive ›Wanzen‹ werden durch ein Funksignal in Funktion gesetzt und arbeiten unbegrenzt.
- ›Wanzen‹ mit unbegrenzter Lebensdauer können auch im Handapparat des Telefons montiert werden; der Fernsprecherstrom speist sie.
- Durch Richtmikrofone, die auf offene Fernsprechstellen und öffentliche Telefonkabinen eingestellt sind, kann ebenfalls mitgehört werden.
- Wird an den Verteilern einer Bundespost-Amtsleitung, die im Freien aufgestellt sind, eine Induktiv-Magnet-Kopplung angebracht, ist gleichfalls Mithören möglich.
- Mithörer können sich auch in Ferngespräche einschalten, die – zur Überbrückung großer Entfernungen – ins Funknetz gehen, indem sie sich in die Bundespost-Überleiteinrichtung hängen.
- Schließlich ist Mithören innerhalb einer hauseigenen Verbindung zwischen Haus- und Amtsleitung möglich: durch galvanisches oder induktives Einschalten in die Leitung vom Verteilerraum aus.

Mißbräuchliche Verwendung von Abhörgeräten wird durch einen komplizierten Amtsweg ausgeschlossen. Anforderungsformulare müssen ausgefüllt und genehmigt werden, Quittungen teilweise doppelt unterschrieben, Eingangslisten geführt werden (vor allem muß zu dem ganzen Vorgang erst einmal die bereits beschriebene G-10-Genehmigung aus Bonn vorliegen). Allein nach dem Erfassungssystem sollte eine unkontrollierte Verwendung von Sondergerät dieser Art auszuschließen sein. Zugewiesenes oder beschafftes (auch geliehenes) Gerät trägt der S 4- (Versorgungs-) Feldwebel in Bestandslisten, Gerätekarteien und Anlageblätter ein, bei Ausgabe in die Ausgabeliste.

Im übrigen beschränkt sich Belauschen selbstverständlich nicht aufs Telefon. ›Dauerbrenner‹, Minispione und -sender, die ununterbrochen in Betrieb bleiben können und das aufgefangene Wort an einen Empfänger leiten – auf Abruf oder ständig –, können in Steckdosenleisten eingebaut sein (oder sogar in Glühbirnen verborgen); ans Netz angeschlossen, versorgen Steckdose oder Fassung in unverdächtiger Weise nicht nur elektrische Geräte oder Beleuchtungskörper mit Strom, sondern zugleich den verborgenen Minisender. Die Reichweite etwa eines Minispions in der Steckdose beträgt zirka 200 Meter; er kostet 590 Mark.
Das alles kennen und wissen natürlich auch die Spione. Schützen sie sich also vor Lauschern? »Sprachverschleierungsgeräte mit veränderbarer Kodierung gibt es für etwa 7000 Mark«, erklärt der Abhörfachmann. »So etwas bietet einen nahezu hundertprozentigen Schutz, weil die Kodierung täglich geändert werden kann.« Empfindlicher Nachteil für den Spion: »Wenn ein Verdächtigter das verwendet, erhärtet er höchstens den Verdacht.«
Der Fregattenkapitän a. D. Wilhelm Reichenburg jedenfalls, ohne Mißtrauen, machte andere Fehler.

Tatort Knappertsbuschstraße München, Reichenburgs Wohnung. Beamte des BKA stöbern im Inventar, rücken Möbel, forschen nach Verstecken, Containern, lesen Korrespondenz, schütteln Bücher, filzen die klassischen Verstecke Kleiderschrank, Bodenleisten, Gemäldepassepartouts. Im Papierkorb werden sie fündig. »Hier!« schwenkt einer der Kriminalhauptkommissare plötzlich Kohlepapierfetzen, »da kann man die Silben ’. . .eschaffung’ deutlich erkennen.« Er kramt emsig weiter, fördert andere Schnipsel zutage.
»Gib mal her«, fordert ihn ein Kollege auf. »Das rekonstruieren wir selber, dazu brauchen wir das Labor gar nicht erst.« Auf Reichenburgs Schreibtisch geht er an die Arbeit. Er setzt zusammen, und nach kurzer Zeit lesen sie, was später vor Gericht unter anderem als Beweismittel gewür-

digt wird: »Die Informationsbeschaffung wird immer schwieriger«, steht da spiegelverkehrt auf der Farbseite des Kohlepapiers. Es folgen Bruchstücke politischer und militärischer Aufzeichnungen.

»Muß das ein Trottel sein!« staunen die BKA-Männer. »Der hat nicht mal verschlüsselt.«

Sie melden ihren Fund an die Bundesanwaltschaft in Karlsruhe. Dort geht am gleichen Tag eine weitere Erfolgsmeldung von einem anderen Suchtrupp (allerdings nicht von BKA und MAD) ein: In Reichenburgs österreichischer Ferienwohnung fand sich ein gefälschter Führerschein auf einen Jürgen Schneider, geboren am 15. Mai 1929, ausgestellt in Frankfurt. Im Lauf der Ermittlungen stellte sich noch heraus, daß die Hälfte der Kosten des Feriendomizils von den östlichen Auftraggebern des Fregattenkapitäns getragen wurden (daneben erhielt er lediglich 800 Mark monatlich sowie Spesenerstattung). Mit Führerscheinen jedenfalls gingen die MfS-Führungsoffiziere des Mariners großzügig um – Dr. Schneiders Fahrlizenz, war recherchiert worden, war ähnlich gefälscht wie die, welche man schon einmal bei einem inzwischen verurteilten DDR-Agenten gefunden hatte.

Von den Durchsuchungsaktionen des BKA war der MAD zu jeder Zeit genau unterrichtet. Denn die Zusammenarbeit zwischen Nachrichtendiensten und der Polizei ist durch Richtlinien geregelt, die strenge Formvorschriften enthalten. So besteht in keinem Fall Weisungsbefugnis der Dienste gegenüber der Exekutive. Ergeben die Nachforschungen durch Mitarbeiter eines Nachrichtendienstes Tatbestände, die strafrechtlich verfolgt werden sollen, so übermitteln die Dienste ihre Unterlagen unmittelbar an Justiz oder Polizei. Die Polizei wiederum ist gehalten, in Zusammenarbeit mit der Justiz nach den Vorschriften der Strafprozeßordnung (StPO) Akten zu erstellen oder vorhandene Akten eines Dienstes nach eigenen Erkenntnissen zu ergänzen und richterliche Maßnahmen zu erwirken.

Haftrichter, Untersuchungsrichter – die letzte »richterliche Maßnahme« gegen den früheren Fregattenkapitän Wilhelm Reichenburg erfolgte am 17. April 1985 durch den 3. Strafsenat des Bayerischen Obersten Landesgerichts unter dem Vorsitzenden Richter Karl Gietl. Der Senat fand den angeklagten Ex-Offizier für schuldig, 14 Jahre lang an das DDR-Spionage-»Ministerium für Staatssicherheit« Material geliefert und dadurch die Sicherheit der Bundesrepublik gefährdet zu haben. Wegen geheimdienstlicher Agententätigkeit in einem besonders schweren Fall wurde er zu sechs Jahren Freiheitsstrafe verurteilt.
In der Begründung wurde darauf verwiesen, daß der ominöse Dr. Schneider nicht Reichenburgs einziger Führungsoffizier gewesen ist, sondern daß Schneider noch zwei Vertreter hatte, die Wilhelm Reichenburg kontaktierten.
»Ich war der festen Überzeugung«, hatte Reichenburg ausgesagt, »daß dieser Schneider von einem amerikanischen Document Center in London kam, das besonders an den Aussagen geflüchteter Soldaten der Nationalen Volksarmee der DDR interessiert ist.«
Die Vernehmer staunten: »Und Ihnen ist nicht aufgefallen, daß die britischen Herren englisch mit unverwechselbarem sächsischem Akzent sprachen?« Nein, das hatte der clevere Marineoffizier nicht bemerkt.
Soviel Ignoranz mochte das Gericht dem Wilhelm Reichenburg denn doch nicht abkaufen. »Der Angeklagte muß gewußt haben, daß die drei einem östlichen Geheimdienst angehörten«, befand der Senat in der Urteilsbegründung. Dies werde obendrein durch eine Vielzahl weiterer Umstände erhärtet. So seien die Zahlungen an den Angeklagten stets von Boten in Kuverts überbracht worden. Reichenburg habe nie quittieren müssen. Das von Reichenburg gesammelte Material holten Kuriere; die Treffs mit Schneider oder dessen Vertretern liefen jedesmal in konspirativer Weise ab. Einmal platzte ein Rendezvous in Amsterdam, da sollte der Fregattenkapitän a. D. den Dr. Schneider

treffen – unter Rembrandts *Nachtwache* im Rijksmuseum. Richter Gietl: »Typisch konspiratives Verhalten.«

Besonders ergiebig hatte sich der aktive Bundeswehroffizier Reichenburg fürs MfS zwischen 1972 und seiner Pensionierung gezeigt. Damals war sein Aufgabengebiet die ›Psychologische Verteidigung‹ (PsV). Diese Arbeit erlaubte ihm Einblicke in die Lageberichte des Bundesnachrichtendienstes und des Militärischen Abschirmdienstes. Er konnte seine Auftraggeber über die Organisation des PsV-Referats, über Probleme der Inneren Sicherheit und sicherheitsrelevante Bewegungen innerhalb der Bundesrepublik informieren. Die Besetzung der Führungsspitze der Dienste, prominente Flüchtlinge aus der DDR – Reichenburg lieferte zu allem, und nicht wenig. »Als PsV-Offizier«, trug Richter Gietl vor, »hatte der Angeklagte Einblick in alle Vorgänge der Geheimhaltungsstufen I und II. Er war eingeweiht in das Nachrichtenwesen und die strategische Planung.« Die Beurteilung: »Er war ein gefährlicher Spion.«

Nur mit der Motivforschung taten sich Richter, Ermittler, Agentenjäger des MAD und der große Bekanntenkreis des verurteilten Fregattenkapitäns a. D. Wilhelm Reichenburg schwer: »Er ist wohl hineingeschlittert und konnte dann nicht mehr zurück« (Urteilsbegründung).

Strafe muß sein für Spione, die uns alle in Gefahr bringen. Selbst wenn sich ein MAD-Sprecher im Gespräch nobel gibt: »Der Erfolg eines Nachrichtendienstes bemißt sich nicht nach Strafhöhen. Der Erfolg wird an der Zahl der entlarvten Fälle gemessen. Und da liegen wir nicht schlecht.« Unter mehr als 17 000 Abwehroperationen seit MAD-Gründung 1956 konnten über 1 000 erfolgreich abgeschlossen werden.

Kapitel 4

Der Skandal

Am Anfang war nur ein böses Geraune. Über kindisches Kasinogeschwätz wucherte es zum Gerücht. Schließlich wurde handfest, aber doch mit Zurückhaltung darüber gelästert – Herrenwitz-Niveau. »Der Dings«, hieß es, »der mit den vier Sternen, der ist doch unverheiratet, nicht? Na, warum wohl? In dem Alter – der kann mit Mädels nicht anfangen, dem sind seine Jungs von hinten lieber als jede Frau von vorne, haha!«

Bloß »der Dings« wußte nicht, was über ihn in Umlauf war, wie das so geht im richtigen Leben, wo auch der Gehörnte als letzter erfährt, daß er Hahnrei sei.

Bald geriet jede Lappalie zum Indiz. Sein Fahrer beklagte sich nie über den Chef, kam mit ihm sogar besonders gut aus. »Na, bitte«, munkelten die Kameraden gleich augenzwinkernd. Auf Bälle ging er auch nicht gern, schon früher war er den Weibern vom Küchenpersonal nicht an die Wäsche gegangen, wenn sich die jungen Herren Offiziere im Kasino in lockere Stimmung gesoffen hatten. Las er nicht auch Lyrik? »Na, bitte!«

So einer ist doch, ganz klar, ein ideales Opfer für Erpressung. Gar in Uniform, im Generalsrang dazu, da will er selbst seine Neigung verbergen. Andere wieder kennen diese Neigung, sie wird den falschen Leuten hintertragen – schon ist der Erpressungsgrund geliefert, ist der Mann das schönste Sicherheitsrisiko für Truppe und Wehr.

Ein Idealfall auch für einen militärischen Geheimdienst. Auch dann noch, wenn hinter dem bösen Gerede pflichtge-

mäß herrecherchiert und zweifelsfrei herausgefunden wurde: nichts Wahres dran, Fehlanzeige, üble Nachrede. Dann kann aber, mit fiktivem Namen und getürkten Daten, der Vorgang immer noch als gutes Schulbeispiel dienen. Am Exempel einer derartigen Konstruktion läßt sich treffliches Schulungsmaterial herstellen, anhand dessen angehende Abwehrexperten die Behandlung einer solchen Affäre studieren können.
So plante das auch der MAD. Aber dann geriet ihm das ›Schulungsmaterial‹ aus der Regie. Der konstruierte ›Fall‹ entwickelte ein fatales Eigenleben.
Der in jeder Beziehung Betroffene: Bundeswehrgeneral Dr. Günter Kießling, stellvertretender Nato-Oberbefehlshaber in Brüssel, nach dem Generalinspekteur der ranghöchste Soldat der Republik.
Durch Unachtsamkeit blieb sein Name in der ›Fall‹-Akte für den Unterricht. Man wechselte ihn nicht – wie das hätte geschehen müssen – gegen einen erfundenen aus. Das Verhängnis nahm seinen Lauf.
Chronik des Skandals: Generalleutnant Kießling wird im Dezember 1983 – zunächst ohne veröffentlichte Angabe von Gründen – zum Jahresende vorzeitig in den Ruhestand versetzt. Sehr bald sickert durch, daß die Vorverlegung der Entlassung aus dem aktiven Dienst (Kießling selbst hatte zu einem früheren Zeitpunkt aus Gesundheitsgründen um Pensionierung zum 1. April 1984 gebeten) mit dem Vorwurf des Umgangs in der Homosexuellen-Szene und einem daraus folgenden angeblichen Sicherheitsrisiko für die Bundeswehr begründet wurde. Einmal publik, stürzen sich Presse und Funk auf die Affäre – dies um so mehr, als Kießling empört den Wahrheitsgehalt der Vorwürfe bestreitet. Er setzt sich sogar mit rechtlichen Mitteln dagegen zur Wehr. Verteidigungsminister Dr. Manfred Wörner (CDU) beruft sich auf Erkenntnisse des MAD. Die hätten ihn zum Handeln gezwungen. Bald zeigte sich freilich, daß diese angeblich »gesicherten Erkenntnisse« unhaltbar sind. Ungeschick im

Umgang mit angeblichen Zeugen – ein für seine Koketterie mit der Homosexualität notorischer Schweizer wurde auf Bundeswehrkosten nach Bonn eingeflogen –, Verweigerung klärender Gespräche und eine richtiggehende Bockigkeit in der ganzen Affäre bringen den Minister nahe an einen Sturz.
Am Freitag, den 13. Januar 1984, besuchten der Bonner *Quick*-Korrespondent Paul Limbach und der Autor den kranken Kießling im Münchener Bundeswehrkrankenhaus am Fasanengarten. Vorbei an der Wache – einem Zerberus in Zivil, einem Marinesoldaten, einem vom Heer. Wir dürfen passieren. Der prominente Patient hat es ausdrücklich erlaubt.
Limbach klopft an die Tür des Krankenzimmers 204. Wir treten ein. Im Bett: General Dr. Günter Kießling, der Mann, der seit einer Woche in den Schlagzeilen der Weltpresse ist, der Offizier, dem Homosexualität vorgeworfen wird und den sein Verteidigungsminister deswegen am 21. Dezember 1983 feuerte, sagt: »Nehmen Sie Platz, meine Herren. Legen Sie Ihre Mäntel auf mein Bett, so ja. Sie haben nicht viel Zeit. Also fragen Sie. Fragen Sie, was Sie wollen!«
Es wird ein offenes Gespräch mit dem Mann, der seit einer Woche energisch bestreitet, kein richtiger Mann zu sein. Die erste Frage: »Wörner hat Beweise für Ihre Homosexualität vorgelegt. Die Vertrauensmänner des Bundestages waren beeindruckt. Sie auch?«
»Überhaupt nicht«, entgegnet Kießling. »Ich habe in allem, was ich bisher veröffentlichen ließ, die volle Wahrheit gesagt. Ich habe nur ein paar Kleinigkeiten weggelassen, die ich für unwichtig hielt. Ich kenne keine Homosexuellen-Lokale und keine Orte, wo sich Transvestiten treffen. In Köln nicht, in Essen nicht, nicht in Berlin und nicht anderswo. Ich habe auch nie Frauenkleider getragen.«
Wie kamen aber die Beweise zustande? Keiner weiß es; noch ist die Sache mit der verheerenden ›Lehrfall‹-Akte nicht an die Öffentlichkeit gedrungen.

Kießling: »Allerdings habe ich auch nie einen dieser sogenannten Beweise gesehen. Mein Minister hat mir keinen gezeigt und der Generalinspekteur Altenburg auch nicht. Alle Vorhaltungen wurden mir gegenüber nur mündlich gemacht. Und wenn der Minister mir noch einmal, wie letztes Jahr, sagen würde: ›Kießling, ich nehme Ihnen Ihr Ehrenwort ab‹, dann würde ich wieder so handeln wie jetzt: alles bestreiten mit gutem Gewissen und aus besserem Wissen heraus.«
Der General blickt auf den leeren Bildschirm am Fußende seines Bettes. Dann, leiser: »Es ist schmerzlich für mich, immer wieder diesen meinen Minister im Fernsehen in seiner ganzen Unbarmherzigkeit auftreten zu sehen und Dinge voller Überzeugung behaupten zu hören, von denen ich weiß, daß sie nicht stimmen.«
Hat er darüber nachgedacht, wer hinter allem stecken könnte, wenn es wirklich eine schmutzige Intrige ist?
»Natürlich. Ich versichere Ihnen: Eine Privatperson kann das alles gar nicht aufbauen, was da im Moment läuft. Und das läuft ja nicht nur gegen mich – das geht ja gegen die ganze Bundeswehr. Ich bin nur ein Rädchen in diesem großen Spiel. Aber Sie werden sehen, es wird sich alles aufklären – und am Ende der Affäre werde ich unschuldig dastehen.«

Wie so häufig in dunklen Affären, war mittlerweile über die Gerüchteküche auch Amerikas CIA als klassischer ›Sündenbock für alle Fälle‹ ins Gerede gekommen. Tatsächlich ist es einem Geheimdienst ein leichtes, belastende Indizien zu fabrizieren: Mit Hilfe gekaufter Zeugen, gefälschter Urkunden (bei deren Falsifikation Behörden meist unwissentlich Amtshilfe leisten, wodurch das falsche Papier behördlich abgesegnet wird und unstrittige Echtheit auch in den Augen unbefangener Prüfer erlangt), mit Hilfe provozierter Zwischenfälle vor Zeugen oder getürkter Abläufe. Dadurch kann von einer Person ein Bild gestaltet werden, das in sich

stimmt – und doch eine Totalfälschung darstellt (was aber nur Opfer und Fälscher wissen). In den Nachrichtendiensten demokratischer Länder wird dieses System der ›Vernichtung einer Persönlichkeit auf kaltem Wege‹ abgelehnt – sagen offiziöse Quellen.
CIA kam zwar auch wieder raus aus dem Gerede, zumindest im Fall Kießling; ein Schatten von Verdacht aber blieb. Es blieb auch die uralte Frage: Cui proderat? Wem hat es genützt? Beantwortet ist sie bis auf den heutigen Tag nicht.

In die Enge getrieben, sucht Kießling nun nach Hilfe: »Wenn diese Jagd auf mich so weitergeht, dann muß ich mich an meinen Bundespräsidenten wenden. Allmählich hat das alles eine Dimension erreicht, wo der Herr Bundeskanzler die Sache in die Hand nehmen sollte.«
Glaubt der General an eine Verschwörung?
Auf dem Nachttisch, neben Blumen, liegt John le Carrés Geheimdienst-Bestseller *Smileys Leute*. Kießling ist das Metier nicht fremd: 1982 hatte er beim damaligen BND-Präsidenten Klaus Kinkel um einen Personalausweis gebeten und anstandslos auf den Namen »Werner Engel« auch erhalten. »In diesem Ausweis war ich älter gemacht«, so der General.
»Ich bin damit wegen des Reagan-Besuches nach West-Berlin geflogen, was ich als Bundeswehrgeneral nach den alliierten Berlin-Bestimmungen in dienstlicher Eigenschaft ja nicht darf. Am 11. Juni 1982 war ich mit diesem Ausweis in West-Berlin, habe das Grab meiner Eltern in Schöneberg besucht, das tue ich öfter privat. Damals traf ich außerdem meinen Freundeskreis in West-Berlin, darunter einen alten Kameraden von der Unteroffizier-Vorschule, die wir zusammen als Vierzehnjährige in Dresden besuchten.«
Günter Kießling war dann allerdings mit der Rückgabe des Personalausweises säumig, »aus Zeitgründen«, behaup-

tet er, »ich habe den zuständigen Mann telefonisch nicht erreicht«. Doch er will ihn nur ein einziges Mal – auf der Berlin-Reise – als Personaldokument verwendet haben.

Ein Pokerspieler? Welches ist dann sein Einsatz, und hat er ein As im Ärmel?

Für den MAD bahnt sich ein ›Begräbnis Erster Klasse‹ an. Denn er hatte mit Hilfe der Kölner Kripo das belastende Material gegen den Nato-Vize zusammengetragen. Die Drähte liefen in die Abteilung I »Personelle Sicherung« des damaligen MAD-»Amtes für Sicherheit der Bundeswehr« (ASBw) in Kölns Brühler Straße 300 bei einem Oberst zusammen. Hat dieser Oberst (genannt »der schöne Oskar«) bisweilen Probleme mit der Fahrerlaubnis, so hatte der ganze MAD ab und an Schwierigkeiten mit der Aufgabenbewältigung: Mal bespitzelte der Militärgeheimdienst 1977 die Jet-Piloten, die um eine höhere Fliegerzulage kämpften, mal wurde ein Oberst fälschlich des Geheimnisverrats geziehen – später mußten sich die MAD-Chefs bei ihm entschuldigen. Und 1983 Jahr erwies der vorletzte MAD-Amtschef, Admiral Elmar Schmähling, seinem Dienst einen Bärendienst, als offenbar wurde, daß er über 30 MAD-Angehörige in der Beurteilung ihrer Fähigkeiten herabgestuft hatte – weil sie Unions-nahe waren. Als auch noch bekannt wurde, daß er ein Verhältnis mit einer Sekretärin hatte, mußte der verheiratete Admiral gehen. Er hinterließ dem Nachfolger ein peinliches Erbe: den »Vorgang Kießling«. Schmähling, gleichwohl ein hervorragener Soldat, meldete sich in Zusammenhang mit der Kießling-MAD-Diskussion wieder zu Wort. Er sandte einen vertraulichen Bericht an die vom früheren Innenminister Hermann Höcherl geleitete Kommission zur Überprüfung des MAD. Darin prangerte Schmähling »Geheimniskrämerei«, »blindwütiges Nachrichtensammeln« und die Tatsache an, daß die fachliche Eignung vor allem von Stabsoffizieren des Dienstes zu wünschen übrig lasse.

»Es bedarf keiner hellseherischen Fähigkeiten vorauszusagen, daß der nächste ›Fall‹ im Abwehrbereich ›Extremismus‹ produziert werden wird, weil dort ein unzulässiges Auftragsverständnis kultiviert wird«, schreibt der Admiral. In Anspielung auf einen vom ehemaligen Bundesbeauftragten für den Datenschutz, Hans Peter Bull, erstellten Prüfungsbericht, wonach der MAD ohne Rechtsgrundlage jahrelang Daten von zahlreichen Bundesbürgern sammelte, wies Schmähling auf eine »Unsicherheit über Auftrag und Grenzen der Nachrichtenbeschaffung« hin.
Insbesondere bei der Extremismusabwehr sei zu befürchten, daß sich MAD-Mitarbeiter beim Sammeln von Daten »günstigenfalls mit Unnötigem, schlechtestenfalls mit Unzulässigem« befassen, warnte der Admiral mit Blick auf Vorgänge wie die Erstellung der »Basiskartei Zersetzung«. Unter den dort wegen angeblicher »linker Umtriebe« registrierten rund 50 000 Bundesbürgern fanden sich unter anderem auch der Schriftsteller Bernt Engelmann, der Rhetorik-Professor Walter Jens und die Hamburger Senatorin Helga Schuchardt.
Besonders besorgt zeigte sich der Admiral über Versuche, den MAD »zum Instrument einer Partei« zu machen und die normalen Informations- und Kontrollwege »durch Parteiinformations- und Weisungswege zu überlagern«. Manchem Mitarbeiter des Dienstes falle es schwer, »eine Gefälligkeit einem Parteifreund gegenüber von einer dienstlichen Weisung derselben Person, wenn sie ein Regierungsamt innehat, zu unterscheiden«. Schmähling nennt in seinem 19seitigen getippten Bericht zwar keine Namen, jedoch ist der Bezug zu Personen unverkennbar, die in die Affäre um die Entlassung von General Günter Kießling verwickelt sind.
Nach der Auffassung des Admirals wäre es verheerend, wenn der gesamte MAD als Folge der Affäre erneut geschüttelt würde, nur weil eine Handvoll Mitarbeiter ihre Dienstpflichten verletzt und »schwerwiegende Fehler mit katastrophalen Folgen« gemacht haben. »Eine dringende Lehre aus

dem Fall Kießling ist, daß rasche Ablösung eines MAD-Mitarbeiters möglich sein muß, sobald erkannt wird, daß er die Grenzen des Auftrags nicht akzeptiert, wiederholt gegen Vorschriften und Anordnungen verstößt oder sich illoyal verhält«, forderte Schmähling.
Von Emotionen gesteuerte Menschen hätten in einem Nachrichtendienst nichts zu suchen. Wer etwa Homosexualität an sich für eine »Schweinerei« halte und homophil veranlagte Menschen deshalb ablehne, dem dürfe eine Sicherheitsüberprüfung nicht übertragen werden.
Keinen Platz in einem Nachrichtendienst habe auch derjenige, der »eine von der Regierungslinie abweichende politische Meinung schon deshalb für unzulässig hält, also die Grenzen zwischen Verfassungsfeindlichkeit und unliebsamer politischer Meinungsäußerung nicht erkennt«.

Offene Worte eines aufrechten, demokratisch gesinnten Soldaten. Wörner hatte seinerzeit den Admiral Schmähling gegen den Rat von Fachleuten durch Oberst Helmut Behrendt, inzwischen Brigadegeneral, ersetzt. Behrendt gilt als Moralist. Ein ehemaliger hoher MAD-Offizier: »Da hat Wörner einen Mann an die Spitze gestellt, der die fachliche Qualifikation – auch beim besten Willen – nicht erbringen kann. Er hat keinerlei Erfahrung im operativen Bereich, vielmehr ist er Spezialist im Bereich Sabotage.«
Operativ tätig waren die Männer vom MAD vielmehr bei der Kölner Kripo. Behrendts erster heißer Fall – es wurde zugleich sein letzter – war die Durchleuchtung des Privatlebens von Kießling. Ein Fall mit Folgen. In Brüssel, dem Sitz des Oberkommandos der Nato in Europa, munkelte man von einem homosexuellen Verhältnis zwischen Kießling und seinem Fahrer.
Der ließ sich freimütig interviewen und sagte über seinen Chef: »Ein harter Vorgesetzter, aber ein fairer. Ein paar Wochen habe ich bei ihm in der Villa unten im Parterre in einer Art Studio gewohnt; der General hatte die oberen

Räume. Sein Vorgänger Luther hatte noch einen ganzen Trupp Bewacher ums Haus – bei Kießling wurde gespart, da war ich die Leibwache. Ich ging deshalb sogar eigens auf einen Personenschutz-Lehrgang. Ich war nur ein paar Wochen mit ihm unter einem Dach.«
Auf die Frage, ob er selbst homosexuell sei, antwortete er entrüstet: »Sie spinnen wohl! Ich hab' mir nach kurzer Zeit sogar eine eigene Wohnung gemietet, um ungestörter mit meinen Freundinnen zusammen sein zu können.«
Der Oberfeldwebel, der den General im silbermetallic-farbenen Mercedes 380 kutschierte, auf die Frage nach Kießlings Sexualverhalten: »Wenn der schwul ist, hätte ich ja wohl was merken müssen. Der war arbeitswütig, sonst nichts. Auf Reisen haben wir grundsätzlich in Kasernen gewohnt – schon weil das billiger kam. In Rendsburg habe ich ihn übrigens mal zu einer Freundin aus seiner Hauptmannszeit gefahren. Er hat mir erzählt, daß er die gern geheiratet hätte. Im übrigen hat mich weder vom MAD noch von der Kripo jemals jemand nach dieser ganzen Sache gefragt.«
»Der MAD hat den eindeutigen Auftrag, gegen die Bundeswehr gerichteten Angriffen fremder geheimer Nachrichtendienste und sicherheitsgefährdender politisch motivierter Kräfte vorbeugend und abschreckend zu begegnen und der politischen und militärischen Führung ein Lagebild zu vermitteln«, beschrieb der frühere stellvertretende MAD-Amtschef Kapitän zur See Konrad Koch die Aufgaben des Geheimdienstes. Und: »Ein Spitzelsystem in der Truppe lehnen wir ab«, wird MAD-Soldaten, -Beamten und -Angestellten der sechs Wehrbereichsgruppen sowie der »Gruppe S« in Bonn während ihrer Ausbildung an der Geheimdienstschule in Bad Ems eingebleut.
Spottete einer aus der Führungsetage eines anderen deutschen Geheimdienstes im Gespräch mit dem Verfasser: »Der MAD führt nachrichtendienstliche Operationen manchmal wie Panzerschlachten: Immer feste druff!« Der »Kernbe-

reich privater Lebensgestaltung« jedoch darf nach der Rechtsprechung des Bundesverfassungsgerichts von Sicherheitsoperationen nicht berührt werden.
Jährlich überprüft der MAD zirka 20 000 Personen auf ihre Zuverlässigkeit beim Umgang mit Geheimmaterial. 1982 wurden in immerhin 3 200 Fällen Sicherheitsbedenken erhoben. Rund 30 000 Auskünfte holte sich der MAD beim Verfassungsschutz, beim BND und bei befreundeten Geheimdiensten des westlichen Auslands. Was er 1982/83 selbstverständlich nicht überprüfte und was ihn im übrigen nichts anging, das war das Liebesleben des Generalleutnants Günter Kießling.

Kießling und die Frauen: ein Kapitel für sich. Spricht er von seiner Mutter, wird er lebhaft. Redet er von seiner ersten großen Liebe, wird er beinah weich. Er lernte sie 1963 während eines Generalstabslehrgangs an der Führungsakademie in Hamburg kennen. Er muß blind gewesen sein vor Liebe, er schickte der 18jährigen Gymnasiastin Briefe, Blumen. Er nahm sie mit auf sein Zimmer. Es kam zum Skandal, den der Vater des Mädchens – ein Oberst – vertuschte; er verbot seiner Tochter Petra den Umgang.
Offizierskameraden indes meinen sich zu erinnern, daß sich der fesche Hauptmann Kießling durchaus tröstete. Ein Oberst aus jenen fernen Tagen zum Verfasser: »Natürlich hat der jede Menge Weiber gehabt, ich hab' ihm teilweise dafür die Buden sturmfrei gemacht. Außerdem hätte man ihn in der norddeutschen Gegend ganz gern mit Damen aus dem holsteinschen Adel verheiratet.«
Kießlings Vorgesetzter damals, Carl-Gero von Ilsemann, hätte den einzigen Junggesellen unter den deutschen Generalen gern unter die Haube gebracht – vergebens.
Die blonde Petra sollte nun das Schlüsselerlebnis hergeben, das den Ex-Schürzenjäger zum Weiberfeind wandelte.

Der Soldat auf Kriegsfuß mit den Frauen? Kießling durchlief während seiner glanzvollen Karriere alle Sicherheitsüberprüfungen regelmäßig unbeanstandet.
Da ging, im Juni 1983, dem »Amt für Sicherheit der Bundeswehr« erstmals ein (unklar formulierter) Homo-Tip aus Belgien zu: General Rogers empfange Kießling nicht mehr, weil dieser »händchenhaltend mit einem Oberst gesehen worden« sei.
Der MAD wandte sich an die Kollegen von der Kölner Kripo. Von der Amtshilfe allerdings erfuhr ihr vorgesetzter Polizeipräsident Jürgen Hosse erst am 12. Januar 1984 gegen zwölf Uhr. Er könne ja nun wirklich nicht »jeden Fall« von Amtshilfe-Ersuchen kennen, meinte Hosse.
Diesen Fall hätte er besser gekannt: Da kam am 1. September 1983 MAD-Stabsfeldwebel Jürgen Idel zum stellvertretenden Chef der Fahndungsabteilung bei der Kölner Kriminalpolizei, Kriminalhauptkommissar Wolfgang Roesch, und brachte ein sehr unscharfes Foto des Generals Kießling mit. Es zeigte ihn in Zivil. »Der soll schwul sein«, sagte Idel und nannte zwar Kießlings Namen, nicht jedoch seine Dienststellung, »seht euch doch mal in der Szene um, ob ihn da jemand kennt.«
Kripo-Mann Roesch beauftragte nun Kriminaloberkommissar Helmut Simons mit der Routinerecherche. Simons und ein jüngerer Kollege machten Bildvorlage in Kölns Homo-Terrain. Freilich klapperten sie nicht alle der mehr als 50 Männertreffs in der Stadt am Rhein ab. Im Cafe Wüsten – das eher als Lesben-Nest gilt – hieß es mit Blick auf das Kießling-Foto: »Ja, der hat hier mal verkehrt – aber der kommt schon seit zwölf Jahren nicht mehr.«
Im Kellerlokal Tom Tom rief Büffetier Michael ›Mischa‹ Lindlahr spontan aus: »Ach, das ist doch der Jürgen!« Als aber Simons nachhalf und deutlicher wurde: »Nee, der heißt Günter«, wollte sich Lindlahr auf ›Jürgen‹ nicht mehr festlegen – auf ›Günter‹ allerdings auch nicht. Das reichte Simons, und das reichte Roesch. Und so wurden diese eher

bescheidenen Aussagen als »Erkenntnisse« an den MAD weitergegeben.«
Der Militärische Abschirmdienst freilich hob die Routinebefragung durch zwei Kripo-Zivilfahnder auf eine viel bedeutendere Ebene: »Durch den MAD veranlaßte Ermittlungen des Landeskriminalamtes Nordrhein-Westfalens in Düsseldorf bestätigten die behauptete Veranlagung des Dr. K. Er wurde in der Homo-Szene Köln eindeutig indentifiziert. Das LKA ist gegebenenfalls bereit, durch polizeiliche Maßnahmen – Gegenüberstellung – die Beweisführung anzutreten«, schrieb MAD-Chef Brigadegeneral Behrendt als Punkt 2 in seinem Bericht vom 6. Dezember 1983 ans Verteidigungsministerium. Das LKA war nie tätig geworden – Kießling hingegen wurde auch unter dieser Vorgabe geschaßt.
Minister Wörner und Generalinspekteur Altenburg zitierten den Nato-General erstmals deswegen am 15. September 1983 auf die Bonner Hardthöhe ins Verteidigungsministerium. Erst konfrontierte ihn Altenburg allein mit den Verdachtsmomenten der Homosexualität, dann mit Wörner gemeinsam.
Kießling bestritt schon damals empört, verpfändete sein Ehrenwort. Am 19. September war der General zum zweiten Mal bei seinem Minister: die gleichen Vorhaltungen, die gleiche Kießling-Reaktion. Und als endlich am 6. Dezember die »gesammelten Erkenntnisse« Behrendts auf Wörners Tisch lagen, beschloß der Minister, den zweithöchsten Soldaten der Republik am 21. Dezember in den Ruhestand zu schicken.
Erst als der »Fall Kießling« längst zum »Fall MAD« geraten war, als ein Interview des Generals (in dem er alle Anschuldigungen zurückwies) Journalisten in Kompaniestärke nach einem möglichen Doppelgänger suchen ließ, wurden auch Polizei und MAD noch einmal aktiv.
Während aber der MAD verzweifelt neues Belastungsmaterial aus immer früherem Vorleben des Vier-Sterne-Generals

auszugraben versuchte, meldete Kölns Kriminalpolizei Erfolg: Am 14. Januar 1984 fand sie den zwillingshaften Doppelgänger Kießlings, der wegen seiner Kontakte zu den Homosexuellen-Lokalen Tom Tom und Café Wüsten den hohen Offizier in Verdacht gebracht hatte, erpreßbar und zu einem Sicherheitsrisiko geworden zu sein.

»Die Veranlagung des Dr. K. sei auch SACEUR (dem Oberbefehlshaber der Nato in Europa) General Rogers bekannt«, hatte Behrendt Wörner und dessen Staatssekretär Joachim Hiehle mitgeteilt. Hiehle trägt seit Jahren für die Personalentwicklung und vor allem für den Militärischen Abschirmdienst dienstrechtliche Verantwortung. Nach seinem Urteil sowie nach dem gewichtigen MAD-Bericht – gestützt auf angebliche Ermittlungen eines Landeskriminalamtes und Informationen des Nato-Chefs über seinen angeblich schwulen Stellvertreter –, mußte Wörner handeln, wie er es tat.

Die Chronik des Skandals, der Affäre, des Falles spitzte sich endlich zu einem makabren Schlußpunkt zu.

Laut schrie die Opposition (und leise schrieen auch ein paar Unionspolitiker sowie Bundeswehroffiziere) nach dem Rücktritt des Verteidigungsministers. Bundeskanzler Kohl jedoch hielt Wörner – trotz inzwischen offenkundig gewordener Fehler – im Amt; nur der mit der Sache gleichfalls befaßte Staatssekretär auf der Hardthöhe, Hiehle, warf von selber das Handtuch.

Denn die vollkommene Unschuld des Generalleutnants Dr. Günter Kießling hat sich erwiesen. Das ASBw räumte die Panne mit dem »Fall Kießling als Lehrmittel« ein. Kießling einigte sich mit dem Minister auf Rehabilitierung und Wiedereinstellung. Kießling forderte eine Ehrenerklärung – sie wird selbstverständlich gegeben. Und Kießling forderte seine Verabschiedung zum ursprünglich vorgesehenen Zeitpunkt mit allem militärischen Gepränge.

Am 26. März wurde General Kießling in Neustadt/Hessen – wo er sich als Bataillonskommandeur 1967 bis 1969 besonders wohl gefühlt hatte – mit dem Großen Zapfenstreich verabschiedet und trat in den Ruhestand. Neben einem wie versteinerten Verteidigungsminister Wörner stand bolzengerade der General Kießling mit mahlenden Kiefern. Er scheide mit einem Gefühl der Bitterkeit, hatte er verlauten lassen; auch sei ihm wohl ohne Hilfe der Presse kaum Genugtuung verschafft worden.

Die Szene des Großen Zapfenstreichs geriet dem MAD zum Tribunal. Denn nun mußte ein neuer Chef für den Militärischen Abschirmdienst her. Das Namenskarussell wurde angeworfen, die krisengebeutelte Behörde harrte des Neuen, allein auf der Hardthöhe fiel Wörner die Wahl schwer. Als er keinen der ihm präsentierten Offiziere akzeptieren wollte, fiel schießlich der Name des Brigadiers Hubertus Senff. So kam es, daß Brigadegeneral Senff aus das ihm schon zugedachte Kommando über eine der zwölf Divisionen des Heeres, das die nächste Sprosse auf seiner Karriereleiter sein sollte, noch etwas warten muß. Bevor er sie betreten wird, muß er die Hürde des MAD nehmen, richtiger gesagt, er muß dafür sorgen, daß aus diesem Amt wieder eine Organisation wird, die ihre Aufgaben ordentlich erledigt und wieder vertrauenswürdig wird.

Daß Wörner sich ausgerechnet für den 49jährigen Ostpreußen aus Insterburg entschieden hat, ist nicht etwa darin begründet, daß Senff über besondere Qualifikationen und Erfahrungen im Bereich von Abwehr und Aufklärung verfügte, seinem Vorgänger darin nicht unähnlich. Wörner verläßt sich vielmehr darauf, daß Senff als Offizier mit Generalstabsausbildung kann, was ihm diese Ausbildung vermittelt hat, nämlich in jedem Führungsgebiet selbständig und eigenverantwortlich tätig zu werden. Vor allem aber verläßt sich Wörner auf die ganz persönlichen Fähigkeiten dieses Mannes.

Unter seinen Kameraden weiß man, daß er einer der Spitzenoffiziere seines Jahrgangs ist. Senff ist frei von Führungsgehabe; er ist eher zurückhaltend und unauffällig.

Nicht die spontane Entscheidung ›aus der Hüfte‹, sondern die gründliche harte Arbeit werden als typisch für ihn genannt.
Seine Stärke, so meinen Offiziere, die ihn als Brigadekommandeur kennenlernten, ist es, sich Probleme sowohl aus den Akten heraus als auch aus der direkten Zuarbeit seiner Mitarbeiter rasch und präzise zu erschließen und zielstrebig und konsequent zu entscheiden. Dazu paßt es, daß er ruhig und bestimmt auftritt. Laute, gar schnarrende Kasernenhoftöne liegen ihm nicht.
Diese Eigenschaften vor allem dürften Wörner dazu bestimmt haben, Senff mit einer Aufgabe zu betrauen, die praktisch auf den Neuaufbau des Militärischen Abschirmdienstes hinausläuft, strukturell und personell.

Als zweiter Mann kam ab 1. Januar 1985 ein Zivilist an die MAD-Spitze. Es ist der ehemalige Leiter der für den Schutz der Bonner Politiker und für den Staatsschutz zuständigen Hauptabteilung des Bundeskriminalamtes (BKA), Dr. Rudolf von Hoegen. Der Wechsel fiel zeitlich zusammen mit dem Beginn der Umgliederung des kleinsten der drei deutschen Nachrichtendienste. Gleichzeitig wurde das »Amt für Sicherheit der Bundeswehr« in MAD-Amt umbenannt.
Bei seinen personellen Entscheidungen war Verteidigungsminister Wörner im wesentlichen den Empfehlungen der Kommission zur Überprüfung des MAD unter Vorsitz des früheren Innenministers Hermann Höcherl (CSU) gefolgt, an die sich ja auch Schmähling gewandt hatte. So wurde der MAD unmittelbar dem neuen Staatssekretär Dr. Günter Ermisch unterstellt. Er ist für die fachliche Steuerung und Kontrolle des Abschirmdienstes verantwortlich.
Zu seiner Unterstützung wurde Ermisch ein Arbeitsstab zugeordnet. Im Verteidigungsministerium wurde ein Geheimschutzbeauftragter bestellt. Er entscheidet über die Ablehnung von Sicherheitsbescheiden der Stufe II (Streng

Geheim), bei Angehörigen der Hardthöhe auch für die Stufe I (Geheim).
Der MAD-Chef wurde in seiner Stellung den Präsidenten der anderen Nachrichtendienste angeglichen. Die Zahl der Dienststellen des MAD wurde auf die Hälfte verringert. Ab 1. November 1984 wurden 31 MAD-Trupps aufgelöst. Ihre Zuständigkeitsbereiche wurden den MAD-Stellen zugeschlagen, deren Zahl von 17 auf 28 erhöht wurde. Für die Sicherheitsüberprüfungen und Abwehrbereiche wurden MAD-einheitliche Bewertungs- und Entscheidungskriterien aufgestellt. Darüber hinaus wurde ein neues, mehrstufiges Personal- und Auswahlverfahren eingeführt.
Der Dienst funktioniert seither wieder zur vollen Zufriedenheit aller: der Bundeswehr und ihrer Führung, der Politiker und der befreundeten Nachrichtendienste. Und so soll es ja auch sein mit einem guten Geheimdienst, der dieser MAD schließlich doch ist.

Bonner Sekretärinnen

Damenwahl

Jahrzehntelang galt sie als Inbegriff der Sünde, an der Spione untergehen. Ihr Leben füllt Bibliotheken. Ihr Name ist Pseudonym für Frauen zwischen Verrat und Liebe. Dabei hätte es bleiben sollen. Der Literatur, den Schwärmern und letztlich auch der Geschichte ist mit jener Demontage nicht geholfen, der Mata Hari immer wieder ausgesetzt wird.
Doch sie ist wenigstens ein schönes Denkmal. Ihre modernen Schwestern werden im Zeitalter von Massenmedien und funkschneller Kommunikation weit rascher verschlissen und vergessen als sie.
Mata Hari, die selbst zur Legende wurde, hatte sich als einzige Parallele zu echten Spionen eine ›Legende‹, eine falsche Biographie geschaffen. An diesem Lebenslauf, dem selbstgestrickten wie dem nachgedichteten, stimmt so gut wie nichts. Sie wurde nicht in Indien geboren, sondern im holländischen Leewarden. Den malayischen Namen Mata Hari gab sie sich selber; sie war auf Margaretha Gertrude Zelle getauft. Ihr Mann Rudolph McLeod war kein Trinker, der sie schlug. Sie war es, die ihn betrog, die ihn schließlich verließ. Sie war nicht sinnverwirrend schön, wohl apart, doch gut beraten, entweder mit Büstenhalter zu tanzen oder nackt nur unter Schleier aufzutreten.
Sie hatte vom deutschen Geheimdienst des Oberst Nicolai die Codeziffer H 21 sowie 15 000 Mark erhalten – aber sie leistete keine wirklichen Spionagedienste für Deutschland: Ein Liebhaber, der zur deutschen Abwehr in Madrid gehörte, konnte sie nicht bezahlen und hatte sie auf seine

Spesenliste gesetzt. Dieser Liebhaber war auch nicht der spätere Admiral Canaris (nach dem 20. Juli 1944 hingerichteter »Abwehr«-Chef im Dritten Reich), wie kolportiert – allerdings hatte er die Tänzerin in Spanien kennengelernt. Tatsächlich tat sie gelegentlich Dienste für die Franzosen, verriet aber gegen Geld die Namen deutscher Spione, die sie in Frankreich aufgeschnappt hatte, an die Belgier.

Und sie starb zitternd, arm und elend unter den Salven eines französischen Erschießungskommandos am 15. Oktober 1917 – nicht, wie Skandalreporter glauben machen wollten, mit weit geöffnetem Pelzmantel, unter dem sie nackt stand, so daß die Schützen irritiert danebenschossen.

Endlich bemächtigte sich die Legende noch ihrer Tochter – auch falsch. Denn die im Koreakrieg von Kommunisten 1950 erschossene Spionin Banda war nicht die Tochter Mata Haris. Deren lungenkrankes Töchterlein Johanna Luise McLeod starb im Alter von 21 Jahren 1919 an einer Gehirnblutung in Velp bei Arnheim.

Doch es bleibt der Geschmähten, Geliebten und Unglücklichen der Triumph ihrer Unsterblichkeit: Mata Hari lebt!

Zwar tanzt sie nicht und umgirrt keine Monokel-Kavaliere in Séparées, vielmehr geht sie jetzt einem geachteten bürgerlichen Beruf nach und schreibt an Stelle von Billets d' Amour »Verschlußsachen«, »Streng geheim«, »Nur für den Dienstgebrauch«.

Sie lebt in der deutschen Bundeshauptstadt am Rhein. Nirgendwo in dieser Republik fällt der Griff nach den Geheimnissen der Macht und der Mächtigen so leicht wie in Bonn. Nirgendwo auch liegt dieser Griff so nah im Wortsinne. Folglich sind die Frauen, die in den besseren Vorzimmern sitzen, bei den Verführern in Sachen Landesverrat am begehrtesten.

Sie sind ›Workoholics‹, arbeitsbesessen ohne Rücksicht auf Freizeitspäße. Wochenenden, so sie ausgekostet werden, gehören dem Fitness-Programm oder dem alten Mütterlein daheim. Ehemänner machen das Programm einer durchschnittlichen 60-Stunden-Woche nicht mit. Echte Liebesbeziehungen gedeihen nicht unter dem Druck der dauernden Präsenz für den Chef. Also gehören sie dem Chef, und beide Seiten wissen das.

Nähe schafft Vertrauen. Es ist kein leeres Gerede, wenn es heißt: Bonns Chefsekretärinnen (das trifft wohl in der Regel auch andernorts zu) wissen meist mehr über den Mann, für den sie immer da sind, als dessen Ehefrau. Sie sind Teil seines Gewissens, bestimmt aber sein Gedächtnis für Geheimes und für Vertrauliches.

Aber da sind auch die Nischen im Gefühlsleben, die ausgefüllt sein wollen. Gewiß, der Referent vom Nebenzimmer stellt hin und wieder Blumen hin (die werden auch mal selber gekauft). Die Freundin schickt Urlaubspostkarten, ein Kollege geht auch ab und an mit ins Theater. Das ist's dann. Bleibt die Nische, in die ein wirkliches tiefes Empfinden gehört.

Realistisch und ungeschönt: In diese Lücke paßt der ›Romeo‹. Er ist der tückische Spekulant auf Liebe und Blindheit. Er kennt meist schon vor einer Bekanntschaft mit dem ausgewählten – oder getippten – Opfer dessen Schwächen. Dann steigt er, oft ganz banal, in die Beziehung ein, vertieft sie allmählich und hat seinen Fisch geschwind an der Angel über erste kleine Gefälligkeiten, oder auf dem Weg über sexuelle Abhängigkeit gepaart mit innigem Verständnis für unregelmäßige Mußestunden. Folgt die Verlockung mit Geld oder Heiratsversprechen; bisweilen – die Fälle sind notorisch – die echte oder vom MfS arrangierte Eheschließung. Welche Frau springt dann noch ab, wenn sie danach vom Doppelleben des geliebten Mannes erfährt?

Die Ansprache muß auch nicht auf dem Gebiet der Bundesrepublik erfolgen. Seit Jahren überprüfen Tipper und Werber der DDR-Geheimdienste systematisch Urlauber aus der Bundesrepublik in Ferienorten hinter dem Eisernen Vorhang auf ihre Eignung als Spione. Auch da werden ›Romeos‹ eingesetzt, Männer vom Typ Mannsbild, vom Typ Kavalier, vom Schönling oder Softi bis zum Macho und dreisten Draufgänger. Alle ausgebildet und eingesetzt zum Ziel, Frauen den Kopf zu verdrehen und sie – nachdem sie sie von sich abhängig gemacht haben – zu Spioninnen zu machen. Ganz einfach, diese Methode, geradezu primitiv. Leider auch sehr wirkungsvoll.

Die Tipper und Werber bevorzugen alleinstehende Frauen, Mädchen ohne Freund oder Studentinnen; auch sprechen sie Ehepaare an – dann treten sie selber mit Partner und sogar mit Kindern auf. Die Kontaktaufnahme, meist am Strand oder in Restaurants, die von Bundesbürgern gern besucht werden, erscheint zunächst nicht auffällig. Oft kommt es schon während des Urlaubs zu Freundschaften. Adressen werden getauscht. Einladungen in die DDR werden ausgesprochen. Nach ihrer Rückkehr in die Zentrale des MfS in Ost-Berlin berichten die Tipper, Werber und ›Romeos‹ ihrer Führungsstelle über die geschlossenen Bekanntschaften und über das den neuen »Freund«, die neue »Freundin« betreffende Hintergrundwissen.

Registrierten Abwehrexperten in einer Studie: »Unter Steuerung des DDR-Nachrichtendienstes entwickelt sich ein Briefwechsel, dem nach einer gewissen Zeit stets eine Einladung zu einem Besuch in der DDR oder zu einem Wiedersehen in Berlin (Ost) folgen. Bei diesen Zusammenkünften tritt dann der eigentliche Werber des Nachrichtendienstes, zunächst noch getarnt als Schulfreund oder Arbeitskollege der Urlaubsbekanntschaft, in Erscheinung. Durch anfangs banale und unwichtig erscheinende Beschaffungswünsche von Büchern oder Zeitschriften wird der Kontaktierte allmählich in eine nachrichtendienstliche Mitarbeit verstrickt.«

Nicht recht anders geschieht das in Bonn. Die lange Liste Bonner Sekretärinnen, die spionierten, verrieten, flüchteten, gehört fest zur Geschichte dieser Republik und ihrer Hauptstadt am Rhein: Aus dem Auswärtigen Amt wurde 1967 die Sekretärin Leonore Sütterlin als Ost-Agentin enttarnt; 1974

flog – mit ihrem Mann, Kanzler-Spion Günter Guillaume – Christel Guillaume auf; die Chefsekretärin im Außenamt, Helge Berger, geriet 1976 als MfS-Agentin ins Fadenkreuz; Renate Lutze (enttarnt 1976) spionierte im Verteidigungsministerium, Dagmar Kahlig-Scheffler bis 1977 im Bundeskanzleramt. Das sind nur die großen Fälle und Namen.
Gleichwohl: Es ist hier die Rede von einer Minderheit, von den Mata Haris in Bonn.
Der Sommer 1985 bescherte unserem Staat einen neuen Höhepunkt in der spektakulären Chronik der Vorzimmer-Spionage. Er war Folgeprodukt der »Affäre Tiedge«.
Knapp zwei Wochen vor Tiedges Flucht, ab 6. August 1985, war plötzlich die Sekretärin Sonja Lüneburg weg. Am 19. August folgte die Sekretärin Else Ursula Richter. Am 23. August – Tiedge war schon fort – konnte die Sekretärin Margarethe Höke eben noch festgenommen werden.
Zwei Frauen stammten aus dem ›Perspektiv-Programm‹ des MfS, bei einer war es Liebe.
Die Chefsekretärin des Bundeswirtschaftsministers Martin Bangemann, die 60jährige Sonja Lüneburg, war vor Jahren in die Personalien der Berliner Friseuse Sonja Lydia Lüneburg geborene Goesch geschlüpft. Die echte Sonja, am 7. Dezember 1924 in Berlin geboren, hatte ihre Meisterprüfung in Lübeck gemacht. 1950 eröffnete sie in der Koloniestraße Berlin-Wedding den kleinen *Salon Sonja* und wohnte im zweiten Hinterhof des gleichen Hauses im ersten Stock. Sie führte ein flottes Leben. Nachbarn von damals schildern sie als »große, blonde langhaarige und sehr attraktive Frau« (deren Schwester Käthe in Ost-Berlin ihr zum Verwechseln ähnlich sah). Jedoch: »Mit der Sekretärin Lüneburg aus Bonn ist die nicht identisch«, beteuert eine Berliner Geschäftsfrau aus der unmittelbaren Umgebung des früheren *Salons Sonja.* »Die Friseuse Lüneburg war ein völlig anderer Typ.«
Die Westberliner Friseuse Evelyn, die bei Frau Sonja in die Lehre gegangen war: »Sie ist immer nett zu uns gewesen. Ich

Die »richtige« Sonja Lüneburg

hatte aber den Eindruck, daß sie eine unglückliche Frau mit Problemen war. Öfter fuhr sie zu ihrer Schwester nach Ost-Berlin und kaufte drüben billig Friseurbedarf ein. Eines Tages kam sie völlig zerfleddert und aufgelöst in den Laden. Sie sah aus wie nach einer Schlägerei. Sie hat uns aber nicht gesagt, was passiert ist.«

So kam Sonja durch die ›Schleuse‹ in den Westen: Am 22. September 1966 setzte sich die Frau plötzlich in die DDR ab. Am 15. November kreuzte sie wieder in der Koloniestraße 5 auf, meldete sich ganz offiziell nach Colmar, Place Haslinger 3, Frankreich ab – immer noch die echte Lüneburg.

Colmar war die klassische Schleuse nach dem Muster, wie das MfS seine Spione auf Umwegen über das Ausland in die Bundesrepublik schmuggelt. MfS-Agenten in bundesdeutschen Einwohnermeldeämtern spielen mit: Sie verfälschen (und vernichten notfalls) Zuzugsmeldungen, Fragebogen, Personalunterlagen.

1967 meldete sich eine Sonja Lüneburg, aus Colmar kommend, in Offenburg am Main wieder an. Dort kannte sie keiner. So wußte auch niemand, daß sie – ausgerüstet mit Daten und Urkunden ihrer Doppelgängerin – als MfS-Agentin eingeschleust worden war. Letzte Personalausweis-Nummer vom 15. Februar 1982: K 9291 012.

Alle weiteren Stationen sind inzwischen transparent: Sekretärin in Frankfurt, Hamburg, schließlich von Juli 1969 bis Februar 1973 beim FDP-Bundestagsabgeordneten William Borm. Und dann 1975 war ›Damenwahl‹: Sie wählte Martin Bangemann für ihre große Karriere – eine Karriere mit doppeltem Boden.

Jeder liebte diese »Tante Sonja«, im Büro wie bei den Bangemanns daheim.

Um den 2. August 1985 muß eine Warnung gekommen sein. Aus Ost-Berlin direkt? Von einem MfS-Mann in einem Einwohnermeldeamt? Seit geraumer Zeit nämlich wurde in Meldeämtern wieder einmal verstärkt nach Personen

geforscht, die aus dem Ausland in die Bundesrepublik einreisten, gleichgültig, wann sie kamen. Von einer Wochenendreise kehrte sie nicht zurück. Unterdessen wurde bekannt: Ein Doppelagent – Offizier des MfS, jedoch von Verfassungsschutz geführt (Tiedge war eingeweiht in diese »Operation Schneiderwerkstatt«) – hatte sie ebenso wie ihre Spionage-Kollegin Ursula Richter gewarnt. Den Verfassungsschutz setzte er davon in Kenntnis – seine letzte Meldung, bevor er in der Versenkung verschwand.
»Ehrlich, zuverlässig ohne Einschränkungen, vertrauenswürdig, ehrgeizig, nicht beeinflußbar, stark belastbar in jeder Hinsicht«, stand in einer ihrer Personalbeurteilung (die bei einer Sicherheitsüberprüfung sicher berücksichtigt wurde), und weiter: »Interesse für Musik, sammelt Delfter Porzellan, schöngeistig, mit Sicherheit keine Schwächen, eine überzeugte Liberale. Arbeitet oft weit über die vorgeschriebene Zeit, vom Intellekt her über dem Durchschnitt.«

Nicht viel anders verlief die MfS-Schleuse bei der 52jährigen Else Ursula Richter. Am 20. August 1951 war sie aus der DDR zu ihrem Bruder nach Freiburg gezogen. Im Februar 1953 meldete sie sich aus Freiburg nach Neuchâtel in der Schweiz ab.
Mittlerweile liegt der wirkliche Weg offen: Anstatt zurück in die Schweiz, reiste Frau Richter in die DDR und erschien erst am 2. Dezember 1954 wieder im hessischen Budenheim. Doch nun war sie eine neue, andere Ursula Richter, aus Kanada eingewandert. Daß der Personalausweis eine Fälschung war, merkten Abwehrexperten erst nach ihrem Abtauchen im Sommer 1985, als sie die Meldespuren zurückverfolgten.
Seit dem 1. Oktober 1972 arbeitete sie als Sektetärin beim Bund der Vertriebenen in Bonn (Gehalt: 2 576 Mark und ein paar Mark Zuschläge).
Was immer auch bei den Vertriebenenpolitikern zu ihr drang – Intrigen und Personalien, Strategien oder Finanzen

– landete beim MfS. Sie wurde auch verdächtigt, als Führungsoffizier andere Agenten angeleitet zu haben.
Doch anders als der Lüneburg-Absatz, hat die Richter-Flucht einen Haken. Seit Frühjahr 1985 war sie observiert worden, nicht rund um die Uhr, sondern in Intervallen. Es war ein Anfangsverdacht aufgekommen. (Tiedge wußte davon; möglicherweise geschah die Überwachung auf seine Anweisung.) Doch die Theodor-Litt-Straße in Bonn, wo sie wohnte, ist dünn bebaut. Es gibt viel freies Gelände mit freier Sicht für Jäger und Gejagte. Manchmal widerfuhr den Observanten die Peinlichkeit, von Anwohnern gefragt zu werden: »Suchen Sie was Bestimmtes?«
Endlich wurde eine Totalüberwachung beschlossen. Aber da entwischte Frau Ursula – mit Beinprothese!

Rückwärts funktioniert die Schleuse weniger kompliziert: Sonja Lüneburg hatte einen Wochenend-Trip in die Benelux-Staaten vorgetäuscht und kam nie wieder. Ursula Richter verriet am 16. August 1985 bei einem Gläschen Sekt im Kollegenkreis: »Ich fahr' übers Wochenende nach Hamburg.« Dort kam sie nie an – und auch nicht zurück nach Bonn. Ende der Schleuse, Gegenrichtung.
Unter Erfolgszwang und wie zu beweisen, daß Schlagkraft und Abwehrfähigkeit nicht gelitten hätten, wurden nun von der Spionageabwehr (teils mit Amtshilfe von Partnerdiensten) lauter frisch enttarnte Ostagenten hochgenommen: ein Ehepaar in England, eines in der Schweiz. Der große Coup indes gelang den Spionenjägern im Bundespräsidialamt Richard von Weizsäckers: Margarethe Höke, 49jährige Sekretärin in der Abteilung II (»Ausland, Protokoll, Presse«).
Margarethe Höke gehörte zum sogenannten Schlüsselpersonal, das heißt, sie hatte Ermächtigung für Verschlußsachen (VS) und Dokumente der Einstufung »Geheim«. Weit über zehn Jahre war sie für Ost-Nachrichtendienste tätig gewesen.

Die Abwehr kam auf ihre Spur – noch unter Hellenbroich und Tiedge – durch die Rasterfahndung nach ihrem Freund Becker, einem alten Bekannten der Spionenjäger/West.
War es bei den Sekretärinnen Richter und Lüneburg die Ideologie des Sozialismus in Verbindung mit der jahrzehntelangen Linientreue, die sie durchhalten ließ, so gibt die Sekretärin Höke ein Idealbeispiel dafür, wie verhängnisvoll sich die Touren der Berufsliebhaber vom MfS auswirken. Becker kam als ›Romeo‹ in den Westen. Frau Höke war sein ergiebigstes Opfer.
Am 29. Januar 1941 in Schönebeck-Elbe, Kreis Calbe, in der heutigen DDR geboren, wechselte der Casanova-Agent durch die klassische Schleuse über ein westliches Land mit falscher Identität in die Bundesrepublik. In Bonn arbeitete er zunächst als Tipper des MfS; später war er für Werber-Kollegen Anbahner, da gab er Führungsoffizieren Hinweise auf ansprechbare Personen. Als Gaststudent an der Pädagogischen Hochschule – ohne gültigen Schulabschluß – hatte er sich als Mitglied der Jungen Union angeschlossen, außerdem machte er beim Ring Christlich-Demokratischer Studenten (RCDS) mit.
»Der schöne Franz« gerierte sich als rechter Tausendsassa. Er techtelte mit der Tochter eines südamerikanischen Diplomaten, nebenher hielt er sich an Kommilitonin Rosemarie; drittens machte er sich an die brave Margarethe heran. Die scheue Mittdreißigerin, die am 1. April 1958 aus Löhne bei Bielefeld nach Bonn gezogen war, ging dem forschen Schürzenjäger schnell ins Garn.
Das alte Lied von Hörigkeit und Hinhalten begann. Bald zeigte sich Becker kühler, ließ sich neue Leidenschaft mit geheimen Dokumenten vom jeweiligen Arbeitsplatz Margarethes honorieren. Liebesbriefe, Postkartengrüße aus Zürich und Wien stellten die Abwehrjäger in ihrer Wohnung sicher. Geld, versicherten Freunde, war ihr nie wichtig.
Die Romanze zerbrach 1971. Die Verbindung aber hielt. Schließlich trat sie 1985 eine Sommerreise nach Kopenhagen

an; das BfV hatte davon Wind bekommen. Denn in die Höke-Wohnung war das Ehepaar Ingeborg und Johann Hübner, beide über 60, gekommen, um als Kuriere Material abzuholen und um Nachricht vom »schönen Franz« Becker zu bringen.

Inzwischen aber war, nach mancherlei bürokratischen Widrigkeiten (auf die noch zu kommen sein wird), Frau Margarethe Objekt gezielter Observation geworden. Auch die falschen Hübners waren aufgefallen – und plötzlich ging alles ganz rasch und glatt. Der Flug von Margarethe Höke nach Kopenhagen zu ihrem Franz wurde überwacht. Ihr Aufenthalt im Sheraton-Hotel der dänischen Metropole wurde observiert. Franz zahlte am andern Morgen ihre Spesen sowie das Ticket – alles unter den aufmerksamen und interessierten Augen der Spionen-Jäger von der Abwehr.

Und als sie mit 4100 Mark in bar von Becker am 23. August 1985 nach Bonn zurückkehrte, erwarteten sie schon Beamte des Staatsschutzes: Festnahme. Tags drauf wurde sie dem Haftrichter vorgeführt, der ihre endgültige Haft anordnete.

Die stille, dunkelhaarige, in sich gekehrte Frau gestand nach anfänglichem Zögern, ihrem Freund Franz und den Hübners weitergereicht zu haben, was immer ihr in die Finger geriet an Geheimem und Vertraulichem. Nach monatelangen Ermittlungen stand fest, daß sie Zugang zu wesentlich mehr geheimen Informationen hatte, als zunächst angenommen. Unter anderem habe sie – wurde in Bonn bekannt – Einblick in Berichte des Verteidigungsministeriums und des Bundesnachrichtendienstes an den Bundespräsidenten gehabt. Dabei handelte es sich um periodische Lageberichte, um Länderaufzeichnungen von LfV sowie Einzelmeldungen des militärischen Nachrichtenwesens. Über ihren Schreibtisch liefen Unterlagen für die streng geheimen Stabsübungen Wintex und Cimex der Bundeswehr, dazu später die Übungsauswertungen. 1973 und 1979 hatte sie an diesen Übungen als Sekretärin sogar selbst teilgenommen. Der Schaden ist nicht abzuschätzen. Immerhin konnte er durch die Verhaftung noch begrenzt werden. Vor dem parlamentarischen Untersuchungsausschuß jedoch äußerte sich der frühere oberste Verfassungsschützer Hellenbroich enttäuscht über die bürokratisch verschleppte Behandlung des Falles Höke. Zwei lange vor der Festnahme gestellte Anträge auf Telefonüberwachung, durch die die Abwehr eine Bestätigung ihres Anfangsverdachts erhofft habe, seien abgelehnt worden. »Sehr verärgert« sei er insbesondere über die »dürre Form« der Ablehnung gewesen, obwohl er an das Bundesinnenministerium einen persönlichen Brief zur Begründung der Anträge geschrieben habe. Frau Höke nämlich sei »astrein« (Hellenbroich) im Raster der spionagegefährdeten Bonner Sekretärinnen hängengeblieben.

Daß sich die unauffällige Margarethe unter so auffallend konspirativen Umständen in Kopenhagen mit Freund Franz getroffen habe und das auch noch unter den Blicken der Abwehr, nannte Hellenbroich »ein Geschenk des Himmels«. In Zusammenhang mit dem Show-gerechten Agentenaustausch vom 11. Februar 1986 auf der Glienicker Brücke zwischen West- und Ost-Berlin kam die Präsidialamtssekretärin dann noch einmal in die Schlagzeilen: Austausch oder nicht – sie blieb schließlich hier; da lief noch das Ermittlungsverfahren.

Die falschen Hübners aber hatte die Schweizer Polizei zwei Tage nach der Höke-Verhaftung am 25. August 1985 dingfest gemacht. Im luzernischen Neunkirch wurde das Paar aus seiner Villa ›Christa‹ heraus abgeführt. Ihre Klarnamen: Jan und Rosemarie Karmazin-Müller. Im Februar 1986 wurde endlich das Strafverfahren gegen beide eröffnet. Vorgeworfen wurde ihnen neben nachrichtendienstlicher Tätigkeit zum Nachteil der Schweiz und der Bundesrepublik Deutschland Urkundenfälschung sowie Zuwiderhandlung gegen fremdenpolizeiliche Bestimmungen.

Margarethe Höke

»Wir taten es nicht gegen Bezahlung«, versicherten die zwei, »sondern weil wir überzeugte Kommunisten sind.« Allerdings lebte es sich in der kapitalistischen Schweiz recht gut bis zur Enttarnung. Sie waren nämlich schon im Herbst 1962 auf dem Schleusen-Umweg über Frankreich in die Schweiz eingereist und hatten – mit MfS-Geld – das Neunkircher Haus erworben. (Ihre echten Ausweispapiere auf die falschen Namen erhielten sie 1957 in Nürnberg.) Jan Karmazin fand bald eine Stelle bei einem Elektronik-Großhandelsunternehmen. Man etablierte sich.
Aufgabe des Agentenpaares war es, im Kriegsfall bei gestörten Verbindungen die Nachrichtenübermittlung von und zu der Zentrale aufrechtzuerhalten. Der Übermittlungsfachmann Karmazin wäre zudem in der Lage gewesen, innerhalb kürzester Frist einen Funksender herzustellen und in Betrieb zu nehmen. Überdies richteten sie Tote Briefkästen ein, hatten dabei ständigen Kontakt mit der Zentrale in Ost-Berlin – und leisteten nebenher eben auch Kurierdienste zwischen Margarethe Höke, dem »schönen Franz« und den Auftraggebern des MfS.
Schweizer Polizei ermittelte: Rosemarie Karmazin-Müller war früher mal Volkspolizistin in Magdeburg, bevor sie vom MfS als Expertin für Chiffre und Dechiffrieren ausgebildet wurde. Ehemann Jan war einer jener seltenen Fälle von Leihgaben unter Diensten – eigentlich hatte ihn, in den frühen fünfziger Jahren, der tschechoslowakische Geheimdienst als Funker für auswärtige Botschaften angeheuert; aber dann borgte ihn sich Ost-Berlin aus – für 30 Jahre. Die Ehe mit Rosemarie war ein angenehmes Deckmäntelchen.
Verwirrspiel und Dramatik sind allemal drin im Untergrundkrieg zwischen Spionen und Spionenjägern. Längst aber sind es nicht mehr allein die L'amour-anfälligen Männer, die in steter Gefahr schweben, von ebenso engelhaften wie teuflischen Weibsbildern umgarnt zu werden. Die Mädchen und Frauen, die in Bonn – und nicht nur da – die Vorzimmer von Ministern und Bundesämtern besetzen, sind

inzwischen nicht weniger gefährdet. »Oft sind sie allein«, skizzierte Abwehrexperte Hellenbroich im Gespräch mit dem Autor die Lage. »Oft haben sie kaum Kontakt, keinen Freund, keine Freundin.«
Das ist ›Romeos‹ Chance. Mata Hari lebt.